文化叢刊

自由民主的理路

江宜樺 著

謹以此書獻給

台大三研社的朋友們

（1979-1983）

序

　　年輕時曾有一個夢想：想要成爲自由主義者，研究自由主義，實踐自由主義。

　　爲什麼會有這個念頭，自己也不十分清楚。可能跟成長過程所受的壓抑有關吧？想學畫，不准。想外出旅遊，不准。想接近異性，不准。想選考文科，不准。在「聯考第一，升學至上」的時代裡，一個少年能做的選擇確實很少。我們還是會設法突破禁忌的，但心裡總覺得不自由，覺得生命不屬於自己。有人因此拒絕聯考，有人跳樓自殺。這些人真是我們心裡頭的英雄。可是，單純的對自由的渴望難道只能以對抗整個社會或結束生命爲代價才能獲得嗎？

　　上了大學之後，比較沒有「以解脫生命追求自由」的衝動了，但是，威權體制與威權文化的壓力仍然四面八方襲來。批評政府，不准。閱讀馬克思，不准。鼓吹校園民主，不准。走出校園示威去，也不准。到了這個時候，我們已漸漸瞭解什麼叫做威權專制。美麗島事件是一個活生生的教材，讓年輕人知道自由與不自由、民主與不民主的分野。從此之後，渴望解脫的衝動變成了實現自由的理想。我在心裡對自己講：我將成爲一個自由主義者，以畢生的精力研究自由主義，促使我的國家成爲一個真正自由民主的國家。

　　只是，人生從來不是「因爲如此，所以這般」的直線發展。

等到投入知識的瀚海後，往往會被浪頭打得暈頭轉向，不知自己從何而來、往哪裡去。自由主義並不是一條定義、一篇文獻、一套叢書、或一個人的思想。它是一個遠看清楚、近看模糊的一大團思想與信念，其中包含著個人主義、憲政主義、法律主治等等自成系統的理論，也包含著革命、改革、侵略、解放等歷史事件的敘說。它的複雜性使人望而生畏，它的分歧性也會令人莫知所從。譬如，我的大學時代流行過卡爾‧巴柏、海耶克、羅爾斯、哈伯瑪斯等所謂自由主義思想家。他們的理論各有特點，很難歸納成一個系統或比較其高下。對於他們的理論，我既有同意也有不同意的地方。最後我選擇作為論文題目的，竟然是漢娜‧鄂蘭，而鄂蘭從來不自認為是自由主義者——她說：「我連『進步』都不相信，怎麼會是自由主義者？」

鄂蘭不相信人類必然朝向進步改革的方向發展，我也不相信。但鄂蘭引起我共鳴的地方不只限於「懷疑進步」，也在於我們都反對獨善其身的個人主義，反對社會契約論的理論建構方式，批評代議民主與政黨政治，以及肯定政治行動與公共空間的重要性。順著鄂蘭打開的窗戶看出去，我接觸到一個遠比自由主義豐富有趣的西方世界，其中有蘇格拉底、亞里斯多德、奧古斯丁、馬基維里、傑佛遜、托克維爾、尼采，也有希臘悲劇、伯羅奔尼撒戰史、基督宗教、莎士比亞的戲劇與卡夫卡的小說。我在立志成為一個自由主義者十年之後，發現自己不可能只是一個自由主義者。許多時候，我寧可跟朋友說我是一個亞里斯多德主義者，或是一個擺脫不了儒家思想的現代知識分子。

但是這個轉折並不代表我否定自由主義的思想傳統，因為在太多太多基本信念或實際政策上，我仍然欣賞並分享著自由主義的立場。我堅信每個人必須是自己生命的主宰（包括升學、就業、

結婚、生育),必須有廣受尊重的權利(包括隱私、言論、結社、參政、基本生活需求)。我也堅信憲政主義(分權制衡、法律主治)與民主程序(公平競爭、定期改選)。甚至在自由主義飽受抨擊的私人財產問題上,我也認為私有財產是一種必要的社會經濟制度。與私有財產有關的罪惡其實不在私有財產本身,而在於如何獲得私有財產及使用私有財產。是的,我不喜歡資本主義,但我始終認為資本主義與自由主義是兩回事,它們不是同義詞。

我真正與「所謂」自由主義分歧的地方在於:大家都說自由主義是一種個人主義、普遍主義、並且代表一種政治與道德完全分離的立場,但是我對這個說法頗有保留。首先,就個人主義的問題來講,我當然贊成「每個人都是具有尊嚴的個體,其自主性應予尊重」,但是我反對「個體先於群體存在,私人利益擁有至高正當性」的說法。我認為個體與群體的關係十分複雜,無法以孰先孰後、孰高孰下的方式描述。個體生活於群體之中,由群體所共同形成的文化獲得一定程度的滋養,並形塑了自我人格認同的基礎。但是群體提供了這個文化基礎,並不表示因此可以限制個體進一步發展的空間。在群己關係的規範上,我相信「設身處地,開明自利」應該是一個比較合理的原則。

其次,許多自由主義者都認為基本人權、憲政民主、市場經濟等具有放諸四海皆準的普遍性,我也甚感不安。我之所以支持憲政民主與市場經濟,主要是由於它們切合台灣人民的需要與台灣政治社會發展的方向。這個政治、社會、經濟發展的歷程與近代西方發展的歷程有基本上的相似性,這個地方的人民也越來越覺得有實踐自由民主的需要,但並不是全世界所有地區、所有國家、所有文明都必然產生類似發展,都必須接受自由民主制度的安排,我從來不敢斷言。人類現存文化的多樣性,似乎提醒我們

即使像憲政民主或基本人權這樣看似普遍的訴求，也會有適用上
的限制。譬如西藏達賴喇嘛不可能以普選方式產生，印度人至今
保有他們的種姓制度，而伊斯蘭國家對男女關係的規範也不是一
句「男女平等」就能輕易改變。我相信所有關於權利的訴求或政
治經濟制度的辯論，最終而言都要落實到特定人群的需求來考
慮。在此之前，空泛地訴諸「天賦人權」或「先進國家的文明標
準」等，並沒有太大的意義。

　　最後，當前主流的自由主義思想家都喜歡強調政治與道德（或
倫理、德性）分離，強調國家必須保持價值中立。如果「中立性」
意味的是政教分離、法律平等一體適用，那就沒有什麼好憂慮的。
但事實上「中立性」還代表一種政治與倫理徹底分離的主張，認
為每個人都有權利做自己喜歡的事，而政府沒有立場決定哪些事
情值得做或不值得做。換言之，中立性論旨假定國家公權力與人
民的良善生活無關，對於古典政治哲學要求培養人民德性的呼籲
嗤之以鼻。但是這種中立性論旨若非錯誤，即屬虛矯。說它錯誤，
因為政府不可能也不應該對公民的良善生活毫不過問。（否則政府
何必編列預算保護生態環境、補助藝術文化活動、或推行公民教
育？）說它虛矯，則是因為事實上現代國家的功能遠遠超過古代的
政治共同體，而有些人還標榜我們可以活在最小限度的國家。筆
者認為：保障人民免於專斷權力的侵犯是一回事，而如何在一個
自由的基礎上追求德性的生活是另一回事。政治制度的安排不能
只著眼前者，而對後者毫無貢獻。許多當代自由主義者只想成就
前者，或誤以為後者必然對前者構成威脅，其實與過去自由主義
的大傳統有所出入。

　　所謂過去自由主義的大傳統，指的是洛克、孟德斯鳩、康德、
康士坦、托克維爾、約翰‧密爾等思想家的學說所交織而成的思

想遺產。在這個複雜的傳統中，固然不乏倡導個體優先、普遍價值、國家中立的思想家；然而也有重視群體文化、特殊情境、與國家倫理功能的人物或論點。有些時候，甚至同一個人物身上兼有幾種不同取向的觀點。譬如康德向來被推崇為普遍主義的代表，但康德也是政治思想史上最反對政治與道德分立的人士之一。又譬如洛克的社會契約論雖然以個體先於社會存在為前提，但是他的公民政府卻絕非一個只維持安全與秩序，而對人民道德生活不聞不問的政府——他的寬容限度可是容不下「違背文明社會道德標準」的人。筆者所關注的問題，其實在西方自由主義的傳統中有一席之地，只是這個層面過去幾十年來普遍被主流自由主義哲學家所漠視。因此，當筆者被問及是否站在自由主義的立場時，很難三言兩語交代清楚。就目前主流自由主義學者對自由主義的定義來講，我的想法並不符合他們的標準。但是就個人對西方自由主義傳統的研究心得來講，我的立場其實是十足的自由主義的立場。由於我的興趣在於瞭解，而不在於標籤，因此說我是不是自由主義者並不重要。我只想把一個複雜的思想傳統弄清楚，從中汲取哲學反思與政治實踐的資源，名詞稱號的爭辯，毋寧是次要的。

　　試圖扭轉當前自由主義過度強調個人主義、普遍主義、與中立性論旨的偏差，提倡一種比較社會化、特殊化、與倫理化的自由主義類型，構成了本書的核心論旨。讀者可以輕易看出來，這本書並不是依據一個系統架構完成的作品，但是本書所有章節都跟自由民主思想的研究有關，也都在不同程度上闡明前述論旨。其中最早的文章(第八章)完成於1993年，最晚的文章(第七章)則是兩個月前的作品，前後間隔雖有八年之久，但是筆者的思路大致一貫，各篇文章之間沒有重大分歧。這些文章大部分已於不同

刊物發表，只有第二章與第七章尚未正式發表。為求成書，筆者
對各章節均有不同程度的修改，但各篇文章依然有其獨立性，論
點亦未變更。各篇作品的原始出處請參見書目，此處不贅述。

　　本書的結構包含四個部分：（一）總論，（二）近代西方，（三）
當代西方，（四）台灣。總論部分有兩篇文章，分別以提綱挈領的
方式描述自由主義與民主政治的要義。在近代西方的部分，筆者
分別處理了洛克、康士坦、托克維爾與密爾的自由民主思想。其
中康士坦、托克維爾與密爾等三章乃是在國科會補助下，就同一
個主題所進行的專題研究，因此前後連貫性最清楚。在當代西方
的部分，筆者先討論「放任自由主義」與「新自由主義」的哲學
爭辯，然後分析漢娜・鄂蘭與麥可・瓦瑟對自由民主體制的反省。
前者集中在參與式民主與審議式民主問題上，後者則是自由民主
社會的國家認同問題。最後一部分是台灣，分別討論戰後台灣自
由主義思想的發展與民主意識的變遷，並以個人權利的相關爭議
作為結束。

　　這本書距離年輕時的夢想當然還很遙遠。它的內容不夠完
整，它所表達的立場也稱不上是堅定的自由主義者的立場，但是
它記錄了一個讀書人摸索過程的種種反省。在這個基礎上，筆者
希望將來能夠完成一些比較成熟的作品。回首過往，筆者十分感
謝大學時代台大三研社朋友們的刺激與鼓勵。請容我以野人獻曝
的心情，將此書獻給他／她們，並懇請各方先進不吝賜教，鞭策
筆者繼續長進。

江宜樺

2001年6月於紐約

目次

第一部分
總論

第一章
自由主義哲學傳統之回顧

一、自由主義的現況

在當代西方政治思潮中，沒有一種學派或思想體系像自由主義一樣廣受支持、研究與批判。許多新奇而犀利的論述偶爾會引起注意，或者成為學術圈裡的顯學，但是流行的東西總是倏起倏落，能夠跨越世代蔚為傳承者幾希。存在主義、法西斯主義、行為主義、批判理論等等都曾經各領風騷若干年，但如今已漸成昨日黃花，不復當年橫掃學界之雄姿。如果把時間拉長來看，真正經得起人心向背之考驗，而猶然有迎風成勢之實力者，不外乎自由主義、社會主義、民族主義等少數幾種意識形態。在這些影響深遠的思想體系中，民族主義韌性最大，但在西方世界卻始終不能取得主導地位，像是個說不得做不得的禁忌。社會主義在風行一百多年後，彷彿已暴露出實踐上的問題，紛紛在現實政治中敗下陣來、偃旗息鼓。放眼當今政治思潮，唯一口號喊得響亮的只剩下自由主義，儘管它同時也被攻擊得一蹋糊塗。

究竟自由主義在思想的戰場上是輝煌領先還是慘勝，連支持自由主義的人也弄不清楚。當蘇聯帝國在1989年突然崩解時，得

意忘形的美國謀士法蘭西斯‧福山(Francis Fukuyama)就迫不及待
喊出了「歷史的終結」。他說：

> 好消息已來臨。20世紀的最後25年中，最值得注意的發展
> 是，世界上不論是軍事的右翼威權主義或共產主義的左翼極
> 權主義這些看來很強固的獨裁體制，都在核心部分顯露其最
> 脆弱的一面。拉丁美洲和東歐、蘇聯、中東與亞洲，強固的
> 政府都在這20年間動搖了。當然，並不是全由安定的自由民
> 主所取代，可是自由民主目前已及於全球的不同地區與文
> 化，成為唯一一貫的政治憧憬對象(Fukuyama, 1993：iv)。

Fukuyama認為自由主義的勝利不只是近25年來小決戰的勝
利，同時也是人類普遍歷史意義上的永恆勝利。因為在人類的歷
史過程中，君主政治、貴族政治、神權政治、乃至本世紀的法西
斯和共產主義獨裁，各種政權都已出場，「但是在20世紀結束前，
唯一安然無恙存活下來的只有自由主義民主政治」。當然他也知
道，「以勝利者姿態出現的與其說是自由主義的實際，不如說是自
由主義的理念」(1993：55)。換言之，全球各地憧憬的只是自由
民主的理念，而未必每個國家都真的實施自由民主制度。但即使
是這種「理念」上的大獲全勝，也足以滿足許多自由主義阿Q支
持者的虛榮了。

同樣面對社會主義國家的瓦解，英國另外一個自由派學者就
沒有這麼樂觀。John Gray在眾人讚揚西方自由主義普及全球時，
冷冷地說道：

> 教條式自由主義的四個構成要素——普遍主義、個人主

義、平等主義及改良主義──無一禁得起價值多元論的試
煉，因此就一種政治哲學而言，自由主義已經死了。……我
認為自由主義還有生機的部分只剩下「市民社會」這項歷史
資產，市民社會保障了自由與民間的和平，現在正從一些過
去壓制其成長的地區重新萌發出來(Gray, 1993：284)。

在Fukuyama與Gray趨於兩極的評估中，還有許許多多對於自
由主義生死榮枯狀況的論斷。大體上大家似乎同意自由主義仍然
是西方思想的主流，只不過主流陣營外的學派對它懷有種種不
滿，莫不欲置之於死地耳。

傳統上社會主義對自由主義是最不假以辭色，儘管目前社會
主義陷於低潮，仍有一大群知識分子集結在此旗幟下，賡續社會
主義對後期資本主義社會的批判。在他們看來，只要自由主義繼
續放任商業資本透過多國籍企業向全世界滲透，則不論在物質分
配或文化消費上，弱勢團體（及地區）就無法脫離被剝削、被異化
的宿命。除了來自左派的攻擊外，社群主義(communitarianism)
與共和主義(republicanism)則分別以不同的方式表現了右派理論
對自由主義的不滿。社群主義集中火力攻擊自由主義的「自我」
觀念(稱其為原子式自我，與他人互不關心)、「社會」概念(稱其
為工具式社會，欠缺構成其成員的自我認同之功能)、「中立性」
論述(稱其國家政府偽裝價值中立，放任公民道德敗壞)、以及「普
遍主義」信念(稱其自以為民主體制放諸四海而皆準，自由理念亙
古長存)等等。社群主義相對提出「共善」(common good)、「歷
史傳統」、「社會脈絡」、「特殊主義」等訴求，以圖矯正自由主義
對人與社會的錯誤理解(Mulhall & Swift, 1992：9-33)。共和主義
則認為自由主義背離「人天生為政治動物」的西方傳統，單方面

發展了「消極自由」的論述，卻遺忘了公民參與、培養德性的共和傳統。誠如Quentin Skinner一再強調的：個人自由其實有賴於個人對公共事務的付出，而政治參與之所以能成為實現個人自由之前提則是因為德性可以豐富人的本性。因此，光是像自由主義那樣只提倡寬容、自主、公正是不足的，現代社會還必須注意培養勇敢、節制、睿智等其他美德(Skinner, 1984：195, 213-14)。

比社會主義還激進的「後現代主義」(postmodernism)對自由主義又另有一些說法。後現代主義與社群主義一樣認定自由主義是西方啓蒙運動的化身，只不過社群主義的反啓蒙立場導向了「前現代」傳統的恢復，而後現代主義則步尼采之後，徹底推翻現代性論述的正統。後現代主義認為自由主義所提出的啓蒙運動，是一個以理性為主導觀念的系統性思想。在本質上，這是一個奠基於「後設敘述」(metanarrative)的形上系統，它所推崇的「理性」與西方傳統出現過的「觀念」、「自然」、「本質」、「善之理型」、「太一」、「精神」等等沒有功能上的不同。事實上也正因為有此「本質／現象」之二分，西方哲學才會有知識論上真理與意見的分野以及倫理學上分判是非善惡的道德客觀主義。相對於此，後現代主義提倡去中心、去主體、反根基、反本質的解構思惟，試圖完成一場包括知識論、形上學、倫理學在內的顛覆性革命。如果這個企圖成功，自由主義所代表的理性主義、普遍主義、憲政民主與共識政治將會被非理性主義、相對主義、草根運動與差異政治所取代。而所有的論述都將進入無限繁衍、無真無假的語言遊戲之局(Lyotard, 1984；Yeatman, 1994)。

後現代主義本身是一個包羅萬象、無法精確掌握的思潮，但是從後現代的「去中心、重差異、顛覆主流」主張則可以推衍出許多以之為母體的實踐性意識形態。女性主義就是其中最顯著的

例子。女性主義當然也是一個混合了許多既有論述(如社會主義、
社群主義、存在主義、心理分析等)的新興論述，但是其中比較激
進的派別顯然也是以自由主義爲主要假想敵。在這種女性主義者
眼中，自由主義所預設的「心靈／身體」二元對立開展了「男性
／女性」、「理性／感情」、「文明／自然」、「優越／低劣」等對女
性不利的結構性思惟。而其公／私領域區分則進一步鞏固了男性
專擅於公共事務討論、女性退居家庭操持家務之基礎。因此儘管
自由主義在兩性平等的解放運動上似乎發揮過一些宣傳功用，但
事實上只是鼓勵女性在既有標準下「向男性看齊」，而未正視男女
先天差異的種種涵義，更無法扭轉這種格局下女性遭受不公平對
待的基本結構(Tong, 1996：林芳玫，1996：15-24)。

　　自由主義處於上述不同學派的攻擊下，實在很難如Fukuyama
所說的「大獲全勝」，不過距離Gray所宣判的「死刑」也似乎仍有
一段距離。20世紀末的自由主義其實與一百年前的際遇差不多。
它既沒有18世紀時節節前進，橫掃封建勢力的飛揚氣勢；也不像
兩次大戰之間被法西斯主義與共產主義打得抬不起頭的奄奄一
息。如果我們——恕我重覆——把時間拉長來看，自由主義事實上
仍然是一個禁得起人心向背考驗的意識形態。它的優點與缺點不
是一時的論戰所能完全呈現，因爲一時的論戰所看到的只是這數
百年歷史思想的某些面向。只有後退一步，從較遠的距離觀看這
個意識形態的全貌，我們才能比較貼切地看到這個傳統的風華、
勁道與真正的危機。

二、歷史上的自由主義

　　從遠距離看到的自由主義究竟呈現什麼風貌呢？若干研究者

提供的答案可能會嚇人一跳，因爲他們認爲自由主義與西方文明相始終——起於古希臘而終於當代。Watkins與Schapiro是兩位頗具代表性的學者。他們不約而同以蘇格拉底爲西方自由主義之始祖，其理由是蘇格拉底一生秉持理性主義之懷疑精神，不斷反省批判未經檢驗的概念與信仰，最後還以身殉道，成爲捍衛個人思想自由免於侵犯之典範(Watkins, 1967；Schapiro, 1958)。可是同樣把自由主義追溯至古典時期，Havelock卻有截然不同的看法。Havelock認爲古希臘的自由精神不在蘇格拉底，更不在其徒子徒孫柏拉圖與亞里斯多德，而是表現在反抗蘇格拉底學派的辯士傳統。他說柏拉圖發明了理型，亞里斯多德界定了人的目的與城邦的至高性，兩者皆與自由主義的精神格格不入。反而是在德模克利圖斯(Democritus)身上我們找到了原子論及政府契約論，在安提芬(Antiphon)身上看到了知識分子對民俗習慣法的攻擊，在普羅塔哥拉斯(Protagoras)身上發現了實用主義、經驗主義、以及價值多元主義等現代自由主義不可或缺的訊息。因此這些人才是古典自由主義的代表，雖然他們的主張仍稍嫌原始粗糙一點(Havelock, 1957：11-20)。

　　把自由主義的起源上推到希臘時期，當然也就合法化了從羅馬帝制及中世紀基督教世界找尋自由主義軌跡的作法。但是誠如Arblaster所抱怨的：如果我們只因爲一點蛛絲馬跡就要無限上綱到人類文明的起點，那就難怪研究社會主義傳統的人可以把列寧的思想根源追溯到摩西，而研究保守主義的人則甚至把源頭推到伊甸園爲止(Arblaster, 1987：11-12)。如此各種意識形態歷史悠久則悠久矣，但對時人瞭解這些思想系統的確切意義可就毫無幫助了。以自由主義而言，「理性、懷疑、抗拒權威」固然不失爲某種與自由主義有關聯的精神氣質，契約論、原子論等等也固然呼應

現代政治秩序之某種構想，可是這些片斷的關聯並不足以預見後世自由主義論述的全貌，他們與其說具備了現代自由主義的精神，不如說還是處在古代政治社會的格局，既無政教分離的意識，也無市民社會的瞭解，這實在離自由主義還遠。

絕大部分研究自由主義的學者都認為自由主義的真正起源應該是在近代。這個時間上的推斷從16世紀到18世紀不等，但可以確定的是到了啓蒙運動時期，自由主義大概已經得到觀念系統上之完整發展。釐清自由主義與啓蒙運動的關係因此是一個瞭解其系譜的必要工作。

啓蒙運動約略從17世紀末葉開始，涵蓋了整個18世紀，而於法國大革命達其顛峰。在這段期間，傑出的思想家接踵而至，其著名者如英國的洛克、休姆、亞當・斯密，法國的伏爾泰、盧梭、狄德羅、孟德斯鳩，德國的歌德、萊辛、康德，義大利的維科、貝加利亞，美國的傑佛遜、富蘭克林與佩恩等。這些人的專才與主張當然不盡相同，但他們所共同蘊釀成的氣氛與精神，卻足以使後人辨識出一個約略共通的看法。這個共識的基礎在發揚理性、探究自然、相信人的善良稟賦與社會的無限進步改良。其社會實踐則包括破除迷信（以自然神論取代教會神學）、提倡宗教寬容、捍衛思想自由、推廣公共教育、要求放鬆經濟管制、建立分權制衡的民主政府等等（Schapiro, 1958：16-26；Hampson, 1984）。

我們很難說啓蒙運動的精神與自由主義的觀念是一回事，但是就18世紀自由主義在西方的萌現與成形來看，啓蒙運動確實相當深刻地決定了自由主義的基本體質。儘管在當時浪漫主義及開明的保守主義對界定什麼是自由的精神也有若干影響，但是這些反對理性主義及社會進步的思想畢竟無法取得主要的發言權。於是當後來唯心論哲學試圖重新詮釋自由主義的本質時（詳下節），

它只能吃力地去挑戰這個既成的原型，而無法令人相信自由主義原本不包含個體自主、理性至上等等。就時機而言，啓蒙運動大致壟斷了自由主義基本精神的表述。

但是，在18世紀沒有人稱呼這種開明、進步、批判的信念爲「自由主義」。文獻上記載自由主義一詞的出現是在19世紀初期。當1812年西班牙自由黨首次採用「自由派」一詞以標榜他們促進立憲政府的決心時，自由主義才開始以一種具備現代政治意義的名詞被人使用（Schapiro, 1958：9；Gray, 1986：ix）。隨著19世紀自由主義思潮的發展，特別是由於自由主義及其社會主義對手的競爭，這個思想終於日漸系統化、教條化，而成爲不折不扣、戰鬥性十足的意識形態。基本上，嚴格的意識形態與散漫的思想信念是有區別的。一般的政治思想或思潮是知識分子的專利，他們或者表達一己對人性、社會、國家的看法、或者檢討他人對類似議題的意見，但是這些思想的交流並不足以成爲大規模集體行動的綱領。可是意識形態卻有一種超乎個人人格的普遍化力量。就其字義來講，意識形態乃是信念的系統性叢結，它集合了眾多思想家的精華，規定了理想秩序的見解。因此嚴格的意識形態與散漫的思想信念是有區別的，它通常包括對於人性、個人與社會國家的關係、經濟與政治的關係、以及政治目標、行動綱領等相當明確的說法（Kramnick & Watkins, 1983：1-8）。換言之，意識形態的作用是在推廣某種信念及行動綱領，它在形式上往往與其他意識形態以二元對立的方式區分，而在訴求對象上則企圖使廣大的民眾成爲追隨者。

當自由主義日益由18世紀的散漫信念蛻變爲19世紀的意識形態，「什麼是自由主義」漸漸有了系統性與戰鬥性的發展。邊沁與功效主義哲學的推廣使自由主義在政治、經濟、社會、歷史發展

等方面形成了一套特定的看法。而約翰‧密爾的大半著作則成就了我們所理解的現代自由主義之體系。以今日的眼光回顧之，John Gray認爲此一自由主義傳統的基本特點有四：(一)個人主義，(二)平等主義，(三)普遍主義，(四)改良主義；而其落實則包括保障消極意義下的個人自由、私有財產、市場經濟、代議政府等(Gray, 1986)。這些特點或主張一般而言是大家接受的觀察，不過如果要看出自由主義的戰鬥氣息，或許David Spitz在臨終前爲自由派人士所寫下的「信條」(credo)更能反映一個自由主義鬥士的心靈。他說，自由主義者必須：

1. 尊崇自由超過其他價值，甚至超過平等及正義。
2. 尊重「人」而不是尊重「財產」；但是不要忽視財產在促進人類福祉上的積極角色。
3. 勿信任權力，即使權力出自多數亦然。
4. 不要相信權威。
5. 要寬容。
6. 堅信民主政治。
7. 尊重眞理與理性。
8. 接受變遷的必然發生。
9. 勿恥於妥協。
10. 最重要的是，保持批判精神。(Spitz, 1982：213-15)

　　不管是Gray或Spitz的界定，表面上都看不太出爲什麼其他意識形態要與自由主義作殊死鬥，因爲他們的用語基本上都是正面積極的。然而事實上，不管是左派或右派的意識形態，對於自由主義自以爲當然的價值都有十足負面的描寫。譬如社會主義者從

私有財產與市場經濟看到的是資本主義的剝削，保守主義者從個
體自由與反抗權威看到的是道德虛無與社會失序，女性主義者從
寬容與平等看到的是偽善與欺騙。各種用語都反映了各個意識形
態的立場，我們在描述一種戰鬥思想時不可能找到完全中性的字
眼，這是目前我們反省自由主義歷史發展所必須瞭解的一點。

　　自由主義的意識形態化代表了它的系統化與戰鬥化，但是系
統化容易導致僵化，而戰鬥化則四面樹敵。在20世紀初，自由主
義由於日趨僵化，無法回應新時代對「社會正義」及「國富兵強」
的兩種不同要求，而遭共產主義及法西斯主義左右夾擊，瀕臨滅
絕之險境。其後，美國為化解全球經濟恐慌所引發之危機而實施
「新政」，開始調整自由主義意識形態之若干傳統主張。新政的成
功，確定了自由主義左傾路線的必要。但是自由主義與右派勢力
的爭執，最後還是以武力解決。二次大戰人類所付出的犧牲，是
自由主義在戰後得以重建聲威的慘痛代價。

　　冷戰期間的主要意識形態是自由主義與共產主義。在僵持半
世紀後，東歐及蘇聯的瓦解似乎說明自由主義更經得起考驗一
點。不過漫長的歲月不只淘汰了共產主義，也將自由主義洗磨成
一樣僵化頑固的信仰，等到西方逐漸在20世紀下半葉進入所謂的
後現代時期，僵化而老大的自由主義就理所當然成了被改革、被
造反的對象。後現代社會是一個重視偶然、差異甚於普遍、同一
的社會，就這個意義講，自由主義不能說與後現代的精神完全沒
有相通之處——否則自由主義所主張的多元寬容與尊重個性該如
何解釋？但是後現代社會所追求的多元差異顯然遠超過自由主義
所能想像的程度。由於當前自由主義的基本體質仍為啟蒙運動所
決定，因此繼承啟蒙大業的自由派學者（如Rawls或Habermas）無法
完全放棄理性溝通的必要性。另一方面，若干質疑啟蒙傳統的自

由派學者(如Berlin及Gray)則準備一舉承認價值多元主義所衍伸
出來的種種推論,把「重疊共識」及「理想對話情境」的追求視
爲不可能實現之夢,而代之以隨起隨滅的「暫定協議」。但是儘管
如此,自由主義的「後現代化」依然有限。它既無法徹底解除「理
性」、「權利」、「人性」之拘束,也不能宣告「暫時協議」的「協
議」是沒有意義。因此自由主義與後現代仍有一段尷尬的路要走,
它或許會在下一個世紀改頭換面以適應新的時代,或許不會。

三、自由主義的分類與歧義

我們在上面談到啓蒙運動雖然形塑了自由主義的基本面貌,
但是基於兩個理由,自由主義畢竟不能被視爲一成不變的思想體
系。第一,啓蒙運動是一個發展於西歐不同地區的思想運動,地
區文化的差別造成了英國啓蒙運動不同於法國啓蒙運動,而法國
啓蒙運動又不同於德國、義大利的啓蒙運動;因此可以想見的,
自由主義也或多或少有了地域或國別的差異。第二,從17世紀末
到20世紀末,自由主義(不管在那一個地區)都爲了因應時代的不
同挑戰而調整過其信念,或是以嶄新的方式再詮釋其信念,因此
就時間的向度來看,它也不是一成不變的主義。Alan Ryan說得好,
現代西方人所繼承的不是一個自由主義,而是許多自由主義
(Ryan, 1993:291)。在本節中,我將試圖說明爲什麼會有許多名
同實異的自由主義。

首先我們處理不同國別(或文化傳統下)的自由主義。當
Ruggiero著手寫作其經典作品《歐洲自由主義史》時,他採用的架
構就是逐一論述各國自由主義發展史——英國、法國、德國、義大
利。這種方式相較於籠統地以啓蒙運動涵蓋自由主義的信念要紮

實一些，因此很快就被其他研究者接受，成爲編年體或資料輯錄
的標準作法（例如Schapiro之《自由主義：其意義與歷史》）。通常
這種區分法會包括英、法、德、義、美等國，不過由於英美思想
傳統的親近性，以及德義經驗的相互化約，學術界最後往往只強
調「英國自由主義／法國自由主義」或「英法傳統／歐陸傳統」
這兩種分野。

　　以英／法自由主義爲區分，著眼的是「經驗主義／理性主義」
或「具體思惟／抽象思惟」之差別。Hayek大概是這種區分法之佼
佼者，他在《自由的憲章》中嚴格劃分了英國傳統與法國傳統，
認爲前者著重自發性秩序的形成以及免於外在干預的自由，後者
則相信武斷的人爲規劃可以促使人人在共同體中實踐自由。Hayek
本人追慕英國傳統，因爲他推崇「自然」與「憲政」，不信任人爲
的干預。對他來講，英國傳統的經驗主義保障了自發性秩序的形
成，不空談普遍人權等等；而法國傳統的理性主義則在大革命所
帶來的動亂中暴露了虛浮危險的一面，兩者的優劣高下是不待多
言的（Hayek, 1960：55-56；何信全，1988：19-28）。

　　可是，並非每個人都同意英國自由主義傳統必然比法國傳統
優越。對Larry Siedentop來說，英國的洛克、休姆、密爾固然常被
視爲西方自由主義的代表，但是他們的理論卻也合理化了後世對
自由主義的不滿──因爲他們的人性預設過於原子化，他們的自
由觀欠缺社會學基礎的考察，以及他們只重視私領域的保障而忽
視政治參與的道德功能。相反地，在孟德斯鳩、康士坦、紀索、
托克維爾等所構成的法國自由主義傳統中，上述缺點統統可以避
免。Siedentop因此認爲法國自由主義其實比英國自由主義實際穩
健，是我們必須正視的傳統（Siedentop, 1979：153-74）。

　　文化或國別區分下的自由主義還有一個常見類型，就是英美

傳統vs.歐陸傳統。由於這個區分涉及雙方對「自由」概念的不同理解，因此也構成了自由主義名同實異的另一種現象。如果我們借用Berlin的辭彙來描述，那就是「消極自由」與「積極自由」的對比。根據Berlin的說法，「自由」向來有兩種不同的界定。第一種界定關心的是「在什麼樣的限度內，一個主體可以做他想做的事，而不受到別人的干涉？」第二種意義的自由則主要考慮「什麼人有權決定某人應該去做這件事或成為這種人，而不應該做另一件事或成為另一種人？」前者導出「自由乃外在干預之解除」，Berlin稱之為消極自由。後者導出「自由乃自己成為自己的主人」，Berlin稱之為積極自由。消極自由是英美自由主義傳統爭取的目標，也是一種比較穩健可行的自由。積極自由在本質上與消極自由原無衝突，但是由於「自我控制、自為主宰」在邏輯上預設了「有一個高貴的、理想的自我向低劣的、經驗的自我下律令」，因此自我一分為二。接著，又由於真實的自我不一定存在個人心中，而可能體現在比個人更廣泛的集合體（如部落、國家、種族或階級），因此這種外於個人的存在乃得以名正言順要求經驗上的自我向之臣服。這些外力比個體還瞭解個體真正需要的是什麼，也更清楚個體要如何改造才能獲得自由。Berlin認為積極自由所蘊含的危險十分嚴重，輕者如斯多噶學派之自我否定，重者如極權主義之尊奉教條。因此，追求真正自由的人不應該受其蠱惑（Berlin, 1986：225-95）。

　　積極自由的提倡者包括盧梭、康德、黑格爾等等，正好是所謂「歐陸自由主義」的傳統。可是這個傳統的代言人不必然都是德國人或法國人，它在19世紀末英國本土的唯心論思想家中找到了許多知音。格林、包桑葵、霍布浩斯都是一些令英國自由主義傳統頭痛的異數，他們不遵循洛克、休姆、密爾所鋪設的軌跡，

反而心儀黑格爾而大倡集體主義下的自由。格林說:「沒有社會,
就沒有個人」。自由「不僅僅是免除限制或強迫」而已,它應該是
「一種積極的權力或能力,可以使人從事或享受值得他去做的
事」。因此「真自由的理想是全人類社會所有成員都能有最大的權
力去使自己盡善盡美」(引自Arblaster, 1984:285-87)。英國唯心
論思想家的出現打亂了我們習以為常的「英/法」之分及「英美
/歐陸」之分,使得自由主義的分歧改以「消極/積極」或「自
在/自律」為根本判準。但是這還只說出了自由主義名同實異的
一半故事,另外一半故事必須往後推進到20世紀才開始上演。

　　20世紀的自由主義家變不是國別或文化傳承的問題,而是起
於政治自由主義與經濟自由主義的分道揚鑣。當17世紀末自由主
義開始形成時,它在政治上的主張(保障民權、政教分離、立憲政
府、分權制衡等)與經濟上的主張(尊重私產及市場機能)可以攜手
並進,毫無扞格之虞。然而經過19世紀社會主義思潮的刺激,越
來越多的自由主義者開始懷疑放任經濟是否會(如社會主義所言)
摧毀了個體自由的實質。如果19世紀的英國唯心論算是自由主義
尋求自我修正的一種努力,那麼20世紀經濟大恐慌之後所出現的
新自由主義就該說是另尋出路的必然結局了。

　　「新自由主義」之「新」在於放棄了古典自由主義對經濟事
務所採取的放任態度。由於他們意識到一個人能否享有公民權利
(如集會、結社、言論表達、政治參與等)確實與其社經地位息息
相關,而社經地位不平等主要又係私有財產累積之先天差異造
成,因此除非以國家公權力對貧富不均現況進行調整,否則自由
主義的理想永遠是空中樓閣。在此種新思惟導引下,20世紀的自
由主義乃轉而主張政府透過課徵累進稅、擴大公共支出及福利制
度、強制教育及工作之反歧視法案、以及防止托拉斯形成等具體

措施,以求縮減貧富差距、營造比較實質的機會均等。從Keynes
到Rawls,許許多多自命為自由主義者的知識分子就如此這般採納
了社會主義的重要原則(Arblaster, 1984：284-98, 334-49)。

然而就像上個世紀末英國自由主義的歐陸化未能使英國自由
黨轉型成功,本世紀以來的自由主義「社會主義化」也引起了自
由主義陣營內部的質疑、反彈、乃至分裂。相當多忠實於英國古
典經濟學傳統的哲學家堅持自由主義就是自由主義,只要偏離了
「捍衛私有財產、反對政府干預」的立場,就不能算是自由主義。
於是從Hayek的《到奴役之路》到Nozick的《無政府,國家與烏托
邦》,這些「原型」自由主義者就形成了一支與社會主義化自由派
不同的傳統。他們或者指控新自由主義者與共產主義、社會主義
者淪為一丘之貉,或者提醒世人任何以均平政策為指導原則的「模
式化分配」(patterned distribution)都違反了歷史事實與自然規律,
在自由人之上創造了不合理的國家(Hayek, 1944；Nozick, 1974)。
時人為了分辨起見,通常以「放任自由主義」(libertarianism)稱呼
這些自由主義陣營中的異議分子。然而就本文的目的言,必須指
出的是放任自由主義的特點越來越顯得以「經濟自由」為主要考
慮,而新自由主義則不惜為了實現政治自由而限制經濟活動的自
由。當Rawls決定以「政治自由主義」表達自己的最終立場時
(Rawls, 1993),我們所謂經濟自由主義與政治自由主義的分野也
就得到了確認。

四、如何面對自由主義

回顧一個哲學傳統,除了釐清其起源、範圍、基本主張、演
變與歧義,也必須反省它對當代人生存的境況有什麼作用。前一

項工作的心得必然影響後一項工作的方向，這在自由主義來講尤其真切。

　　自由主義(或諸自由主義)的歷史告訴我們幾件事：(1)自由主義以自由為命名基礎，但是自由的意義言人人殊，從「免除干涉」到「自律自主」，從「外抗國家社會」到「在國家社會中實現」，這些定義貌似雷同，但一個轉折上的差別就會形成水火不容的見地，因此「自由」是歧異的。(2)就算自由不是一詞多義，自由主義也是歧異的。歷史實踐造成了英國自由主義懷疑法國自由主義，德國自由主義看不起美國自由主義，如果將來非西方世界也產生自由主義，十之八九不會等同於西方自由主義。經濟上的自由主義與政治自由主義發展成對立的意識形態，似乎也預見了自由主義在其他領域可能造成分裂——如環保運動與墮胎權利的理論基礎與自由主義並無必然關聯，經濟發展論與反墮胎運動一樣可以從「尊重個體權利」找到一些間接的推理基礎。Fukuyama所說的「自由主義理念之普及化」完全忽視了這個理念的分殊化。

　　反省一個哲學傳統卻得到這般結論，許多人恐怕難掩心中之失望。但是筆者有幾點不同意見，想提出來供參考。

　　首先，自由的歧異雖多，但不至於多到無所不包或與其他概念相混。我們以「免除干涉」瞭解自由也好，以「自律自主」或「為所欲為」瞭解自由也好，它不會等同於「各得其分」(即是「公正」)、「關懷眾人」(即是「博愛」)、或「敬奉神明」(即是「虔誠」)等等。這就是說，人類對語言的使用雖非完全合乎理性，卻也非完全任意。自由指涉某些狀態，其中並無確切規定，但狀態有約略之範圍，其界域何在由使用語言的人群在慣習中決定。因此定義是會流動的，這反映的是人有生機，不是機器，我們應該慶幸才是。

　　其次，自由主義的歧異雖然造成溝通上的困擾，但此事實也有一個正面意義。當我們以自由主義為名營建一種生活秩序，結果往往得失互見。意義僵化的自由主義容易使我們失去彈性，唯恐繼續按圖構築會導致崩塌，而修改應變又難免名實不符之譏。這時，自由主義傳統的雜多形態就可能變成我們擺脫泥淖的助力。舉例而言，當代自由主義因為堅持「中立性」論旨，不僅遭受社群主義及共和主義攻詰，而且在實踐上無法自圓其說。此時若能回想17、18世紀自由主義並未如此號稱國家中立，而只是主張政教分離及信仰寬容，那就可以反省當代自由主義國家所謂的價值中立說究竟是怎麼來的。抑有進者，如果連康士坦、托克維爾、密爾等都主張國家應以人民的良善生活為念，為什麼當代的自由主義要費力地偽裝不過問政治社會的道德問題？

　　這個例子的反省帶領我們進入一個實質而嚴肅的問題——我們究竟要如何面對自由主義？尤其要如何面對當代自由主義在西方及台灣的發展？

　　根據許多人的說法，當代自由主義是啟蒙時代自由主義精神的延續或翻版。啟蒙思潮強調普遍理性與個人自由，當代自由主義也就強調普遍理性與個人自由。這些原則在某些年代裡廣為接納，甚至形成社會進步的動源。可是在20世紀的最後廿年裡，這些原則顯然與西方社會的脈動脫節，不僅相信的民眾驟減，連知識界也反對連連。思其所以如此，大概與信念本身的極端化與僵化有關。譬如以個人主義為例，如果我們將之理解為「每個人都是具有尊嚴的個體，其自主性應予尊重」，想要抗拒這個信念大概很難。然而在當代自由主義思想家的詮釋裡，它卻變成「每個人（在某種狀態下）都是相互淡漠、先於社會的存在，有其任意選擇人生目的的自由」。這種定義或許符合個別理論家建構其社會哲學之必

要，卻很自然地使個人主義變成一種不可親不可欲的信條——在現代社會，我們還能以洛克或霍布斯的自然狀態爲擬真之理論起點嗎？托克維爾或格林的人際理論難道不是比較實際合理嗎？再以普遍主義爲例，自由民主社會的很多領域確實預設普遍主義的原則，如法律之一體適用、工場環境之起碼要求等等。然而當代自由主義在口頭上太喜歡強調憲政民主的普遍優越性，甚至不自覺地只以三權分立爲憲政主義之唯一體現，這對世界上非西方傳統的國家若非形成無知的輕蔑就是無恥的欺凌。而這種普遍主義的心態其實遠超過啓蒙時代知識分子的信心（請比較一下孟德斯鳩的政治社會學），更不是19世紀自由主義思想家的共識（請注意康士坦、托克維爾對民主體制特殊性的強調）。當代自由主義的傲慢以Fukuyama爲極端，而其結果只是令許多人不以自由主義爲然。最近Rawls把它的正義理論修正爲主要適用於「具有民主政治公民文化的國家」，算是稍微務實了一點。

我們分別談到中立性、個人主義、普遍主義的問題，其目的不外想說明當代自由主義只是自由主義傳統的某一種特定發展。而從其備受批評看來，這個發展顯然是走偏了。如果自由主義要恢復其引領世代的地位，它必須先道德化一點、社會化一點、特殊化一點。這些調整都不是無中生有，因爲自由主義的複雜傳統中本來就蘊含著豐富的資源。當知識分子能透過回溯傳統而浴火重生，他們或許就能改弦更張，使社會與群眾找到一個比較合理的生存秩序。

那麼，自由主義在台灣又是如何呢？

台灣自由主義運動的發展是十分迂迴遲緩的。暫時撇開日據時代零星的自由民主運動不談，從1949年以來，自由主義在這塊土地上的成長就不是很順利。早期胡適與雷震從中國大陸帶來了

若干自由主義的火種，混雜著反共救國的口號，在國民黨的默許下建立了一個灘頭堡。但是《自由中國》一旦觸及憲政民主的問題，就與執政當局發生衝突，最後更由於反對蔣介石三連任及計畫組黨而遭鎮壓瓦解。《自由中國》之後有《文星》，《文星》之後有《大學雜誌》，都是所謂文人自由主義的傳統。等到知識分子辦雜誌的傳統中斷，自由主義的主力就轉移到黨外政論雜誌，以及時而與改革力量呼應的《中國論壇》。1990年代以後，自由派的力量集結到「澄社」，但是號稱要推廣自由主義理念的則是「殷海光基金會」。從外表看來，自由主義在台灣的傳承似乎不絕如縷，但是我們也不能忘記這個過程中穿插著雷震事件、台大哲學系事件、美麗島事件等絕裂性的政治壓迫，以及始終瀰漫不去的白色恐怖氣息。

　　從哲學思想的角度反省台灣的自由主義運動史，我們不能不同意瞿海源與南方朔在一次對談中所發表的感想：「台灣到現在為止，還沒有出現真正嚴格定義下的自由主義，勉強只能用『自由派』來界說」。「台灣現在最需要的是真正把西方自由主義的土壤豐富起來。……讓源自西方豐富的自由主義土壤在台灣厚實起來，能夠生長出強壯的枝幹，以後在上面生長出什麼都可以」（瞿海源等，1993）。我想這兩位自由主義的支持者並無意菲薄前此四十年來本土知識分子的努力，但是他們之所以如此感嘆，實在是我們對西方自由主義的認識太少了。當雷震與殷海光冒著生命危險攻擊國民黨政權的專制獨裁時，其道德勇氣或者出自傳統儒者的士氣，或者來自科學方法的信心。當黨外雜誌與《中國論壇》的自由派學者要求憲政改革時，其論證資源是直接取自現實政治社會之種種問題。台灣自由主義運動缺乏的不只是比較完整而有系統的歷史反省，而且也缺乏對西方自由主義傳統的深入瞭解。

前者之闕如使本土的知識分子不容易看清楚自己這一代努力的意義與前人的聯結，後者的匱乏則使批判的力量散漫即興，無法轉化爲進一步開拓人與社會視野的論述。台灣自由主義無法生根茁壯，多少也解釋了近幾年來修憲過程的盲目、任性、與沒有原則。

　　自由主義對台灣社會發展，其重要性是毫無疑義的。儘管目前學界各自引介許多不同的西方思潮，甚至不約而同地攻擊起自由主義，但只要基本人權仍未受到尊重、憲政改革仍令知識分子失望、社會病象的責任仍在政治人物之間推來推去，我們就不可能完全放棄自由主義在台灣未竟的志業。在台灣的政治學界裡，我們期盼看到更多人投入這個哲學傳統的研究、反省、轉化與運用。這容或不是一人兩人或一代兩代的努力可以看出成效，可是只有持續做下去，我們才能改變目前思想資源匱乏的局面。

第二章

民主政治的意義

一、民主的淵源與意義

　　幾乎所有討論民主政治的書籍都會在一開頭就強調：目前全世界所有國家都自稱為民主國家。意謂即使一個實質上專斷獨裁、或由軍人把持政權的國家，也都願意（或必須）在名義上號稱民主。民主政治能夠獲得如此普遍的肯定，當然是難能可貴的成就。但很不幸「民主政治」一詞也是涵義最不清楚的政治概念。當美國、中國、科威特、印尼、剛果等都可以自詡為民主國家時，民主政治事實上也成了毫無指涉作用的概念。有些研究民主政治的專家告訴我們「民主」總共有幾百幾十種不同定義，這個說法只會讓我們更覺得洩氣，因為就算幾百種定義可以進一步歸納為十幾種定義，我們心裏也明白每個人所講的民主可能南轅北轍。

　　就以日常生活裏大家經常使用的概念來看，有人認為民主是「多數決」，是「少數服從多數」。有人認為民主不一定是多數決，而是「各種意見和利益的協調溝通」，民主要求大家「各讓一步，彼此妥協」。有人認為民主政治是「人民當家作主的政治」，凡事皆應以民意為依歸。有人則很篤定地說「民主政治就是政黨政

治」，政治精英組成政黨競逐執政權力，黨的政策可以高於空泛的民意。有人強調「民主就是選舉」，沒有選舉投票的社會不是民主社會。有人則從來不在意選舉權，因為他們相信真正能帶來社會經濟繁榮的政府才是民主政府，太多的競選活動造成社會動盪不安，並不是好的民主政治。諸如此類的想法還有很多，它們彼此之間可能環環相扣（如「民主就是選舉」與「民主就是政黨政治」），但也可能矛盾衝突（如「政黨政治」與「全民政府」，或「多數決」與「好的決策」）。

為了正本清源，我們可以考慮從民主政治的字義或字源加以分析，從而試圖釐清當前意見紛擾的局面。然而更不幸的是，民主政治的字源分析不僅未能幫我們釐清問題，反而製造出更多疑惑。「民主政治」基本上是一個外來語，它最早出現於西元前5、6世紀的希臘半島，當時以雅典為首的一些城邦採取了一種由平民大眾統治的政府形態，有別於由君主或少數貴族統治的形態，這種平民政府稱為「民主政治」（*demokratia*），是西方民主政治的濫觴。可是我們必須強調，古希臘式的民主跟我們今天一般所講的民主存在許多重大的差別。首先，能夠參與政治活動的人口在整個城邦中所佔的比例很小，因為婦女及奴隸都沒有參政權，而奴隸的人數遠多於自由公民。其次，由於城邦規模比現代國家小很多，所以它們的公民可以直接出席公民大會，議決所有重要決策，而今天的民主則必然採取代議制度。第三，除了公民大會容許城邦公民直接參與外，其他許多重要行政職務也都是用抽籤、輪流的方式決定人選，而不是以選舉方式為之。選舉有利於名門望族及才幹卓越之士，基本上被他們視為貴族政治的做法。因為大部分職位都是以抽籤輪流方式決定，所以每個公民都有擔任法官及政府官員的機會，甚至可能輪到自己出任最高統治者，這種機會

不是現代一般公民所能想像的。

　　從字源學來看，*demokratia*是由*demo*（平民）及*kratia*（統治）兩個字詞所構成，合起來的意思是「平民的統治」（rule by the people）。我們今天的民主政治強調「人民當家做主」或「主權在民」，當然與希臘民主政治的字詞涵義有關。可是希臘民主政治中的*demos*往好的方面想，固然可以泛稱所有城邦公民；往壞的方面想，卻是平民、窮人、乃至暴民的意思。民主制度在希臘的文化脈絡裏主要指涉「多數人的統治」（the rule by the many），相對於君主制度的「一人統治」與貴族制度的「少數人統治」。城邦中的大多數人出身背景既不顯赫，財產也相對地少，他們的利益經常與名門望族衝突，所以當他們掌握統治權時，就是名門望族擔心害怕的時刻。對於這種政治組織形態，有人讚不絕口，也有人深惡痛絕。前者可以舉雅典著名的領袖培里克里斯（Pericles）為例，他在一篇國殤演說詞中說：

　　　　我們的政體名符其實為民主政體，因為統治權屬於大多數人而非屬於少數人。在私人爭端中，我們的法律保証平等地對待所有的人。然而個人的優秀德性，並不因此遭到抹殺。當一個公民的某項才能特別傑出，他將被優先考慮擔任公職。這並非特權，而是美德的報酬。貧窮亦不構成阻礙，一個人不論其地位如何卑微，總能奉獻其一己之力於國家。……雅典的公民並不因私人事業而忽視公共事務，因為連我們的商人對政治都有正確的認識與瞭解。只有我們雅典人視不關心公共事務的人為無用之人，雖然他們並非有害。在雅典，政策雖然由少數人制定，但是我們全體人民乃是最終的裁定者。我們認為討論並不會阻礙行動與效率，而是欠

缺知識才會，而知識只能藉行動前的討論才能獲得。當別人
因無知而勇猛，因反省而躊躇不前，我們卻因決策前的深思
熟慮而行動果敢。

　　培里克里斯盛讚雅典民主政治的偉大，因為這種制度體現了
自由、平等、法治、以及積極參與公共事務等精神。可是在當時
的大哲人柏拉圖的眼中，卻也正是由於具備這些特質，所以民主
政治才是一種糟糕透頂、只比暴君統治略勝一籌的政治形式。他
在《理想國》一書中如此形容民主政治：

　　在這種國家裡，如果你有資格掌權，你也完全可以不去掌
權；如果你不願意服從命令，你也完全可以不服從，沒有什
麼勉強你的。別人在作戰，你可以不上戰場；別人要和平，
如果你不喜歡，你也可以要求戰爭；如果有什麼法令禁止你
得到行政的或審判的職位，只要機緣湊巧，你也一樣可以得
到他們。……其次，這種制度是寬容的，它對我們那些瑣碎
的要求是不屑一顧的，對我們建立理想國家時所宣佈的莊嚴
原則是蔑視的。我們說過天分極高的人，除非從小就在一個
好的環境裡遊戲、學習，並且受到好的教養，否則是不能成
長為一個善人的。民主制度以輕薄浮躁的態度踐踏所有這些
理想，完全不問一個人原來是幹什麼的，品行如何，只要他
轉而從政時宣稱自己對人民一片忠心赤誠，就能得到尊敬和
榮譽。……這些以及類似的特點就是民主制度的特徵。這看
來是一種討人喜歡的、沒人統治而又多采多姿的政體。這種
政體不加區別地把一種平等給予所有的人，不管他們是不是
真的平等。

　　柏拉圖之所以厭惡民主政治，當然與他的哲學信仰有關。他相信人類生來理智能力有高下之別，理智較高者可以透過辯証法的訓練掌握真理，資質平庸的人只會有各種意見，看不到真理。他認爲智慧高人一等者應該領導智慧較差者，這不僅符合自然之道，也是最能促進城邦整體福祉的安排。民主政治蔑視真理，盲從於社會主流意見；拒絕讓擁有聰明智慧與政治知識的人治國，硬要把統治權交給平庸大眾輪流行使，其結果當然只會使城邦分崩離析，正義蕩然無存。

　　事實上，在西方思想史上，柏拉圖並不是唯一公然批評民主政治的人。繼柏拉圖而起的大哲學家亞里斯多德同樣對民主政治語多保留。他曾說政體分成兩大類，一類是以全體利益爲依歸的正當政體，一類是以統治者利益爲依歸的偏差政體。民主政治勉強可算是偏差政體中比較像樣的一種（略勝於暴君制及寡頭制），但絕對是正當政體中最差的一種（比不上君主制及貴族制），因爲它並不特別鼓勵德行的培養，只以人數多寡定是非。我們今天常常說民主政體是所有政體中最不壞的一種，以此爲辯護民主政治的理由，在某個意義上，倒是被亞里斯多德不幸而言中。

　　在希臘城邦時代結束後，民主政治消聲匿跡達兩千年之久。其間西方世界歷經羅馬帝國及中古封建制度的統治，主要的政治組織型態是君主制及政教二元制。民主政治的最高原則──主權在民或人民統治──幾乎被所有思想家否定。雖然紀元前一、二世紀的羅馬共和，以及文藝復興時代義大利北部的自治城邦（如佛羅倫斯及威尼斯），曾出現過某些接近民主原理的共和思想，但這些理論只能算是曇花一現，並不足以動搖君主制所享有的鞏固地位。其後隨著現代民族國家版圖的建立，古希臘民主或羅馬共和那種小國寡民式的直接民主更是無法重見天日。一直到英國光榮

革命、美國獨立建國、以及法國大革命之後，新興的代議民主制度才逐漸成爲其他國家仿效的對象，終至形成我們所熟悉的現代民主政治。

現代民主政治與古希臘民主同樣標榜「人民的統治」，然而「人民」的內涵與「統治」的方式都與古典模式迥異。在現代初期，公民身分固然也局限於擁有土地或一定財產的成年男子，但是隨著「人人平等」原則的散佈，參政權終於擴及所有成年人口，而無性別、財富、種族之分。就「統治方式」言，由於民族國家地廣人眾，代議制度乃自然而然成爲唯一可行的方式。同時代議士及行政官員的產生，都不再採取抽籤或輪流方式、而是經由有志者彼此競逐人民的選票而產生，這就進一步使民主政治與「定期選舉」、「政黨競爭」形成密不可分的關係。因此當密爾(J. S. Mill)在19世紀下半葉大力宣揚代議政府的種種優點時，我們已經看不到古希臘直接民主的痕跡了。

我們上述對現代民主政治的瞭解，基本上是西方自由主義傳統下的瞭解。另外還有一些反對自由主義的理論家，他們認爲自由主義民主(liberal democracy)既不是唯一的選擇，也不是最好的民主模式。譬如社會主義及共產主義的信仰者都試圖提出一套自己的民主理論，其中或者排除政黨競爭的必要性，或者要求以生產工具國有化及平均財富做爲行使選舉權的先決條件。本文基於主題之性質，不擬詳述這些非自由民主論述的觀點。但是我們不能忽視的是，即使在主流的自由主義民主論述中，仍然存在著兩種相當不同的認知，值得我們進一步分析。

第一種觀點認爲，現代意義下的民主政治乃是「程序民主」(procedural democracy)。奧地利的經濟學者熊彼得(J. Schumpeter)在1942年提出一個看法，認爲過去民主理論都太強調人民意志的

表達與實踐,而其實「人民意志」或「共同福祉」都是虛幻不實的概念。在實際的政治經驗中,民主只能是一套選擇政治人物及合法化公共政策的程序,它既不保証貫徹人民的意志,也不擔保決策結果必然符合全民的最高利益。用熊彼得的話來說:「民主的方式是爲了達成政治決定的一種制度安排,在這種安排中,某些人透過競逐人民的選票而獲得決策的權利」(Schumpeter, 1976:269)。值得我們注意的是:一、他認爲民主政治只是某種程序或遊戲規則,本身不是什麼崇高的目標;二、這套程序的啓動點來自居上位的政治精英,而不是底層的民眾。因此選舉的意義在於有志角逐權力的政治精英向人民推銷自己,而非選民主動推舉大家最喜歡或最信任的人物(因爲這個人可能根本無意出仕)。

熊彼得的民主定義影響至爲深遠,許多所謂自由主義的民主理論家基本上都採用他的觀點,因此才有「精英民主理論」和「有限參與論」等流行於歐美政治學界的說法。但是毫無疑問地,也有許多人對程序民主論大不以爲然,認爲這是政治精英竊奪人民參政權利的托詞。固然在現代民族國家的規模下,民主政治只能透過代議制度進行,但人民除了選舉之外,應該盡可能參與所有與自身利益或興趣有關的公共事務,藉由參與以彰顯人類做爲政治動物的本質,同時也得以有效監督執政者關注人民的利益。著名的參與民主論者帕特曼(Carole Pateman)曾說:「參與的主要功能在於教育——最廣義的教育,這包括人格心理層面的變化以及民主技巧、民主程序的實踐」(Pateman, 1970:42)。另一位參與論者班傑明‧巴勃(Benjamin Barber)更是極力讚揚政治參與的優點,認爲程序民主只是徒有虛名的「弱民主」(thin democracy),只有全面積極動員的參與式民主才是「強民主」(strong democracy)。巴勃說:「參與模式下的強民主試圖在缺乏獨立判準

的情境中解決衝突，其方式是透過一種持續進行、近似自我立法的參與過程，以創造出一種政治共同體。在此過程中，依賴性的私人身分將會轉化爲自由的公民，而局部性的私人利益則會轉化成公共利益。」（Barber, 1984）

因此，現代意義下的民主政治基本上有「程序民主」與「參與民主」兩種定義。它們都承認代議制度的必要性，也不否認政黨、選舉、利益團體等在現代政治生活裏所扮演的角色。其差別在於前者認爲一般民眾對政治事務缺乏深刻理解與興趣，因此沒有必要行使真正的統治權，而後者則主張廣泛的參與可以改變人們消極被動的心態，塑造一個積極有活力的公民社會，以免「主權在民」淪爲口號。

從「直接民主」與「代議民主」的對比，以及「程序民主」和「參與民主」的區隔，我們可以體會爲什麼民主政治無法有一個大家共同接受的定義。不過話說回來，如果我們盡量就上述各種說法的近似處加以整理，避免彼此針鋒相對的假設，則某種既可保留古典民主精義，又能反映現代社會條件的民主定義，並不是完全不可能。基於下文繼續討論的需要，此處我們不妨暫時對民主政治下一個定義，至於定義得是否恰當，讀者大眾將是最好的裁判。筆者認爲：**民主政治主要指涉一種安排政治生活的方式，它以「主權在民」為基本原則，透過定期改選的普選制度，讓成年公民擁有決定領導人物去留及重大政策採行與否的最終權利。為了確保每個公民的基本權利，它必須依據憲政原則約束多數決的適用範圍，容許政黨及民間團體自由競爭，並且盡量縮短社會經濟條件的差距，以鼓勵所有公民在平等的基礎上，充分參與公共事務的討論與決定。**

我們的定義兼採程序民主、參與民主、乃至社會主義民主的

某些特點，但不是毫無區辨地將它們混雜在一起。其中憲政原則的強調，則表示這個定義基本上仍是一種自由主義傳統下的思考。我們將在這個基礎上，繼續討論民主政治的制度條件、以及價值與限制等課題。

二、現代民主政治的制度要件與先決條件

用幾句話界定現代民主政治的意義，無論如何周延，總是無法回答大部分人心裡真正的疑問，因為我們除了想知道「民主是什麼？」，也想知道「如何評斷一個國家是不是民主國家？」以及「甲國是不是比乙國更民主？為什麼？」等等。要回答諸如此類的問題，我們需要遠比「主權在民」原則更具體、更詳盡的制度性指標。這些指標可以來自歷史實存的証據、學術論著及日常語言的使用、以及抽象針對民主原則所進行的推估，在協調三方面所提出的項目後，可以得出一套民主國家最起碼的制度要件。凡是具備這些要件的政體，就可以稱為民主政體；凡是欠缺任何一項要件的國家，就不能算是民主國家。在整理民主要件的工作上，美國政治學者道爾(Robert Dahl)的貢獻無疑最大。

道爾自1970年代開始，就致力於發展一套衡量民主制度的系統，他認為民主政治必須完全符合「公開競爭」與「包容(成員)」兩大標準，前者代表一個政體自由化的程度，後者則是平等原則普及化的表現。凡是越符合兩大標準的政體，就可以稱為「多元政體」（polyarchy），而「多元政體」等於是邁向完全民主政治的一種過渡性體制。其他討論民主政治的人通常不在意「多元政體」與「民主政治」的區分，但是大家都覺得道爾整理出來衡量多元政體程度的指標很貼切，因此我們一般就以多元政體的指標，當

成評斷一個國家是否民主、以及哪個國家比較民主的制度要件。
根據道爾的著作，這些要件(在「公開競爭」與「包容」兩大方針
下)可以細分成以下數項：

1. 具有制定政策權力的官員及議員，都必須經由選舉方式產
   生。
2. 選舉必須定期舉行，其過程務必做到自由、公平、公開。
3. 人人擁有表達意見的自由，不管一個人對公共事務提出什麼
   看法，都不應為此遭到壓抑或懲罰。
4. 法律保障人們可以接觸多種訊息來源，除了官方媒體之外，
   大家也可以自由取得其他獨立的、不受政府控制的訊息。
5. 公民有權利組成自主自律的社團，以表達或追求共同的意見
   與利益，包括各種政黨及利益團體等等。
6. 公民身分必須普及，每一個永久定居且守法的成年人都有權
   利進行上述諸項政治制度所提供的活動，包括選舉、被選舉、
   表達意見、吸收訊息、組織結社等等。(Dahl, 1971：3；1289：
   221-22；1999：96-104)

　　根據這些制度要件或指標，我們可以比較具體、客觀地評量
一個國家是否民主，而不再困惑於每個國家自稱民主的主觀說
詞。譬如中國大陸與北韓都聲稱自己是民主國家，但是這個兩個
國家的政治領導人並不是經由選民投票產生，它們也都不容許反
對黨挑戰執政黨的統治權。在中國大陸，知識分子及異議人士動
輒因觸犯政府的言論禁忌遭到逮捕；在北韓，則連接觸外國媒體
及訊息的機會都沒有。依道爾所列出的標準來看，它們都不是多
元政體或民主國家。相反地，目前世界上有些國家固然在形式上

保留君主繼承制度(如英國及日本)，但由於國家實質的決策權是
在內閣與議會，而內閣官員與議員都經由選舉產生，並且這些國
家具體保障人民的參政權、結社權及言論自由，因此反而可以名
正言順地列為民主國家。比較難以判斷的，當然是一些介於兩種
極端之間的國家，如1980年代末期的墨西哥與台灣，或1990年代
的馬來西亞。在這些例子中，通常選舉定期舉行，反對黨也有公
開競逐選票的權利，但選舉本身無法根絕舞弊，異議人士依然可
能遭受迫害，新聞媒體立場也不夠客觀中立，我們只有在很勉強
的標準下，才能視之為民主國家。

　　我們可以想見，上述指標並不是每個民主理論家都同意的指
標。對於一些信奉熊彼得學說的人，道爾的條件顯然過於嚴格，
譬如充分的資訊來源與自主的結社權利，都不必列為程序民主的
必要元素。而另外一些對民主期待更高的人，則可能認為這些標
準還不夠。譬如道爾只要求定期舉行自由公平的選舉，卻沒有說
明如果一個政黨老是贏得選舉，這種一黨長期執政的國家能不能
算民主國家？為了確保一個國家是貨真價實的民主國家，他們可
能要求把「政黨曾經輪流執政」列入評量民主的標準。主張社會
主義民主的人，可能希望把「財產相對平均分配」列入民主的要
件。主張審議式民主(deliberative democracy)的人，則可能要求建
立某種經常性、公開性的討論機制，以避免民主政治淪為選民原
始利益的直接衝突，而沒有讓公民從選舉或決策之中學到審思明
辨的美德。我們不排除這些意見可能在將來會成為大家的共識，
但在一個意義上，它們似乎比較像是目前標準的延伸與擴大，而
非另起爐灶式的批評。

　　另外，基於上述指標或要件，我們也可以回過來反省本章開
頭所提到的一些常識性看法。對於那些化約民主政治為「多數決」

的人，我們可以堅定地答覆：多數決只是民主決策的一種方式，
或計算選票勝負的一個基本原理，但是多數決無論如何不能等同
於民主。因為民主政治預設人民基本權利的保障，當多數決侵犯
基本自由權利時(譬如目前的多數決議以後不必再辦理選舉，或決
議驅逐少數出境)，它將因為違反憲政原則而自動失效。另外，對
於主張「民主就是選舉的人」，我們同樣必須提醒他們：選舉固然
是民主生活中不可或缺的一環，但選舉必須做到自由、公平、公
開。在一個不容許反對黨存在的威權國家中，即使人人參與投票，
也不會因為超高的投票率而成為民主國家。至於那些心儀「全民
政府」主張的人，我們只能說：現代政治預設多元社會及各種政
黨的競爭，如果「全民政府」只是呼籲每個政黨都應該以國家整
體利益為上，那是一句無傷大雅的口號。但是如果真的誤以為最
好的民主政治就是結合各黨派或超越各黨派的某種新奇組合，那
麼近代民主政治發展的寶貴經驗將付諸流水，一切關於人性的討
論、關於權力的分析、以及關於憲政主義的構想，都將必須重寫。

事實上，西方世界之所以能夠在近兩百年間發展出一套適合
大規模民族國家的代議制度，它之所以能在近百年裏讓選舉權普
及到所有成年公民身上，除了許多因緣聚會的歷史巧合，也得力
於某些重要的主客觀因素。根據一些理論家對民主發展歷程的研
究，似乎可以得出某些結論，有助於我們理解為什麼民主政治在
一些地區能夠順利成長，而在另一些地區則挫折不斷。換言之，
如果我們把歷史經驗轉化成觀察未來政治發展的啟示，則民主政
治能否出現，應該與下述條件息息相關的。

首先，戰爭及動亂不斷的國度，自然不利於民主政治的成長。
除非一個國家在發生戰亂之前就已經實行民主政治一段時間，否
則不容易看到民主制度萌芽。二次大戰之後許多非洲國家紛紛擺

脫殖民地的地位而獨立，但部族派系之間的爭戰使得最起碼的定期選舉都無法舉行，遑論民主體制的建立。其次，鄰近大國對民主的態度，以及它們是否是否干預本國的內政，也是民主能否成長的關鍵。誠如道爾所言，若非前蘇聯的干預，捷克、波蘭、匈牙利可能早就躋身於民主國家之林；而拉丁美洲國家若不是受制於美國勢力的影響，同樣也早就出現許多民主國家。美國政府所策動的政變或直接軍事干預，始終是拉美國家民主運動人士的心頭大恨。第三，如果一個國家的軍隊、警察、情治力量能真正由民選領袖掌握，或者做到行政中立，那麼至少可以減低軍事政變的機會。南韓的民主直到全斗煥、盧泰愚等人俯首就擒，才真正露出曙光。第四，密爾寫作《論代議政府》時就不斷強調：只有維持相當程度的文化同質性，一個國家才能實踐民主制度。對許多老牌的民族國家而言，這個條件是上天或是歷史的厚贈。不幸的是全世界大部分國家都有或多或少的次文化衝突。這些衝突可能來自宗教(北愛爾蘭)、語言(魁北克)、族群(馬來西亞)、或歷史地理因素(印尼)，如果該國政府能夠設法以制度或政策調節這些衝突，則民主政治仍有希望(如瑞士)；反之，如果政府及政治人物刻意利用這些衝突以謀取黨派利益，則民主政治必然成為犧牲品。

　　除了上述條件外，還有兩個經常被提出，但又充滿爭議性的條件，即經濟發展與政治文化。許多理論家都認為凡是實施市場經濟獲得重大經濟成長的國度，幾乎必然有利於民主政治的發展。這不僅因為自由經濟預設政府在許多方面放寬管制，也因為經濟成長能培養出一大群珍惜基本權利的中產階級。當自由經濟促使一個多元傾向的市民社會逐漸形成後，政治的民主化也會水到渠成。不過，另外有些理論家並不這麼樂觀。他們認為上述推

理完全奠基於西歐民主國家的發展經驗，不見得適用於第一世界以外的地區。就中國大陸及若干第三世界國家的例子來看，高度經濟成長（或乃至市場資本主義）仍然可能與威權統治結合，不一定保證觸發民主轉型。這個爭辯涉及許多複雜的界定與觀察，我們最好暫時保留。

至於政治文化與民主發展之間的關係，則有點像「雞生蛋、蛋生雞」的問題。一些研究公民政治文化的學者喜歡強調，凡是一個國家存在著注重法治、講求寬容、樂意妥協的文化，就有利於民主政治的成長。但是話說回來，公民文化不也是因為一個國家實施民主政治之後，才比較能夠累積培養嗎？或者換個方式思考，對一個先前幾乎沒有公民文化傳統的地區（如東亞及中東各國），民主政治的建立豈不是遙遙無期的幻想？我想我們大概可以同意某些文化傳統有利於民主政治的萌芽或成長，但是公民政治文化既非民主政治的充分條件，也非必要條件。這兩者之間的選擇性關聯，不應該成為討論民主成敗的焦點。

三、民主政治的價值

我們到目前為止已討論過民主政治的意義、民主的制度要件與成長條件，但是還沒有討論一個規範性的問題——「民主政治是一種好的政治制度嗎？如果是，它的好處在哪裏？它具有什麼價值？」。在民主政治成為全人類信仰的意識型態時，許多人會認為這個問題簡直是多餘的問題。但是我們不要忘記，在西方政治思想史上，除了古希臘黃金時代與最近兩百年左右的時間，民主政治始終是被批判、被否定的政治制度。甚至在民主制度逐漸取得優勢的20世紀，也不乏眾多傑出的思想家出而抨擊之。如果我

們不試著去瞭解民主有什麼價值，以及反對民主的人基於什麼理由排斥民主，我們對民主的信仰將如同建立在流沙之上，任何風吹草動都可以吞噬目前貌似堂皇的建築。

民主的價值當然可以洋洋灑灑列出一串，但是民主理論家主要關心的項目有四：平等、自主、參與、文明。這四項價值都不是輕易就可以合理化，因為它們的對立面存在著同樣振振有詞的價值。任何人若未曾嚴肅思考這些支持與反對民主的理據，事實上等於不瞭解民主。

民主政治所預設、所體現的第一項價值是「平等」。民主與平等的關係大概是最不証自明的關係。遠從古希臘時代開始，民主政治與其他政治組織型態的主要差別，就在於別的政體假定人與人之間不平等（所以才認為國家應該由君王或貴族統治）」，而民主政體則認定人人平等（所以才主張大家輪流統治）。所謂「人與人之間平等」，其實不全然是事實觀察的陳述，而是帶著強烈規範色彩的命題。我們知道任何時代任何地方，人與人之間的身高體重、聰明才智、美醜善惡、財富地位都是不相等的。這種不平等首先表現於人與生俱來的自然特徵與秉賦，接著由社會經濟地位的差距加以確定，所以很多哲學家就認為政治統治也應該反應這種先天及後天的差距，讓某些稟賦較高者（特別是那些具備政治才華的人）統治其他人，如此才符合自然法則或自然公理。而且事實上，我們也不難想像如果一個國家刻意排除賢能之士，硬要把大政方針的決定權交給一群平凡百姓，那麼柏拉圖所生動刻畫的「國家之舟」自然陷入極端兇險，甚至慘遭滅頂。

面對這種柏拉圖式的「專家治國」或「哲君統治」的主張，自來捍衛民主政治的人士就必須絞盡腦汁想出一套足以支持「人人平等、大眾統治」的理由。通常這種論證可以來自兩個方面，

一個是訴諸猶太及基督教信仰傳統，搬出「上帝造人、人人平等」的宗教信仰；另一個則是走人文主義的路線，從人人不平等的現象之中指出「內在道德意義的平等」或「政治權利上的平等」。就前者言，洛克的《政府論二篇》及美國獨立宣言可算是經典之作。洛克及傑佛遜等人直接訴諸西方人普遍信仰的基督教，再三強調「人人生而平等，人人生而有追求生命、自由、財產或幸福的權利」。這個論證的好處是許多宗教(不只基督教)都肯定人人平等的原則，因此除非這些宗教被推翻，否則全世界大部分人口幾乎不用說服就會相信「平等」這個價值。不過宗教論證的缺點是碰到無宗教信仰者(或信仰主張不平等的教義——如印度教)時，恐怕就一籌莫展了。

相對而言，人文主義的論證則強調人的存在本身就是一種價值。由於我們每個人不管高矮胖瘦、美醜賢不肖，都擁有可貴的生命。因此人人有權利要求別人尊重自己，讓彼此的生命都能在獲得適當滋養的環境下成長。這種基於對人類生命尊嚴的尊重所建立起來的平等觀，我們可以簡稱為「內在道德意義的平等」。另外，有些理論家更進一步推論，正是由於自然稟賦及後天社經條件設下種種藩籬，使人類無法在這些領域獲得平等的對待，所以我們才更有必要透過法律制度及政治權利的設計，讓大家在這個「人文化成」的領域享有難得的平等。從這個角度看，政治平等的主張固然違反自然法則，然而它卻是人類偉大的發明，是人類在自然等差的汪洋中所構築的一座人文孤島。民主政治賦予人人平等的政治權利及參政機會，藉此激發人們尊重彼此生命的態度，或甚至發展出「一人一票、票票等值」的選舉法則，使所有人都可以平等地表達自己對公共事務的意見，其整個理趣所在，正是平等這個價值。

　　民主政治所體現的第二項價值是「自主」。所謂「自主」，是指每個人都有權利決定與自己生命發展息息相關的事情，而不是任由他人擺佈。同樣地，這種價值也可以說自始即內建於民主政治的法則中。當我們講民主政治預設人人平等時，我們的意思是說「人人有平等的權利決定自己關切的事務」，因此平等與自主基本上是連繫在一起的。從理論上分析，「平等尊重每個人的生命及利益」原本不必然要求所有涉及己身利益的事都要由當事人自己決定，因為只要有一個公正而睿智的裁決者，很可能他比你更知道你的利益何在，以及用什麼方法可以促進你的生命及利益的發展。因此，若是由他代替大家決定相關事務，他一樣可以做到「平等尊重所有人的利益」。換句話說，「平等」不必要求「自主」。

　　然而人類的經驗卻與此背道而馳。我們發現許多號稱公正賢明的領導者，往往不是你我利益的維護者。這種實踐上的扭曲，或者肇因於他人無法確知我們真正的利益所在，或者由於他無法凡事做到公平，但更常見的原因則是他在擁有決定別人生命福祉的大權後，往往變得自私腐化，只以維護己身利益為上。艾克頓（Lord Acton）所說：「權力使人腐化，絕對的權力使人絕對地腐化」，至今仍是至理名言。既然如此，「人人享有平等待遇」的理想最好還是由「人人替自己作主」的方式來確保，這也是為什麼民主政治要求所有人當家作主的原因。

　　坦白講，民主政治在捍衛「自主」這項價值時，所遭遇的困難遠大於它宣揚「平等」時所遇到的挫折。誠然，歷史上不乏堅信人類生而不平等的人物，譬如種族主義者或精英論者。可是到了20世紀的今天，要我們輕易放棄「人人平等」的信念，恐怕沒那麼簡單。但是對於「我們自己是不是最清楚自己利益的人？」以及「我們是不是最能照顧自己利益的人？」，人們往往充滿疑

惑。一方面,我們看到許多人自甘墮落,酗酒吸毒無法自拔;或
者看到許多人自覺前途茫茫,四處求神問卜,我們不禁懷疑是否
每個人都清楚自己的人生與利益。另方面,我們也看到有人能力
低落或智識不足,常常無法達成自己所期待的目標。正是基於這
些理由,柏拉圖才提出「哲人統治」、「專家治國」的主張,並且
始終不乏追隨者。那麼,我們如何才能替「自主」辯護呢?

也許,民主政治把自主奠基於「瞭解自我利益、維護自我利
益」並不是一個聰明的作法。我們大概得承認,許多人都不是最
清楚自己應該怎麼生活的人。但是民主政治所要求的自主,並不
一定假設凡是自己決定的事情,就必然帶給自己最多利益;也不
排除各種專家應該在決策時扮演重要角色。民主的自主性所肯定
的,是人人在原則性的問題上要有自己的看法,並且願意為決策
的成敗負責。這種態度是彰顯一個人生命尊嚴的最起碼立場,如
果人們不願意承擔這個工作,確實不如放棄民主政治。更重要的
是,當我們認清楚自主與利益維護沒有必然的關係之後,我們將
可以深入反省為什麼民主政治要求大家積極介入公共事務,而這
個問題的答案,就是民主政治的第三個價值——參與。

「參與」為什麼會是一項價值呢?從功效主義的角度來思
考,如果參與能促使當局制訂有利於自己的政策,參與才有價值。
因此它最多是一種工具性價值,本身不可能是目的。但是,參與
式民主理論的支持者有一些論證,值得我們參考。他們說:參與
至少有兩個重要的作用,與參與的結果如何沒有關係。第一、參
與是激發人民公共德行的機制。透過親自參與公共事務的研擬、
討論、說服、或監督其執行,人們真正與他人共同創造了一個「公
共領域」,使自己原本局限的觀點得以在參與審議的過程中,轉化
成具有公共性導向的意見。我們在這個過程中,或者可以從別人

的意見學習到自己看不到的地方，或者可以說服別人接受自己更
具有理性的看法，因此參與兼有「教育」及「轉化」的作用，可
以讓一個人領悟到溝通、協調、講理、容忍等等公民德行。而這
些德行，既是民主政治所需要的文化，也是民主政治所能滋養的
文化。晚近所謂公民社會（或市民社會）所追求的積極性與公共
性，只有透過參與才能體現。在這個論證上，沒有人能夠說得比
托克維爾（Tocqueville）更清楚：

> 　　當反對民主的人宣稱，一個人獨力去做他所承擔的工作會
> 優於由眾人管理的政府去做它所承擔的工作時，我認為他們
> 說得並沒有什麼不對。假如雙方的才力相等，則一人統治的
> 政府會比多數人統治的政府更前後一貫，更堅定不移，更思
> 想統一，更工作細緻，更能正確地甄選官員。……但是，隨
> 著時間的推移，民主制度所舉辦的事業將比專制制度舉辦的
> 更多。它辦好的事業雖然較少，但它舉辦的事業卻很多。在
> 民主制度下，蔚為大觀的壯舉並不是由公家完成，而是由私
> 人自力完成的。民主並不給予人民以最精明能幹的政府，但
> 能提供最精明能幹的政府往往不能創造出來的東西：使整個
> 社會洋溢持久的積極性，具有充沛的活力，充滿著一種離開
> 它就不能存在、和不論環境如何不利都能創造出奇蹟的精
> 力。這就是民主的真正好處。

　　第二，除了可以激發人民的公共德行，參與也是提供決策正
當性的最終依據。隨著民主程序的普及，越來越多的政策都不是
少數官員所能主導，而必須透過民意諮詢、問卷調查、公聽會、
乃至政策辯論才能拍板定案。如果一個決策沒有經過這些程序，

往往在推動時會遭到反對民眾的強烈抗拒，而整個社會也爲此付
出重大成本。相對地，如果決策者重視民眾的參與，讓所有與該
事務有利害關係的人都能充分表達意見，則決定之後，阻力會大
幅減少。換句話說，人們判斷一個政策是否具有正當性，往往會
看受到政策影響的相關人是否參與決策過程而定。民主政治提供
最大可能的參與，也因此替民主決策創造了最大的正當性，這是
其他政體無法比擬的。

最後，民主政治還有一項經常被人忽視的價值，就是「文明」
或「和平」。處身於民主社會中的人往往視和平爲理所當然，但是
非民主社會中的人就很清楚和平不是唾手可得。西方國家在建立
民主制度之前，也曾經飽受宮廷政變、陰謀叛亂、以及血腥戰禍
之苦。民主政治首先以「國王陛下忠誠的反對黨」方式賦予政爭
對手合法的生存地位，接著以選舉方式取代武裝鬥爭，讓政權的
轉移建立了一種文明的典範。大體上，凡是民主制度鞏固的國家，
老百姓就不必擔心軍事政變或內戰所帶來的災難。他們當然仍得
操心經濟起伏、政治良窳、交通壅塞、天然災害等等，但是至少
政權的交替是和平的。不管在每一次選戰中，政黨競爭手段多麼
激烈，社會氣氛多麼緊張，隨著選舉落幕，失敗者仍得風度十足
地向勝利者恭賀當選。這些微不足道的過程與動作，其實蘊含著
人類文明重大的成就。它們不只代表人類知道如何管理自己，也
代表我們不再迷信暴力。如果世界上的民主國家越來越多，全球
性的和平就不會遙不可及了。

四、民主的限制與展望

本文列舉許多民主政治的優點，但是希望不會誤導讀者以爲

民主政治有百利無一害，或誤以爲民主政治是解決所有問題的萬靈丹。事實上如果仔細觀察民主國家(包括所謂老牌民主國家)的表現，就會發現民主制度絕非盡善盡美，其弊病或限制甚至可能影響它在未來的發展。

民主政治的限制很多，首先值得一提的是它並不能保證產生最好、最有效率的決策，也不必然帶來令人滿意的結果。許多人以爲民主程序既然是目前最合理的程序，那麼根據民主程序所得到的結果應該也是最好的結果。譬如，在普選制度及自由競爭之下，我們期待選出一個最孚衆望、最有才幹的領袖，但我們幾乎註定會失望的。又譬如，目前許多環保人士寄望於參與式民主及審議式民主，以爲一旦決策程序做到公開透明、充分討論，那麼我們就一定會制訂出減少環境污染的法令。然而他們卻很快發現，自私的心理只會造成「垃圾不要倒在我家後院」的共識，對於抑制垃圾成長、減少能源浪費、或檢討過度開發等議題，溝通討論與多數決的結果仍然令人洩氣。由於民主政治不能保証產生良好的政治領袖與公共政策，許多人於是對民主感到失望，甚至轉而期待強人政治或恢復威權獨裁。

我們必須指出：民主原本不能保証上述良好結果，它可以促進自主與平等，可以帶來活力與文明，但無法提供所有美好的禮物。對於民主政治期待太多，並不是民主理論所鼓勵的心態。可是我們也願意指出：其他政治組織型態——不管是君主專制、寡頭壟斷、或軍事獨裁——同樣也無法保証滿足各方面的要求。譬如專制國家固然可以迅速有效地做到全國人民不敢亂丟垃圾，但是其代價可能是全國完全沒有新聞自由、沒有示威抗議的自由。軍事獨裁國家一度在經濟成長和社會治安上有驚人的成效，可是這些成果通常無法維持下去。而他們對環境生態的破壞、對公民

權利的剝奪，往往不是短期經濟繁榮所能彌補。

民主政治另外一個重大的限制，是直到目前為止仍然沒有辦法真正落實平等參與的承諾，只能眼睜睜看著社會經濟資源雄厚者挾其優勢，不合理地左右公共政策的方向。關於這個問題，自由民主主義者與社會民主主義者長期以來即爭議不休。自由主義雖意識到市場經濟造就了某些大財閥，而財閥又往往能將金錢轉換成政治資本，以致其政治權力永遠凌駕於小市民之上。但是基於市場經濟也是自由社會運轉的關鍵，因此他們並不願意為此修改市場經濟的規則或限制其作用，反而試著提出種種理論（如「自然的均衡」、「自動自發的秩序」），以說明平均財富的不可能與不可欲。另一方面，社會民主主義者無法忍受經濟不平等對政治領域所造成的扭曲效果，因此多半主張國營公有、限制資本、累進課稅、擴大福利支出等等，希望藉此確保每個公民的參政機會與公民權利。

平心而論，市場經濟確實有其存在理由（否則共產主義國家不會在20世紀末紛紛引進自由市場經濟以挽救其瀕臨崩潰的社會經濟體制），但是我們看著自由民主國家的選舉活動所耗費的資本直線上升，以及行政、立法部門被財團滲透、控制的情形日益嚴重，不得不懷疑自由民主政治會不會完全變成「金權政治」。就算這個顧慮是杞人憂天，就算平民仍有機會出頭與資本家抗爭，我們也得注意「金權政治」下的兩種不同現象。第一是由於實質參與作用遞減，越來越多公民寧可放棄參與權利，只管私人福祉，於是整個社會朝向「反政治」或「去政治化」的方向發展。第二是當平民之中具有群眾魅力的領袖出現時，沈默的民眾又很容易受到口號煽動而變成狂熱的政治運動支持者。「政治冷漠（或疏離）」與「政治狂熱」原本是相反的現象，但是在民主政治金權化的情況

下，反而是最值得擔心的併發症。

　　緊接著上述群眾領袖的問題，我們有必要討論民主政治的另外一個隱憂，就是民粹主義（populism）的興起。民粹主義與民主政治之間其實有著微妙的關聯。我們一般以民主政治為政治生活的常態，視民粹主義為某種病態發展，因為民粹主義是指某個極具魅力的領袖人物出現，動輒以人民福祉為號召，在取得廣泛群眾的支持下，做出許多超越憲政規範的事情。就這個意義來講，民粹主義確實可能破壞民主政治強調法治、著重權力制衡的基本架構。可是另一方面，民主政治原本以實現人民福祉、表達人民意志為綱領，因此當民粹領袖確實獲得人民廣泛支持時，為什麼我們反而要設法限制他的行動？

　　這個問題涉及的是憲政主義、法治傳統、以及自主參與的正確瞭解。憲政主義的基本命題之一，是強調權力集中必然造成腐化，所以政治權利必須分立制衡。而民粹領袖往往呼籲人民賦予他比較大的權力，使他可以克服來自議會或司法部門的限制，放手去實現人民的福祉，因此民粹主義經常違反憲政原理。其次，法治主義認為政治共同體的基本規範（包括人民的權利義務及政府施政程序）必須明載於憲法與法律，不管任何人都必須遵守這套規範，連國家的統治者也不例外。但是民粹主義卻是一種「人治」色彩濃厚的現象，民粹領袖由於獲得民眾熱烈支持，經常強調法律條文是死板的東西，應該因應情勢隨時修改，甚至連憲法也可以機動調整。因此民粹主義盛行時，統治者的意志（人治）可能取法治而代之。第三，民主政治所追求的自主參與，原本是公民在獲得適當的資訊下，以開放的心態進入公共領域，與其他公民平等溝通協調，並從中體驗相互啟蒙的樂趣。可是民粹主義下的政治參與，表面上雖然像是群眾自動自發的行為，卻沒有多元意見

的交換與討論，也沒有容忍異議者的空間，而只有同類相聚式的呼喊或相互肯定，這也是爲什麼民粹領袖的支持者常沾沾自喜自稱爲「××迷」、或「××族」的原因。民主政治理論鼓勵的參與，並不是這種單面向式、不能反省批判的參與。

我們舉出這些民主政治的限制與隱憂，無非是爲了讓支持民主政治的人知道民主真的不是完美的制度，它的許多問題如果不能加以解決或預先防範，是有可能變質爲金權政治、民粹政治或甚至暴民政治。當然，基於民主政治在過去兩千年的人類歷史上並沒有扮演什麼重要角色，也許它真的只是一種過渡性的政治制度，而可能在未來讓渡給更完善理想的政治組織型態。然而在這種未可知的型態出現之前，民主政治確實比現存所有其他體制更能呼應目前的社會經濟條件，更能安頓人們的政治生活。我們如果願意繼續支持它，就有必要瞭解它的精神、它的價值、以及它的限制。

第二部分
近代西方

第三章

洛克——西方自由主義之父

一、洛克與自由主義傳統

　　自由主義是影響現代西方社會最為深遠的一種意識形態。這並不是說大多數現代西方人都信奉自由主義，而是指西方社會的建構原則主要出於自由主義的理念。在西方各國政府的施政中，或是人民的日常生活裡，我們固然可以察覺出許多與自由主義信念矛盾的地方，但是就一個政策或一種行為的正當性基礎而言，自由主義仍然是最理直氣壯的論辯依據。譬如，美國社會中種族衝突的事例始終不斷，但是法庭上或全國性輿論鮮少出現否定人類生而平等的聲音。英國政府向以現實主義為其外交政策的指導綱領，但是當魯希迪（Rushdie）因寫作《魔鬼詩篇》而遭到伊朗回教領袖的通令追殺時，英國政府仍得硬起頭皮以廿四小時警力保障他的人身安全。理由無他，只因西方民主國家必須維護人民的思想言論自由。人人生而平等、人人享有不可剝奪的思想言論自由——這些都是西方自由主義的基本信念。一個政府容或由於疏忽或力絀而未能實踐之，但它們卻不能從原則上否認之、放棄之，此所以我們稱自由主義為西方現代社會的建構原則。

　　事實上，自由主義不僅爲西方各主要國家的社會構成原則，它也逐漸擴散全球各地，在不同程度上改變了亞洲、非洲、拉丁美洲等地區的文化。以台灣爲例，如果不是因爲自由主義憲政民主思想的傳播，我們今天恐怕還會以「國情不同」繼續鎮壓所有批評政府的言論與集會，繼續維持國代立委不必改選的「萬年國會」體制。如果不是因爲民間自由派知識分子的極力反對，我們早就成了全世界第一個擁有萬能國民卡的百姓，讓自己的身分認證、就醫記錄，連同買賣消費與入出境次數，一起交給政府及發卡公司保管運用。自由主義在台灣的社會基礎當然十分薄弱，然而若非這點薄弱的基礎，我們不會看到萬年國會的終結、民進黨的成立、報禁的解除、一貫道的合法化，當然也無法想像高中女生終於可以留長髮、李登輝會打扮成圓桌武士、以及一群公娼竟然能夠天天上電視新聞、直接間接造成阿扁市長的連任失敗！

　　當然，以自由主義爲構成原則的政治社會，不一定就是人人稱羨的社會。無論在西方或台灣，自由主義也經常是人們指責社會弊病時歸咎的對象。有人認爲自由帶來放縱，所以20世紀下半葉才會有那麼多磕藥飆車、見人就砍的狂徒。有人認爲人權保障太過，所以盜匪強梁才會橫行無忌，魚肉鄉里。看不慣奇裝異服、同性相交的人痛恨自由主義的多元寬容，同情勞工處境的基進人士則指責自由主義私有制所造成的貧富不均，以及資本累積過程的剝削本質。這一切的一切，都跟自由主義的擴散有關。因此在有些人的心目中，自由主義不代表改革進步的力量，反而是社會動亂、道德淪喪的濫觴。

　　然而究竟什麼才是自由主義的真實面目？由於自由主義是一個發源於西方的意識形態，要認識自由主義就不得不從西方自由主義的源頭開始審視，除了探求它的原始風貌，也仔細觀察它的

發展與變化，如此我們才能言而有據，不致憑空想像、各執一詞。
特別是若干著名自由主義思想家的作品，更是值得我們仔細研
讀。如果我們能從他們的作品中，領悟到他們的關懷、假設、與
論旨，我們就有比較多的機會瞭解自由社會的本質，替自己建立
一個評判自由主義的基點。如此我們或許不會再輕易地接受自由
的召喚，或武斷地否定自由的價值，而知道如何堅定地爲自己對
自由主義的看法辯護。著名的德國社會學家韋伯（Max Weber）曾經
說：「如果一個人缺乏勇氣去澄清自己的終極立場，轉而用軟弱的
相對主義論調減輕這個義務，那就是在規避智性誠實這個平實的
職責」。我想：願意透過研讀思想人物的經典來理解自己的問題，
並以分享思想的盛宴爲樂的人，才是韋伯眼中智性誠實的人。

　　我希望上面這些迂迴的說明，能在一定程度上解釋爲何我們
要研究洛克。洛克是西方自由主義的奠基者，也是英國啓蒙運動
的先驅。他的年代雖然距離我們有三百年之遠，但是他的思想卻
無所不在地影響著我們居處的社會。在自由派知識分子反對政府
發行電子國民卡的隆隆炮聲中，我們聽到洛克對有限政府的呼
籲；在廢娼復娼兩派人馬交戰的刀光劍影中，我們窺見洛克詮釋
人身自由的立場。當然洛克不能預見現代社會的各種挑戰，也未
必贊同今人運用其自由主義思想的方式；但是他的創見，再加上
其後盧梭、康德、托克維爾、密爾等思想家的增益，已經內化爲
現代人捍衛個體自由的理論基礎。我們若想瞭解自由社會的本質
與特色，無可避免地要從洛克的著作開始。

二、洛克的生平與著作

　　洛克生在一個動亂的時代，其一生可以說與英國的民權革命

相終始。他出生不久之後，英國就因宗教問題陷入內戰。他在就讀西敏寺公學(Westminster School)的期間，經歷英王查理一世被國會處死的震撼。1652年洛克在家人的幫助下進入牛津大學深造，可能的生涯規劃包括當一名教士或懸壺爲醫。但是1666年洛克在很偶然的機緣下認識艾希里勛爵(Lord Ashley)，卻完全改變了他的一生。艾希里是政壇重要人物之一，後來被封爲沙夫茨伯里伯爵一世(the first Earl of Shaftesbury)，並榮任國會上院議長。洛克於1667年隨同沙夫茨伯里前往倫敦，成爲伯爵的客卿與朋友。在其後十五年的歲月中，洛克分享了沙夫茨伯里的政治信念，也分擔了這名政壇權貴的挑戰與挫折。

沙夫茨伯里是王室復辟期間民權派的領袖，也就是後人所稱「輝格黨」(Whig)的創始人物之一。他堅決主張宗教寬容、反對君權神授說法。在政治立場上，他與王權派(或托利黨人Tory)形同水火，強烈抵制查理二世及詹姆士二世的專制統治。洛克與沙夫茨伯里建立起的親密關係，一方面使自己有機會深入瞭解政治鬥爭的現實，另方面則使自己的安危與改革勢力的命運縮結在一起。當1683年輝格黨人密謀綁架國王失敗，沙夫茨伯里的諸多盟友就慘遭肅清打擊。有的人死於斷頭台，有的人自盡於監獄之中。洛克雖未參與此陰謀，其處境卻無異於驚弓之鳥。稍後他潛逃至荷蘭，才免於一死。

洛克在流亡期間結識了許多歐洲的名人，也獲得一個安靜的機會從事研究與寫作。等到光榮革命成功後，洛克終於可以返回祖國，並一口氣發表了三部重要的代表作：《論寬容書信》(*Letter Concerning Toleration*)、《政府論二篇》(*Two Treatises of Government*)以及《人類理解論》(*An Essay Concerning Human Understanding*)。其中《論寬容書信》係針對英國國教派壓迫清教

徒的事實而發，呼籲不同宗教或教派之間應彼此容忍，不要利用
政治勢力相傾軋。《政府論二篇》通常被視爲合理化光榮革命的歷
史性文獻，因爲它一方面批駁了先前王權派主張的君權神授論，
另方面則提出了統治必須出於人民同意，以及政府旨在保障人民
權利的革命性見解。但是促使洛克聲名鵲起、享譽全歐洲的，則
是專門討論知識理論的《人類理解論》。

　　從返回英國到去世前，洛克又陸續完成了許多作品，譬如《教
育漫話》（*Some Thoughts Concernig Education*）、《基督教的合理性》
（*The Reasonableness of Christianity*）、以及討論貨幣與利率問題的
文章。但是這些作品在重要性上無法與前述三書相比，因爲《論
寬容書信》與《政府論二篇》代表了洛克自由主義思想在政治社
會哲學上的主張，而《人類理解論》則呈現了洛克經驗主義知識
論之面貌。筆者基於洛克對西方自由主義傳統深遠的影響，擬以
重點勾勒的方式，點出洛克自由主義思想遺產的若干要點。

三、自然狀態與自然權利

　　洛克最膾炙人口的主張乃是他對人類所享自然權利的堅持。
許多人認爲西方古代並無「權利」概念，權利事實上是近代的發
明。這個說法證諸洛克以及洛克之前的霍布斯，不無幾分道理。
早在霍布斯寫作《利維坦》（*Leviathan*）之時，就曾主張人人都擁
有「自我保存」（self-preservation）的權利。只不過霍布斯的「自保」
比較偏重生命安危的保全，從而推演出人類攫取權力、至死方休
的恐怖情景。相反地，洛克則置自然權利於自然狀態中自然法的
保障之下，使之成爲人類自然而然即可安全享有之權利，免除了
人與人之間競相殘殺以求自保的意蘊。換言之，洛克巧妙地重新

界定自然狀態及自然法的意義，使人人得以平等享有自然權利。

按照洛克的說法，自然狀態並不像霍布斯所言般人人相互為戰、充滿暴死的恐懼，而是一種完全自由、完全平等的狀態。自然狀態之所以能夠如此和平安詳，主要是因為「有一種為人人所應遵守的自然法對它起著支配作用」。自然法的概念源遠流長，洛克則將它直接等同於理性。理性使人瞭解大家都是上帝的創造物，被賦予平等的能力，可以自由而互不侵犯地享有一切。具體地講，人在理性的普遍支配下，將可以尊重彼此的生命、自由、財產，並且在行有餘力時，幫助他人保全其自然權利。如果萬一有人違逆了自然法(也就是理性)的支配，侵犯到他人的生命、自由、財產，則受侵犯者及旁觀者都有權起而制止此種行為，依其惡行大小施以適度懲處。由於這些權利的享有是在公民社會形成之前，彷彿它們是上天所賦予，因此洛克稱之為自然權利，是任何人都不可剝奪的資產。

自從洛克提出天賦人權的概念，西方自由主義的核心信念就開始形成。其後無論是美國獨立宣言中所標榜的「人人生而具有生命、自由以及追求幸福的權利」，或是法國大革命時期所喊出的「人人享有自由財產、安全與抵抗壓迫的權利」，都是洛克自然權利概念的迴響。如前所述，古代西方人並沒有天賦人權的想法，但是經過近代政治社會的變遷，以及若干思想家的大力提倡，自然權利的觀念逐漸變成不證自明的信仰。時至今日為止，如果有人企圖否定他人的自然權利，或是主張政府不必維護基本人權，都勢必引起強烈抗議。從一個意義上講，這得歸功於洛克自由主義思想的貢獻。

不過，值得我們注意的是：洛克固然標舉天賦人權之大蠹，他對生命、自由、財產的解釋與我們今天所流行的理解並不完全

一致。處在現代與後現代之交的我們，有時會聽到人們主張人類的身體與生命完全歸於自己所有，因此即使一個人想要自殺、賣淫或出賣器官也都是自己的事，別人不能干涉他（她）的行為。這個主張聽起來十分「自由主義」——因為我們普遍認為自由主義就是「只要沒傷害到他人，自己可以做所有想做的事」。但是洛克從來不是這樣理解人的生命與自由。對他來講，生命是上帝所賦予，上帝希望人類善自保存，因此自殺棄世或自鬻為奴都不是權利的正當行使。他尤其反對以「放縱」等同「自由」的說法，他說：「自由並非像羅伯特·費爾瑪（Robert Filmer）爵士所告訴我們的那樣：『各人樂意怎麼做就怎樣做，高興怎樣生活就怎樣生活，而不受任何法律束縛的那種自由』」。在自然狀態中，人的自然自由必須以自然法為準繩；在公民社會中，自由須受立法機構所制定法律之約束。自由從來不是為所欲為的放縱，這個區別我們不可忽視。

　　同樣地，洛克雖然主張財產具有神聖不可侵犯的特性，但是他對財物價值的形成，以及貨幣制度的發明，都有發人深省的說法。洛克所說自然狀態中的財產，原本不指金錢貨幣，而是人人基於生活所需，以雙手之勞動加諸自然資源的結果。因此蘋果長於樹上乃自然的一部分，若經人類摘下則變成其財產。由於大地寶藏無盡，人人不必囤積居奇，因此自然狀態中人人各取所需，不會浪費上帝所恩賜的資源。問題是貨幣發明之後，人類開始透過金銀的保值作用擴大其財富，而金銀既不腐敗，富者乃可免於糟蹋天物之譏。洛克究竟如何看待此種財富累積現象，向來眾說紛紜。有人認為他是資產階級的代言人，試圖以種種論據合理化資本主義生產方式的道德正當性，亦即合理化貧富懸殊的社會格局。但是也有人認為洛克珍視生命自由甚於財富，雖然容許貧富

不均，卻不可能贊成富者對窮人形成剝削的作用。這兩種說法都
有若干根據，但是我們從洛克對平等權利的捍衛來看，他應該不
會默許資本主義式的剝削。

四、契約論與有限政府

　　洛克自由主義思想的另一個重點是契約論與同意論。我們在
上文已經交待了洛克對自然權利的堅持，但是自然狀態中如果人
人享有完全的自由與平等，爲什麼還需要成立政治社會呢？洛克
的解釋是這樣的：自然狀態雖有自然法以規範人們的行爲，但是
徒有理性而無明文法令，人們在認知上容易產生衝突。衝突既起，
若無公正無私的仲裁者和強而有力的執法者，則彼此的分界仍不
易釐清。正是出於此等不便，所以人們彼此同意締結契約，讓渡
自然狀態中自保的權利給一個公正的權威機構，由它來保障個別
成員的生命、自由、財產，並執行對犯法者之刑罰。如此公民社
會成立，政府與國家形成，每個人的自然權利可以獲得更確實的
保全。我們一般稱這種國家理論爲社會契約論，有別於自然演化
之說，也有別於保守人士所提倡的君權神授理論。其中最主要的
關鍵是洛克主張人們有權利表達意志，而政府權威的來源就是這
些個別意志的集體表現。因此這種政治社會理論既是自由主義式
的（因爲成立政府的目的在保障人權），也符合民主精神（因爲人民
可以利用選票來表達對政府的滿意度，並決定執政者之去留）。

　　契約論的重要意義是反駁統治權出於天命的傳統說法。在洛
克之前，羅伯特・費爾瑪曾發表擁護專制王權的代表性著作《君
權論》（*Patriarcha*），以聖經爲根據論證君王統治權來自亞當，而
亞當又是上帝所命世界萬物的最早支配者。洛克針對《君權論》

而寫作了《政府論上篇》，一方面指出父權不等於政治統治權（因為後者需經被治者同意），另方面質疑歷史變動頻仍，如何推定現行統治者乃亞當之後嗣？但是，契約論的精華是在《政府論下篇》。洛克由自然狀態、自然法、自然權利之界說，逐步推論出政治社會的本質，認為人類成立政府乃是為了保障先天不可侵犯的權利。為了確保此宗旨，政府權威必須分成三部分：立法、行政與對外的和戰權（當時洛克仍未有司法獨立之議，現代的三權分立理論乃是法國思想家孟德斯鳩所創）。權力之所以必須分開，則是因為人類無法抗拒濫用權力。他說：「如果同一批人同時擁有制定和執行法律的權力，這就會給人們的弱點以絕大誘惑，使他們動輒要攫取權力，藉以使他們自己免於服從他們所制定的法律，並且在制定和執行法律時，使法律適合於他們自己的私人利益，因而他們就與社會的其餘成員有不相同的利益，違反了社會和政府的目的。」

洛克為了防止人性的權力慾望所提出的權力分立主張，可以說是自由民主體制的金科玉律。自由主義普遍懷疑權力集中的後果，寧可藉由憲政規範和分權制衡來削弱政府的能力，也不願意坐視萬能政府的產生。因為權力過度集中的政府固然可以大有作為，卻同時極有可能侵犯一般人民的基本人權。在不能採用分權制衡原則的國家中，權力往往匯聚於最孚眾望的領袖身上；但是民主政治所求者並非出類拔萃的聖雄型人物，而是彼此約制的一群掌權者。艾克頓爵士（Lord Acton）說得好：「權力使人腐化，絕對的權力使人絕對地腐化」。這種自由主義式的謹慎態度固然使民主政治不容易產生先知、舵手，卻也防止了民粹主義（populism）的危機。權衡整個利弊得失，分權制衡的設計還是可取的。

由於統治權必須經過人民意志的同意，因此對於不稱職的執

政者，人民自然有權罷黜之。洛克親身經歷英國王權復辟的壓迫，
十分清楚光榮革命所代表的意義。他不只主張人民有權利革命，
而且認為判斷革命是否正當的依據也在於人民。對他來說，讓渡
權利給公共權威，並不表示統治者從此可以胡作非為。如果統治
者不以公共福祉為念，就構成暴政。對付暴政的方法是革命，然
後重新成立一個符合民意的新政府。比較保守的思想家（如霍布
斯）通常不願意承認人民的革命權，唯恐整個社會因此陷入無政府
的混亂，但是洛克卻安慰我們無政府狀態至少比暴政統治要好。
如此雄心壯志，確實使洛克被稱為自由主義之父而無愧焉。

五、政教分離與信仰自由

　　除了天賦人權與契約論之外，洛克的自由主義思想還強調政
教分離以及宗教信仰的自由。事實上，遠在洛克研究公民政府的
組成之前，就十分關懷英國的宗教傾軋問題。1640年代的清教徒
革命是由於英國國教派強迫新教徒改信國教所致，1688年的光榮
革命也是國會對詹姆士二世推動天主教信仰的不滿所引起。洛克
環顧全歐洲，只見到處充滿教派與教派間的衝突。每個教派都自
以為正統，視其他教派的神祇、崇教儀式為錯誤，從而結合政治
勢力加以迫害。但是洛克相信基督教的最高教義應該是寬容與博
愛，而不是以烈火和枷鎖強迫別人改變信仰。許多不同教派所在
意的儀式差別，在洛克眼中都是「無關緊要」（indifferent）之事。
人們為了這些無關緊要之事大動干戈，既違逆了宗教慈悲博愛的
精神，也無端迫使人民顛沛流離，影響社會的繁榮發展。因此洛
克發表多篇書信體裁的文章，大聲疾呼宗教寬容的重要。
　　呼籲教派之間彼此寬容固然具有重大的歷史意義，而背後所

預設的政教分離立場更是別具哲學意義。基本上，洛克認爲公民
政府的事務與宗教信仰的事務之間，必須保持一道明顯的界線。
就前者言，人們組成政治社會是爲了促進與維護公民的世俗利
益，包括生命、自由、健康、財富、房舍等等項目。就後者言，
教會的本質是人們自願結合的團體，以他們自己認爲符合上帝意
旨的方式禮拜上帝，從而達成靈魂救贖的工作。關於世俗利益的
維護，行政長官有權執行法律的規範，懲罰所有侵犯他人權利的
罪犯。但是行政長官既不能、也不應該以任何方式介入靈魂拯救
的工作。這主要是因爲信仰問題乃人類內心深處的抉擇，從來不
在讓渡權利之列。長官縱然貴爲人間權威之執掌者，也不表示他
們在此終極問題上比平民百姓更知道何者爲是、何者爲非。如果
一個政府妄圖強加某種信仰於百姓身上，它最多只能得到表面上
的屈服，而非發自內心的同意，甚至極有可能引起人們的憤恨。

　　在教會這一方面，洛克也主張宗教領袖必須有所節制。他們
雖然以拯救靈魂爲己任，但是唯一合法的手段是道德規勸。如果
規勸、訓誡和勉勵仍然無法奏效，則最多只能將頑固不信者逐出
教會，而絕對不能訴諸烈火與刑具。除籍（excommunication）是禁
止教會成員與被除名者接觸往來，使後者無法參與教會的各種活
動。然而除籍不能影響被除名者的公民權利，譬如不能沒收其田
產或禁錮其身體，因爲那是屬於世俗政權掌管的範圍。簡單地說，
洛克認爲政教必須分離，政府不應當干涉信仰的內容與禮拜方式
（除非這些儀式對他人構成傷害），而教會也不應當結合政治權力
對異端施以鎭壓。自由主義者所構想的政治社會是一個以法律規
範爲基本共識，而放任思想信仰多元並存的開放性社會。

　　不過，爲了避免過度詮釋洛克宗教寬容的範圍，我們必須指
出他的寬容也有一定限度。基於當時英國政局的特殊考慮，洛克

認爲下列幾種人不在寬容之列：(1)違背文明社會道德準則的意見，(2)散布背信及詐欺言辭的行爲，(3)密謀通敵以顛覆本國政府的教派（如當時的天主教），(4)否定上帝存在的無神論者。我們必須提醒自己，洛克畢竟是個活在三百年前的「現代人」，當時他既不能想像無神論會像目前這樣普遍流行，也不能預見文明社會的價值會變得如此多元分歧。《論寬容書信》的主要作用是提出了一個原則，而在此一原則之上，後來的自由主義思想家（如密爾）還會大幅度地擴大容忍的限度。

六、洛克思想的時代意義

最後，讓我們思考一下洛克的思想對下個世紀會有什麼影響。如同前面所說，洛克既是西方自由主義之父，也是英國啓蒙運動的先驅。三百多年來，西方歷史大體上可說是沿著啓蒙理想的方向在前進。啓蒙大業標榜人類的理性能力，相信科學與民主會帶來繁榮進步。這種理想在19世紀曾遭逢浪漫主義的挑戰，在20世紀初則因連續兩次大戰的爆發而瀕於幻滅。但是人類訴諸理性以求進步的願望真的如此禁不起考驗嗎？

針對這個問題，當前西方思想家抱持著不同的想法。有人認爲近代以降個人主義的發展根本就是錯誤的方向，除非人類重新回歸古典的秩序，以德性及傳統爲尚，否則局面會越發不可收拾。相對於此種保守傾向的思考，另有一些基進人士則主張傳統與現代都須儘速超越，因爲它們所自以爲是的根基只是虛幻之想像，而它們所預設的事物本質也從未存在。在後現代情境即將全面呈現之際，基進人士已奉尼采爲先知，準備迎接一場慶祝上帝死亡的狂歡舞會。夾處於這兩種心態之間的，則是若干對啓蒙理想仍

不死心的自由主義者。他們認爲啓蒙遠景並無根本性錯誤，今天社會發生的混亂不是啓蒙運動的結果，而是啓蒙未克完全實踐所致。除非人類找得到理性以外的行動根據，除非人類不再追求自由平等，否則啓蒙所揭櫫的方向仍然是最好的歸宿。

從這個爭辯上看，洛克的時代意義及可能影響就相當清楚了。作爲自由主義及啓蒙運動的發動者之一，洛克所標榜過的原則至今仍爲許多社會向前挺進的動力。舉例來說，由於我們相信基本人權不可侵犯，因此洛杉磯警察毆打黑人違規者的暴行才會引起全球的公憤。由於我們相信政府權威須經人民同意，因此陳水扁市長才必須風度十足地鞠躬下台，而不管他的支持者對敗選如何扼腕。由於多元寬容已經成爲文明社會的標誌，所以同性戀行爲才有機會浮上檯面引起討論，而不像十幾年前一律橫遭壓制與譴責。除非我們認爲這些事例都是愚蠢而錯誤的發展，否則前現代與後現代思想家對啓蒙理想的譏諷多少是不公平的。

但是，洛克當然不是百無一誤的聖人，而啓蒙運動自然也有其局限。大體上，現代社會之所以會產生復古和後現代的兩種相反現象，確實反映出啓蒙構想無法滿足各方人馬的要求。譬如說，洛克的自然權利與寬容學說背後始終預設著上帝的存在，所以人人生而自由平等而無神論者則不在寬容之列。然而經過三百年的發展，西方已經不再那麼「基督教」化了，更不用講從未相信耶和華爲唯一真神的非西方社會如何能夠接受洛克的預設。但是如果真神存在與否存而不論，則人類生而自由平等的信仰能否順利找到別的理論依據？而寬容不寬容的界限又是否能避免無限退讓、終至無事不可爲之地步？在這些問題上，洛克自然是沉默的。洛克作品的啓示只能帶領我們到這裡爲止，接下去的路途要靠自己摸索。我們摸索的結果，將會決定自由主義未來的命運。

第四章

康士坦論自由、平等與民主政治

一、康士坦在自由主義傳統中的地位

現代西方民主國家所採行的政體是自由主義民主政體（liberal democracy）。這種政體既不同於古希臘城邦時代的直接民主，也迥異於現代共產國家所奉行的「人民民主」或「極權民主」。自由主義民主發軔於17世紀末英國光榮革命的憲政主張，經18世紀啟蒙思想的滋養與美國獨立、法國大革命的洗禮，於19世紀確立為現代西方政治體制的典則。在三百多年的歷史發展中，自由民主體制的理論基礎並非一成不變。它曾經提出自然狀態說與契約論來解釋政治社會的起源，也嘗試過符合歷史經驗事實的自然模式。它曾經主張基本人權為天生不可剝奪的權利，也考慮過人權出自社會規約的可能。但是不管理論基礎如何轉變，自由民主體制以「自由」、「平等」為根本價值之立場不變，它以「憲政民主」為落實此兩項價值之立場也不變。

雖然「自由」、「平等」是西方民主政治所追求的基本價值，

其確切涵義及兩者間的關聯仍然不是三言兩語可以交待。事實上，從18世紀到19世紀，西方自由主義思想家即已針對此核心問題不斷發表意見、相互辯駁。如果說盧梭的參與式民主是對洛克有限政府理論的挑戰，那麼密爾的代議政治也可視爲後來者對盧梭的反撲。如果說傑佛遜「人生而自由平等」的信念代表了樂觀主義的態度，托克維爾所觀察到的自由平等之衝突就反映了審慎保守的心思。隨著每個思想家對這些問題的不同答覆，近代自由主義的內涵乃日趨豐富，也日趨分歧。

在上述自由民主思想的演變過程中，班雅明‧康士坦（Benjamin Constant, 1767-1830）無疑占據了一個重要而關鍵的地位。Isaiah Berlin說：「法國大革命對於許多法國人而言，雖然造成了個人的自由受到嚴重限制的結果，但是，至少從它那雅各賓黨的形式來看，它卻正像許多大革命一樣，是大部分覺得整個國家都獲得了解放的法國人，對集體『自我導向』的『積極』自由之慾望，突然爆發的結果。……19世紀上半葉的自由主義者，很正確地看出，這種意義下的『積極』自由，很容易會摧毀許多他們認爲神聖不可侵犯的『消極』自由。他們指出：全民的主權，可以很輕易地摧毀個人的主權。……沒有人比康士坦將兩種類型的自由之間的衝突，看得更加透徹，或表達得更加清楚。……（康士坦的）觀念，和那些相信『積極』自由、或『自我導向』意義下的自由者的目的，幾乎背道而馳。持有這種觀念的人，想要約束權威本身；而相信『積極』自由的人，則想要把權威握在自己手上」（Berlin, 1969：162-66）。

Berlin對康士坦自由觀念的瞭解是否正確，我們稍後會加以討論，但是他對康士坦在自由主義思想史上的地位，倒是界定得相當中肯。因爲康士坦歷經法國大革命的起伏動盪，不僅深切瞭解

「舊體制」（*L'Ancien Régime*）已走入歷史，而且看出繼起的時代
乃是商業貿易的時代。在這種商業社會中，人們必須以享有不同
於古人之自由權利爲滿足，切不可試圖顛倒時空，追求城邦秩序
中的政治權利。順著此一洞識，康士坦也反駁了革命前夕流行一
時的全民參與理論，認爲代議制度才是符合現代生活秩序的合理
安排。康士坦對自由觀念的詮釋、對政治平等的堅持、以及對憲
政民主的肯定，構成了19世紀自由民主思潮的基調。他的思想隨
後影響了托克維爾及密爾，並且在三個人的貢獻下，19世紀自由
主義呈現了一種與啓蒙時代自由思想既一貫又有別的風貌。研究
康士坦的政治思想也因此就是研究18世紀自由主義轉變到19世紀
自由思潮的一個必要工作，在這個基礎之上，我們才可能看清20
世紀自由主義的困境與出路。

二、現代商業社會中的自由

　　康士坦對自由觀念演變的主要貢獻是提出了「古代自由」與
「現代自由」的對比。古代與現代的對比原本是法國大革命前後
歐洲思潮的重點之一，康士坦早期的著作已經預設了這個架構。
到了1819年，他以「古代人的自由與現代人的自由之比較」爲題
發表演講，此一著名的二分法遂成爲後世傳誦之分類概念。
　　所謂古代人的自由，是指人們可以「集體、直接地行使完全
主權的諸多部分；可以在公共場合審議和戰問題；可以決定是否
與外國政府締結盟約；可以投票決定法案、宣布判決；可以監督、
追究官員的行爲與責任；可以要求他們面對群衆大會，譴責之或

罷免之」(*PW*：311)[1]。換言之，古代人的自由以雅典城邦公民所享有的政治權利爲典範，其本質是「積極且經常地參與集體權力」(an active and constant participation in collective power)(*PW*：316)。由於這種自由與政治參與息息相關，康士坦也稱之爲「政治的自由」(political liberty)。

相對地，現代人的自由是指一個民主國家公民所能享有的種種權利。「他們每個人都有權利只服從法律的規定，而不被恣意逮補、拘禁、處死或凌虐。每個人都有權利發表自己的意見、選擇職業、處分財產、或甚至濫用財產。人人可以來去自如，不必向任何人交待其動機或徵求其同意。人人可以與他人自由結社，不管是出於利害一致或信仰類似，或僅僅因爲一時興起、臭味相投而耗在一起過個幾天或幾小時。最後，人人也有權利對政府的治理發揮一些影響力——或者是透過選舉官吏，或者是透過代議制、請願等等政府當局不得不重視之方式」(*PW*：310-11)。這些自由(權利)都是我們耳熟能詳的權利，其本質在於「平靜地享受個體的獨立性」(peaceful enjoyment of individual independence)(*PW*：102, 316)。由於這些權利與近代市民社會的形成息息相關，康士坦也稱之爲「市民的自由」(civil liberty)[2]。

1　爲節省篇幅，本章以 "*PW*" 代表 "Constant, *Political Writings*." (Edited by B. Fontana. Cambridge: Cambridge University Press, 1988)。收在本書中的康士坦作品包括〈征服的精神與篡弒及其與歐洲文明的關係〉、〈適用於所有代議政府的政治學原理〉，以及〈古代人的自由與現代人的自由之比較〉。

2　在多處地方，康士坦明白列舉以下項目爲市民應享有之自由：個人人身自由、宗教信仰自由、思想言論自由、私有財產權之保障、以司法程序防止專斷權力侵犯之自由(*PW*：172, 180, 261)。

康士坦認為兩種自由各有其優點：古代人的自由使公民充分感受到統治國家的樂趣。每一個人經由這種政治自由的行使，體驗到效能感與愛國的情操。現代人的自由則使公民享有追求個人幸福的快樂。在不傷及他人權益的前提下，可以實現最大程度的自我滿足。後者比較欠缺權力效能感的享受，但卻是一種「反思的愉悅」(pleasure of reflection)。前者比較刺激、踏實，屬於一種「行動的愉悅」(pleasure of action)(*PW*：104)。

兩種自由不僅各有特點，更重要的是彼此似乎互不相容。康士坦說：古代人固然在公眾事務上人人皆為主權者，但在私人領域中卻無異於奴隸，因為他們必須克制自己的情慾私念以成就國家之需要。「他們認為要求個人完全臣屬於共同體的權威，與其所享有之集體自由是相容的」。因此，古代人無法享有隱私權、職業選擇權、宗教信仰自由、或言論結社自由等(*PW*：311)。另一方面，現代人固然在私人事務上完全自主獨立，卻永遠只是表面上的國家主權者。他們的政治自由只表現於間歇性的選舉權，而在大部分的時候，他們等於是放棄了主權(*PW*：312)。這種互斥相剋的現象使兩種自由的得失顯得像是利害多寡的交易。古代人比較能從政治參與中得到滿足，所以當他們犧牲個人自主於公共事務時，「他們所失者少所得者多」。而現代人珍惜私人生活之享樂，所以他們如果模仿起古人之從公好義，「他們所失者多而得之者少」(*PW*：104)。

將自由區分成政治自由與市民自由並不是康士坦的發明。在康士坦之前，就有Jean Louis de Lolme, Joseph Priestley, Madame de Staël, Jean Charles Simonde de Sismondi等人已發表過類似的意見(Dodge, 1980：43-44)。但是康士坦的獨特性有二：(一)他完全以時代為區分之基礎，而不同時代又反映了不同的社會經濟條件，

所以他的自由觀念是有濃厚的社會學意義的。(二)他不像別人那樣只區分自由爲兩種互斥的類型,而是試圖在兩者之間建構一種互斥又互補的微妙關係。這兩個特色都值得我們進一步解釋。

　　首先,康士坦認爲古代人與現代人所享有的自由之所以會如此不同,主要是由於兩個時代的社會條件差異太大。古代的城邦國家疆域狹小,爲了維護本國的生存與安全,各邦經常以武力相向,所以古代社會也可視爲「戰爭社會」。相反地,現代歐洲列國的疆域及國力比古代城邦增強不知凡幾,所以各國已沒有隨時備戰禦敵的需要。另外,文明的進化也使得大家不必訴諸武力以逐其所欲,而可以透過商業貿易之往來滿足所需。因此商業等於取代了古代戰爭的作用,「商業可以說是一種透過彼此同意,以獲致那些不再能靠暴力取得之物的企圖」。商業與戰爭都是攫取財物的手段,只不過戰爭越來越不合時宜,而商業則越來越便捷可靠。現代社會的基本精神就在商業貿易,現代社會也可以簡稱爲「商業社會」(*PW*:312-13)。

　　具體而言,現代社會基於四個條件而不再適合追求古代人所重視的政治自由。第一,國家的領土變大,人口增多,使得每一個人參與政治的效能感與可行性降低。第二,古代社會行奴隸制度,自由民有充足的閒暇參與公共事務。但現代社會蓄奴代勞已漸失其正當性,一般公民因此不見得有閒暇參政。第三,現代社會既以貿易往來爲滿足需求之主要手段,人們自不願浪費時間於政治辯論,而寧可盡力於私人財富之累積。第四,商業活動也會進一步激發人們追求獨立自主的慾念,使人越來越不喜歡接受政府的干預。因此在商業社會中,人們所理解的自由就只會是前述各種現代人的自由,而不再是古代人的政治自由(*PW*:314-15)。

　　我們應該注意在康士坦的理論中,自由的界定已經不再依附

於純哲學性的思辨。當他說古代人喜歡政治參與時，他不像亞里斯多德那樣訴諸「人是政治的動物」等目的性的論證，而是直指城邦生活條件的約束(Holmes, 1984：58-60)。同理，當他說現代人珍惜市民自由時，他也不像洛克那樣宣稱「人在自然狀態下即享有如何如何的自然權利」。現代人的自由不是天賦的，它形成於特定的歷史背景與社會條件下。沒有近代民族國家的格局或是商業資本的推動，今人不可能要求種種以追求一己私利爲主旨的現代自由(Fontana, 1988：27；Holmes, 1984：32)[3]。在這個意義上，康士坦確實可以說是屬於比較重視歷史脈絡與社會基礎的自由主義者(Siedentop, 1979)。

　　由於自由的內涵深受時代條件約制，因此古代人無法想像現代人爲什麼會重視私人幸福甚於公共參與；而現代人如果顛倒時空，企圖重建古代的自由觀，也會釀成不可原諒的悲劇。就法國大革命的經歷來看，許多知識分子就是因爲太迷戀古代政治自由，以致要求革命政府仿效古代的德性共和國，對人民採取嚴苛的監督與不斷的動員，結果民不聊生，人人活在「恐怖統治」(the Reign of Terror)的陰影下。康士坦認爲其中影響最大的人物有二，一個是盧梭，一個是馬布里神父(Abbé de Mably)。他們都在仿古精神的催動下，要求公民完全聽令於國家以証明自己是主權者，要求個人臣服於社會以體驗真正的自由。康士坦認爲這些想法十分荒誕，可是由於他們以古希臘羅馬之光榮事蹟爲例証，竟然吸引了眾多政治人物，成爲他們改造法國人民的思想憑藉(*PW*:

3　相較之下，John Lachs認爲康士坦與密爾一樣主張權利出自人性或天性之說，就比較有問題。見Lachs, 1992：88-89. 不過這個問題我們在第五節再詳談。

106-109, 317-21）。

　　然而，既然現代社會明明不是古代社會，一般人當然不會隨著知識分子或政治人物的主觀想像而起舞。他們珍惜私人自由，抗拒國家政治動員的號召。此舉激怒了仿古派統治者，於是「他們更加重其動員要求，而人民也更加強其反抗，最後種種罪行終於伴隨這一連串的錯誤而來」。爲了貫徹政治自由的建立，統治者不惜訴諸專制手段。他們承認私產制，卻剝奪人民公敵的財富。他們舉辦公職選舉，卻不允許規劃的人選落選。他們鼓勵公開討論，可是質疑政府施政者一律被視爲顛覆謀反。「在自由的名義下，我們獲得了監禁、斷頭台、以及無數的迫害，千萬種奇特而暴虐的手段奉自由之名而行使，使得人人痛恨自由、畏懼自由」（*PW*：110-114）。康士坦的感嘆令我們想起羅蘭夫人的名言：「自由，多少罪惡假汝之手完成！」這種自由的恐怖與悲劇來自誤解時代的本質，當社會已完全市民化、商業化，復古的參與訴求只會顯得格格不入，有害無益。

　　但是，在「古代自由／現代自由」演講稿的最後幾段，康士坦突然話鋒一轉，號稱他並不是要貶抑古代人的自由，而是建議我們在兩者之間求一個適當的平衡。他說：「我再重述一遍：個人自由是真正的現代自由，而政治自由則是其保障，因此政治自由也是不可或缺的」（*PW*：323）。政治自由之所以爲市民自由的保障，理由在於人人若不關心政治，則最終都會成爲暴君施虐的對象。因爲暴君樂得看到臣民各遂其私，安於服從而不造反。就像托克維爾在幾十年後所詳加論述的，康士坦也說：「現代自由蘊含一個危險，就是當我們完全沉浸於私人自主事務之享受、完全只想追逐特殊利益時，我們很容易就會放棄分享政治權力的權利，而當政者卻巴不得我們統統這麼做」（*PW*：326）。因此，政治參

與至少具有一種工具性的價值，可以幫我們「保障」市民自由不致遭受政府侵犯。可是政治自由只具有這種功能嗎？

康士坦顯然對政治自由懷有更多的期待，他說「幸福並不是人生唯一的目標」。在人性之中有一個比較高尚的部分，它會激勵我們、要求我們去擴展知識、開發潛能。「我們的命運不能只是追求幸福而已，而是要自我發展。政治自由是上天所賦予我們的、促進自我發展的最有效手段。」康士坦進一步說：「透過要求所有公民好好關心他們最神聖的利益，政治自由充實了公民的精神，提昇其思慮，形成一種知識的品質，從而建立整個民族的榮耀與權力」（*PW*：327）。換言之，即使現在已經不是古代社會，康士坦還是情不自禁地相信古代式的參與自由可以替現代人帶來一些重要的精神力量，可以幫我們實踐自我，也可以在國家之中培養出「純潔、深遂、真誠的愛國情操」（*PW*：327）。政治參與並不只有工具價值，它也成為一種人生活動的目的了。

康士坦在同一篇演講稿中的立場變換，使許多讀者感到困惑。Holmes替這個情形提出了一個頗有說服力的解釋，他說：「兩種自由觀的對比」初稿完成於1798年，當時革命政府的政治動員經驗猶然歷歷在目，康士坦為免國人沉溺於參與之狂熱，乃呼籲今人不可仿效古人實踐政治自由。但是等到1819年發表演說時，復辟政府及保守勢力的作為使得自由主義者如康士坦無法忍受，他因此修改文章之結尾，號召法國人民不要囿於一己利害之考慮，而必須拿出「真正的愛國心」，挺身投入政治改革運動。時代的變遷、政局的轉換是康士坦顯得前後矛盾的原因（Holmes, 1984：36-43）。不過，也正好由於這個修正，我們才有機會看到康士坦的自由理念並不單純屬於Berlin所說的「消極自由」一派。在商業社會中，一般人所能合理期待的自由權利確實是各種市民

自由，可是積極參與的政治自由不是不重要，兩者必須妥當地結合在一起，現代人的自由才算得到實踐。

三、政治平等與經濟不平等

　　一般研究康士坦政治思想的人，都對他的兩種自由觀印象深刻。但是，對康士坦如何看待「平等」這個價值則不甚了了。這種現象不難理解，因為康士坦在主要的作品中，不太討論平等的問題，而且他在分析自由時，也並不會特別關心自由與平等的關聯。不過，事實上康士坦在某些早期的著作中，的確反省過平等的問題。Beatrice C. Fink把這些資料整理起來，為我們提供了一個切入點。

　　Fink認為康士坦思想的終極價值並不是自由，而是平等。這個大膽的論斷奠基於某些康士坦的早期資料，以及Fink所謂的「倫理學－目的論」推理。在最早的一篇政治性短文中，康士坦以一種深具啟蒙色彩的筆調寫道「平等是人類生存意義的起始與終點」。所謂起始，指人類生而平等；所謂終點，表示人類必須克服社會生活所產生的種種障礙以求最後復歸於平等。隨後幾年中，康士坦又以「人類的完善性」（the perfectibility of human being）與「人類的平等宿命」為主題寫就幾篇文稿，年代不詳，但其中主張「人類以追求平等為目的」的論旨卻十分清楚（Fink, 1972：307-308）。

　　基本上，康士坦確實肯定平等的價值。他認為平等不僅是人類本有的天性，也是人類「原始的、根本的、不可抹滅的、經常的」需要。就其為一種「慾望」來看，追求平等屬於人類「自然的衝動」之一，沒有人希望自己立於不如他人之地位。因此，平

等符合人類生存秩序的「真理」，它甚至是人間「正義」寄託所在（Fink, 1972：309）。

　　人既然生而平等也邁向平等，那麼現存社會一切造成不平等現象的建制——如階級、財富、權力等——就是改革的對象。在這個地方，康士坦採取盧梭在《論不平等的根源》一文中的論述策略，指出人之不平等待遇固然源自社會風俗，並爲社會建制所鞏固，但是因爲人有追求完善之本能，不會甘於種種枷鎖之桎梏，因此終必重新設計生活秩序，在歷史的長期進程中逐步實現平等之使命。換言之，社會既是阻絆人類平等發展的原因，也是刺激人類追求自我完善以臻平等的所在。從這個意義上看，平等不僅與追求自由的意念相容並進，甚至比自由還重要，因爲自由只不過是克服特定問題的便利工具，而平等卻是促使文明進步的「真正激情」（veritable passion）（Fink, 1972：310）。

　　值得我們注意的是：康士坦不僅以上述「歷史目的論」的方式替平等講話，他還輔之以某種宗教、倫理的考慮。宗教情操是康士坦極爲重視的人類特質，它基本上是一種追求崇高，不惜自我犧牲、自我貶抑的能力。宗教使人發掘自我內在較爲良善的一面，以之克制各種即時、短期利益的引誘，使一個人忍受得住各種折磨、苦難，艱苦卓絕地邁向不可知的救贖力量。由於宗教情操使人明辨世間之真假利益，因此它也幫助一個人擺脫單純幸福生活的享樂，而把目光投向四週之不幸，伸出援手，務期人間實現平等之正義而後已。職是之故，宗教倫理也在人的平等化旅程上扮演了轉化促進之角色。康士坦的平等觀念既然帶有這種崇高的宗教考慮，Fink 乃標榜其思想爲結合倫理意涵的「目的論式平等主義」（teleological egalitarianism）（Fink, 1972：311）。

　　然而在實踐的過程上，我們發現「平等」並不是真的處處與

「自由」相容，更不見得處處優先於「自由」。大體上，政治上講
求平等與康士坦的自由觀較無衝突，可是經濟上如何調合兩種價
值，卻不見康士坦有令人信服的解釋。Biancamaria Fontana說得
好：康士坦事實上只做到了政治權利的平等化，在財富與社會地
位上，他仍然支持不平等的制度(Fontana, 1991：68)。這種「政
治平等、經濟不平等」的立場似乎才是康士坦成熟時期的意見，
而其何以如此，就是下文所要解釋的。

政治平等與現代人的自由不僅不衝突，而且還必得是一體兩
面，因爲兩者都是啓蒙運動所追求的目的，都隨著啓蒙的普及而
日益爲歐洲人所接受。康士坦說：「啓蒙造成進步，理性質疑機遇，
而比較與反思則發現人人平等，從而教我們反抗宰制」(*PW*：98)。
啓蒙運動原本是一種知識力量普及化的改革運動，隨著啓蒙精神
的擴散，大家對自己的能力與判斷越來越有信心，而專制者則會
感到自己僭稱主宰的正當性越來越薄弱，因爲他再也不能訴諸「個
人優越」(the supremacy of individuals)的理由了(*PW*：98-99)。

康士坦注意到古希臘羅馬歷史中，每當有知識教養的人群增
多，政治野心家就不容易出現。因爲任何人想要欺騙大家相信自
己擁有統治的特權，都必須先証明自己在某些方面出類拔萃。可
是在一群有知識教養的公民面前，這種優越性很難証成。這多少
也解釋了爲什麼獨裁者只好以不斷對外征戰來合理化自己的統
治，因爲只有在落後的異邦蠻族之中，他才能顯出自己的優越性
(*PW*：98-99)。宰制跟高下相對勢力是分不開的，平等與高下矛
盾，當然也就打擊了宰制的企圖。

事實上，不只希臘羅馬的歷史可以証明政治平等與自由的關
係，就是法國革命的經歷也足以支持此一論斷。康士坦說：

　　法國大革命的重大成就之一，就是使得中間等級的人參與
了國家的治理。這個成就甚至可以彌補革命本身所造成的所
有罪惡。按中間等級可以說是國家力量之所在，當他們能名
正言順地分享國家利益之管理，他們就不再是特權階級無恥
打擊壓迫的對象。從此以後不再有特權，不再有政治權力的
壟斷[4]。

　　追求政治權力的平均分享毫無疑問是康士坦努力的標，這與
他的「目的論式平等主義」宗旨一貫（Fink, 1972：312）。同時，
權力分享亦即打擊特權，讓統治者有所警惕，不得恣意侵犯人民
之基本權利，因此與康士坦所重視的自由（不管是政治自由還是市
民自由）也毫無扞格。政治平等對比於專制統治（despotism），專制
統治的原則是權力恣意行使。標舉平等既實踐了公民的參政自
由，也保障了百姓的私人福祉。既防止獨夫之崛起，也限制了權
力的濫用。從這種種關聯看來，自由與平等可以是相輔相乘的。

　　啓蒙運動固然鼓勵知識力量普及，政治參與擴大，財富分享
均霑，從而符合大方向上平等主義的趨勢，可是康士坦始終不認
爲財富分配真的可以完全平均，或應該設法求其平均。在這個層
面上，他受到蘇格蘭啓蒙運動及政治經濟學的影響極爲深刻。

　　如前所述，財產權是康士坦重視的市民自由之一。康士坦並
不像洛克那樣認爲財產先於社會而存在，相反地，「財產僅僅是一
種社會約定」。社會形成之後，人們發現大家平安分享共同財物的
最好方式，就是讓每個人擁有一部分財物，於是才有了財產權觀
念。財產雖非天賦或自然狀態中所有，卻絲毫不影響其神聖性或

4　見於〈論土地財產的擴散〉，引自Fontana, 1991：72.

不可侵犯性，因為財產對人生活動太重要了。「沒有財產，人類將
無法進步，永遠停留在最原始、最野蠻的生活狀態中」。財產使分
工成為必要，分工刺激了文明繁複化的過程，這是人類歷史演進
所見証的事實，因此財產權必須受到保障（*PW*：261-62）。

　　保障財產權意味不採取共產思想，也不接受強制性均產的主
張。事實上，若是順應財產經營自由發展，其必然的結果將是貧
富不均，經濟不平等。但是康士坦認為這種結果仍然值得肯定，
因為人類境遇的真平等並不就是財富平等。他知道有些哲學家視
財產為罪惡淵藪，必欲去之而後快。可是平心而論，除非科技改
良進步到人類不必工作，或是大家願意平均分擔社會的必要工
作，否則這個理想只能是一場夢。康士坦認為「完全免除勞力工
作遠非我們目前所能想像」，而平均分工「並不符合分工所欲達到
的目的」——它只會使一些人平白喪失沉思創造的閒暇，使一些
人放棄勤儉堅忍的工作習慣，而使大家汲汲營營，不再知道自己
為何而活。「消滅財產只會摧毀社會正常的分工，破壞所有科學技
藝改善精進的前提。……那些哲學家所追求的粗鄙的、強迫的平
等只會變成一層難以克服的障礙，阻止了真平等、幸福、與人類
啓蒙的逐步增進」（*PW*：263）。

　　可見康士坦雖然倡導平等，他心目中還有「粗鄙的平等」（gross
equality）與「真實的平等」（true equality）之分。粗鄙的平等是隨
便要求共產或均產，由於這個要求與人類社會之實際狀況矛盾，
因此動用暴力來達成此目的乃不可免。真實的平等並不預設所有
權平分，反而人人善自努力經營自己的財富，再輔之以宗教倫理
「善待他人、消弭悲慘」的情操，才是體現公平正義的正途。康
士坦的平等觀因此沒有偏離古典政治經濟學的主要道路，他仍然
是相信自由放任原則的。

　　那麼，目的論式平等主義與蘇格蘭的放任經濟學傳統究竟能不能平順地結合在一起呢？Fink基本上認爲這是可能的，而其結合的關鍵是在時間。在長時期歷史發展的架構下，康士坦不必煩惱其目的論所預見的普遍平等如何可以不靠人爲經濟干預來完成。只要歷史真的有此目的，時間自然會解決一切問題（Fink, 1972：314）。但是別的學者沒這麼樂觀，Holmes就明白指出康士坦的自由主義留下若干限制，其中兩項是：（一）輕忽了經濟權力在契約自由的掩護下不斷坐大，以致形成社會中強弱階級不平等對待的事實，而這個事實絕非無害，因爲它會使啓蒙所追求的「人性獨立自主」落空。（二）國家畢竟得承擔某些財富重分配的工作，否則財產權完全自由發展的結果會離平等的境界越來越遠。20世紀以來西方自由主義國家的逐一福利國家化，說明了經濟秩序不容過度放任樂觀（Holmes, 1984：260）。

　　無論如何，康士坦畢竟不是19世紀末的唯心派自由主義，他仍然看不出自由放任政策會是弊大於利，也看不出經濟地位上的不平等如何可能侵蝕政治權力平等的基礎。在他的思想系統中，現代人的經濟自由與政治平等都是啓蒙所應許的價值。歐洲人只要繼續秉持理性從事改革，不管在政治制度上或是社會經濟秩序上都將達到一個理想的境地。至於產業革命及資本主義生產方式所可能帶來的衝擊，他只能留待馬克思及密爾去討論了。

四、憲政主義與代議民主

　　從制度面來講，康士坦與政治經濟學派存在一個相當重要的差別，就是對於貫徹民主憲政的決心堅定許多。政治經濟學家普遍信任市民社會的潛力，認爲不管一個政治共同體採行的是絕對

專制或是憲政體制，只要它們不阻擾商業社會運轉的邏輯，社會自然會緩緩完成一切有利其展開的制度建立。事實上在商業活動優先的考慮下，傳統的專制制度有時候還會比英國式的有限政府來得合適——這種思惟即使在今天的東亞國家或轉型中的東歐地區仍然是十分盛行的。相對地，康士坦對政治制度的影響就比較重視。法國本身的變動讓他深深感受到商業社會確實需要某種相應的政治制度來加以維護，否則市民生活擺盪於傳統與現代之間，財產收益無法確保，人身安全危在旦夕，根本無法真正形成商業社會，當然也就不會有進步和啓蒙(Fontana, 1988：16-19)。

　　與商業社會呼應的政治制度必須是一種能保障現代人自由的制度。現代人的自由包括個人人身自由、宗教信仰自由、思想言論自由、私有財產自由、以及司法程序保障等等，這些權利都必須得到絕對的尊重，否則現代商業社會只是一句口號。保障前述自由的方法有許多，最重要的是實施憲政。「憲政是人民自由的保障，任何與自由有關的事情都可以入憲」(*PW*：171)。康士坦一生在政治勢力的鬥爭中換過好幾次立場(反過專制王朝、支持革命黨派、反對拿破崙稱帝、幫助拿破崙立法……)，但是他對憲政主義的基本原則倒始終是堅定不移的。

　　所謂憲政主義的基本原則，就是國家以立法來表明政府對人民若干基本自由的尊重——無論在任何情況下，人民的思想信仰、人身財產、集會結社等自由都不得恣意加以侵犯。康士坦認爲現代政治運動所爭取的是人民的自由權，而最有可能侵犯人民自由的則是各式各樣的專斷。爲了防止專制之濫權，人們會想到把政治權威分開來使彼此制衡。但是，「不管你如何進行分權，只要權力的總合仍屬不受限制，那些分割開的權力只需要形成聯盟，你就仍然拿專制沒轍。我們真正關心的不是權利能否被一個

權威當局在未經另一個機關同意下加以侵犯，而是若干權利根本就不能被侵犯，不管是那一個機關都一樣」。康士坦對自由權利的捍衛是極其清楚有力的，他說：「有些事項是立法者根本沒有權利加以規範的。換言之，主權的行使有其限度，無論是人民本身或其代表，都沒有權利行使某些意志。這是我們必須明白宣告的，因爲這是重要的真理，是我們首當確立的永恆原則。」（*PW*：180）

　　我們經常將憲政主義掛在嘴上，有時說它是分權制衡，有時說它是權責相符。其實憲政的根本精神在於政府權威有限，永遠不能侵犯某些人民的基本權利。這些權利有人視爲上天賦予，有人視爲人性本有，有人視爲神聖永恆，有人視爲與時俱變。康士坦自己對這些權利的屬性立論不一（詳下節），但對於它們之爲「不可侵犯」（inviolable and inprescriptible）則從來沒有懷疑。這一點比起「分權制衡」、「權責相符」、「依法行政」等等更爲基本而重要，因爲這才是後者所以成立的理由。

　　康士坦所確立的憲政主義，用當時學術界的語言來講就是「人民主權有限」的原則。「人民主權」（the sovereignty of the people）是近代西方自由民主運動的最高政治原則，洛克以之合理化光榮革命的正當性，盧梭以之神聖化「總意志」的訴求。當康士坦開始討論這個政治原則時，他的心情是複雜的。一方面，他認爲以人民意志爲統治正當性來源之觀念是正確的，他也同意民主社會中，總意志必須超越特殊意志，政治共同體才能凝聚在一起。但是他認爲主權不應該被神秘化、被想像成所謂「至高無上、不可分割、沒有錯誤」的一種權威。因此他試圖提出自己對人民主權原則的看法，以作爲憲政民主的合理根基。

　　康士坦接受「總意志」概念，認爲人民主權就是總意志的表現。不過，所謂總意志，在他的想法中其實等於是「統治正當性」

的代名詞。他說：「無論是神權政治、君主政治、或貴族政治，當他們的統御得到民心，就是總意志。相反地，當他們不得民心，就只是武力之謂。簡單地講世界上有兩種權力：一種是不正當的，就是武力。另外一種是正當的，就是總意志。我們既然承認總意志的權利（也就是「人民主權」），我們就有必要瞭解其確切的性質與範圍。」（*PW*：175）

人民主權之所以不可懷疑，係因為這是一個政治權力平等的時代。在古代社會，君主或貴族可以以「個體優越」的原則合理化其專斷統治，排除一般公民對最高統治權的企圖。但在現代社會中，世襲制度的神聖性已經沒有人相信，少數精英壟斷國家事務管理的理由也日益薄弱，平民百姓在長期啟蒙的影響下，擁有不容小覷的政治知識與實踐能力，因此政權勢必開放，參與勢必普及。就這個意義講，民主時代已經來臨。即便一個國家可能因傳統或權宜之考慮保留君主或貴族勢力，但是「人民透過選舉來表示接受統治」的原則已經確立。歐洲此後只會看到與普選並行的君主立憲制（如英國），卻再也不可能回到專制之路了，那怕是開明專制。

不過，康士坦固然承認人民主權原則，他十分堅持主權必須有所限制。他說：「人的存在有一部分是必須保持個別獨立的，這個領域在任何社會權力所能置喙之外。主權因此只能擁有一種有限、相對的存在性，在個體獨立存在開始的地方，主權的管轄就告終止。如果社會逾越了這個界限，就跟專制者一樣有罪。……無論在什麼情形下，多數的同意都不足以合理化其行動，因為有些行動就是沒有任何機關可以核准的。當某個權威當局觸犯這個禁忌時，不管其權力來源是什麼都一樣。無論它自稱出於個人或出於國家，都不能改變其不當干預之事實。」（*PW*：177）

　　康士坦的意旨是清楚的：許多人以爲民主政治對抗的只是少數君王貴族的統治，其實統治不分形態，只要執掌統治權的單位自以爲擁有無所不屈的權柄，專制的餘毒就依然存在。過去人們以爲將主權託付給整個社會，就能像盧梭所說的「服從全體，等於只服從自己，沒臣服於任何人」，這是幻想。民主的多數如果不嚴守對個人自主性的尊重，到頭來跟少數獨夫對無辜百姓的迫害沒有兩樣。盧梭的錯誤在於美化了主權的集合個性，說它是抽象且至高無上的。由於他的主權已經加總了眾人的意志，因此很難推論這個意志會反過來傷害個體。實際上康士坦知道這個反噬的過程如何發生：「他們把權力委諸整個社會，而權力必然從整個社會流動到多數人身上，然後再從多數人轉移到少數，最後則掌握在一個人手裡。」（*PW*：176）僭稱代表整個社會的其實只是具體的一個人或少數人，他們一旦肆無忌憚地行使起抽象的主權權力，沒有人能夠阻止他們。康士坦說：盧梭或許有感於此種結果太可怕，不能真正讓它發生，於是在《社約論》中又改口說主權不可讓渡、不可代表。但這麼一來無異於宣佈主權無法運行，盧梭的矛盾終於摧毀了人民主權原則，一切回到原點（*PW*：178）。

　　康士坦認爲在這個問題上，霍布斯比盧梭坦率多了。霍布斯不說主權是無限的，他用的字眼是「絕對」。絕對的主權（與洛克、盧梭想像的一樣）來自個別人們讓渡自保的權力，集中於一個君王手裡，使之成爲共同體內外唯一的仲裁者。這種絕對權威以武力之壟斷爲主要特色。由於臣民不一定時時可以理喻，所以此主權者可以用壓迫令其服從。由於共同體必須防禦外敵，所以主權者可以動用武力對外。由於共同體必須有一體遵循的規範，所以主權者也是國內的最高立法者。這些都是主權之所以爲「絕對」的地方。但是，康士坦認爲這種推理是荒謬的。因爲主權者固然因

上述種種需要而有懲罰權、戰爭權、立法權，可是懲罰僅止於犯罪，戰爭僅用於防禦，立法也必須只爲符應正義。「沒有所謂絕對或任意的主權權威」。「絕對」一詞是霍布斯偷渡進來的，一旦權力被視爲「絕對」，自由必遭侵犯，和平、幸福也不能保。「民治政府將只是凶猛的暴政，而君主政府則是權力集中的專制而已。」（*PW*：178-79）

　　如果人民主權不想淪爲矛盾無用的字眼，民意必須容許代表。如果統治權威不可變成專制任意的巨獸，人們對主權者必須有定期監督的辦法。順著這些原則性的思考推下來，康士坦的政體理論就呼之欲出了。

　　首先它必須是代議政治。全民直接參與在現代商業社會中既無可能也無必要，現代人所珍惜的自由可以在私領域（或社會中）得到滿足，所以政治參與只要維持起碼的水平就夠了。事實上，康士坦認爲我們不必像盧梭那樣捨不得公民德性的減弱。一個時代有一個時代的社會基礎，代議制度完全是因應現代秩序的發明，古人固然無法想像今人會如此不在意國家大事，今人卻大可以爲這種發明感到驕傲（*PW*：310）。當然，代議制度並不是完美的制度。在實施代議民主的初期，各種混亂失控的病象尤其無法避免。譬如議員會作威作福、欺騙選票、煽動情緒、知法犯法，議會有時也會爭吵終日、一事無成，或是出爾反爾、規避責任。但是，康士坦認爲我們不能因此失去實施憲政民主的信心。一方面，我們要記得議會畢竟是統治權力正當化的唯一途徑，沒有民意代表的監督或認可，行政權必然趨於濫用。另方面，代議制仍然是國家政治活力的總匯與表徵，「只有議會能替政治體注入新生命」（*PW*：197）。議會的激情演出可以徐圖改善，但代議政治不能輕言放棄。康士坦在一個半世紀前的勸誡對今天許多初嘗民主

苦果的國家仍然是十分有啓發的。

　　議會的體質既然是一個國家政治活力的表現，如何逐步改善其組成乃重要之事。康士坦提出的辦法是定期改選，儘量擴大選舉權。就定期改選來講，康士坦強調唯有改選才能避免議會形成壟斷的派系，也才能讓變遷的社會利益透過選舉不斷反映到國會去。當一批議員爲非作歹，只有選舉可以讓他們下台，創造更新國家政治精神的可能。康士坦與後來的密爾一樣，都鼓勵才德出眾的精英出來參與選舉，因爲比較具有政治判斷力的能人志士若只想潔身自愛，國家大事必然敗壞在小人手中，因此優秀的人才應該參選，而且不必對他們的連任次數設限(*PW*：209-10)。

　　在擴大選舉權方面，康士坦的作法與同時期英國國會改革運動的方向是一致的。基本上康士坦堅持選舉權必須直接而且普及。直接選舉是必要的，否則代議民主的優點將完全喪失。當選民可以用選票表達對政治人物的好惡，民意或輿論的力量才會得到真正的肯定。議員將不敢輕忽他對選區的責任，行政官員也會尊重議會背後的民意支持。當然，選舉有選舉的弊端，像是賄選、暴力、黑函、煽動……，但是康士坦指出選民往往可以透過選舉學習更理性的行爲。「當他們行使了投票權，由於心滿意足，就更願意服從居上位者的權威與統治，彷彿這麼做完全符合自己的利益。在選舉之後的第二天往往見不到選舉當天的騷動，人們回復日常工作，而公共精神則經歷一次有益的衝擊，足以使生命更有活力」(*PW*：204)。因此，選舉雖然看起來微不足道，不像古代政治參與那樣緊湊、刺激，可是它畢竟提供了一個聯繫議員與人民的機制，其原始動機容或只是各爲私利，最後卻蔚爲一種可觀的公共德性。這就是直接選舉值得支持的理由(*PW*：207-208)。

　　談到私利與公共德性的轉換，也許我們應該順便交待一下康

士坦如何看待利益的表達。盧梭曾經假定總意志與特殊意志必然
衝突,而為了共同體的生存與茁壯,個人利益或部分利益必須讓
步給公共利益。康士坦完全沒有這種觀念。他在蘇格蘭政治經濟
學思惟的影響下,主張公共利益不外多種特殊利益溝通妥協的結
果。公共利益與特殊利益當然有區別,可是兩者不一定對立。前
者是後者各部分妥協的加總,其關係就像身體之於部分。民意代
表既為各地區選民的代表,當然應該忠實反映地方的利益。只是
在爭取利益的過程中,必須瞭解別人也代表一定的利益訴求,所
以大家要有妥協折衝的準備。當最後妥協的結果出爐,每個人最
好都能欣然接受,因為除此之外再也找不到兩不相傷的方法。就
像康士坦所說的:「每個代表都偏袒他的選民,但是所有的偏袒湊
合在一起,反而就會產生一個對大家都公正的有利結果」(*PW*:
205-206)。在這種論調裡,亞當‧斯密的影子當然遠勝於盧梭。

　　最後,關於選舉權有多普及的問題,我們也得注意康士坦並
非無限制主義者。他主張擁有一定財產(特別是土地財產)的人才
能享有選舉權,因為太窮的人或者受制於勞動,或者易受金錢誘
惑。他們對政治事務的知識判斷比一個小孩好不了多少,對國家
福祉的關心也不見得比外國人多,選舉權設限是有必要的。財富
本身並不是絕對有效的指標,不過卻是當時所能想到的最好判
準。除非一個國家要採取極端民主制度(亦即參政權不設任何限
制),否則所得收入仍是最簡單有效的過濾器(*PW*:213-221)。康
士坦對政治權力加以經濟條件,在今天看來似乎保守,但在當時
他的標準已是各種提案中最開明寬鬆。他事實上企圖以此方式進
一步擴大選舉權,只不過改革的同時還得安撫舊勢力,使他們願
意接受此提議,我們似乎不必多予苛責(Fontana, 1991:77-78)。

五、康士坦自由民主思想的特色與問題

康士坦的思想淵源複雜，有承續法國啓蒙運動的地方（如相信理性及改良進步），有得自蘇格蘭政治經濟學派之影響（如重視商業社會的特色、駁斥社會契約論），有效法英國憲政傳統的部分（如君主立憲及國會兩院制度主張），也有日耳曼浪漫主義及喀爾文教義的痕跡。這種雜燴式的背景使康士坦很難被一種標籤決定，即使是「自由主義」這個標籤。

康士坦當然算是一個自由主義者，他維護個人權利、反對政府干涉、主張分權制衡、支持自由貿易……。可是康士坦並不像是一個我們今天所謂自由主義的人物。在20世紀的下半葉，自由主義不僅標榜維護個人權利，而且好像得相信人權自由乃萬世不易的普遍價值；自由主義不僅反對政府干預，而且要政府對一切倫理道德的事務保持緘默；自由主義尊重公民的自主選擇，最後尊重到讓人懷疑它能否召喚公民為國犧牲。自由主義在這個時代確實有許多過去沒有的特色，如果以這些特色來衡量，康士坦算不算個自由主義者是很有疑問的。

先看普遍主義的問題。John Gray信誓旦旦指出自由主義必須對自己所堅持的價值——如自由、平等、民主、人權——抱持普遍有效的信心。通常這種普遍效度來自自由主義對人性的基本認知：人都是愛好自由、平等的，或者說，人生而有權利要求自由、平等。從洛克、盧梭、佩恩、到傑佛遜，西方確實有許多思想人物為這個命題留下優美典雅的註說。在康士坦的著作裡，我們也找得到不少類似的文句。譬如他在1797年就主張基本人權的保障乃是「確定、不變的原則」。這些原則「在任何時代、任何地方都

是正確無誤的。不管一個國家的領土大小、民情風俗如何、信仰
習慣如何,這些原則永不變異」(*PW*:171, no. 1)。康士坦甚至認
為這些原則的普遍效度來自人性,因為侵犯個人自由權利就是「威
脅到我們個人存在的最高貴部分」,一個人若不尊重這些「關於正
義與慈悲的永恆原則」,就必然「破壞、或者背離其天性」(*PW*:
181)。以此看來,康士坦雖然拒絕採用契約論「自然狀態——自
然法——自然權利」之推理,他仍然肯定權利的「神聖性」。

可是,這些描述與康士坦的真正立場有多一致是令人懷疑
的。首先,康士坦從來區分自由為古代與現代模式,兩者內涵與
精神不同,分別反映兩個時代兩種政治社會秩序所提供的可能
性。如果古人無法想像今人重視的個人自由,而今人也不能模仿
古代以德性為核心的政治自由,那麼憑什麼又說(現代的)自由權
利乃是「在任何時代、任何地方都正確無誤」?康士坦曾經批評
別人談論自由問題時完全沒有考慮時間及社會學因素,他自己當
然也不能忘記這個限制。個人自由權利可以是「神聖、不可讓渡
的」,但沒有証據顯示它們「基於不變的人性」或是「先於社會而
存在」。他對財產權的討論已經充分說明他採用的是「非普遍主義」
式的思維,我們相信這才是康士坦真正的風格。

其次,康士坦也明白反對有任何價值或規範可以一體適用。
他說:

> 顯而易見,不同地方、不同情境、不同風俗長大的人,不
> 能強迫他們遵守完全一樣的形式、用法、實踐、與法令。硬
> 要這麼做必定弊大於利。因為人從出生後就是靠著種種觀念
> 而逐漸形成其道德人格,這些東西不可能被外在、獨立於他
> 們意志的純名目之物所改變。(*PW*:76)

　　事實上康士坦對統一與歧異的看法始終是偏於後者的。他認為「歧異才能構成有機組合，一致則只能造成機械形式。歧異代表生命，一致代表死亡」（*PW*：77）。他反對拿破崙以所謂法國革命的價值硬加於歐洲諸國之上，而這些價值正是啓蒙以降的普遍原則。因此我們不能說康士坦的自由民主觀念具有普遍主義特色，他應該是個特殊主義的自由思想家。

　　自由主義不僅可以分成普遍主義與特殊主義兩種，它似乎也有價值中立的與價值不中立的品種之分。20世紀知識分子習慣把自由主義說成一種價值中立的思想體系，其意義或者表示自由派不堅持什麼是真理、美善，或者表示政府必須在規範性事務上維持中立，不能在「墮胎／反墮胎」、「信仰上帝／崇拜邪靈」等等之間持特定立場。這種刻意迴避倫理德性的作法在19世紀自由主義思想家看來簡直是不可思議的，至少康士坦會覺得匪夷所思。康士坦當然主張政教分離，因爲這是宗教戰爭之後即確立的文明規則。可是政教分離不表示政治共同體不需要包括宗教在內的道德精神基礎，更不表示政府要刻意規避宗教情操或道德心靈的培養。康士坦的著作中有一大部分在講宗教，即使是政治性作品也不忘提醒宗教情操的功能。他說：「宗教是正義、摯愛、自由、憐憫等等觀念的共同核心。透過這些觀念，我們才得以在浮生之中得到人性的尊嚴，拯拔自己超越時間的洪流與罪惡的苦海」。宗教開拓了一個理性所不能及的世界，以一種神秘的方式讓我們經驗大愛大恨、苦樂悲歡、榮耀與美善。它幫助人類形成所謂的道德情操，也提供人們最重要的精神慰藉、抒情與昇華。一個沒有宗教情操的民族「其心靈是荒蕪的、其精神是輕浮的，其靈魂爲卑鄙瑣碎的利益所籠罩，其想像力了無生機」。放棄宗教，等於放棄所有的道德與人之所以爲人的本質（*PW*：277-79）。

　　由於宗教對人生如此重要，任何政府既不可輕言控制宗教，也不可絲毫不在意宗教。政府若是試圖以宗教爲統治工具（如盧梭之國民宗教所示），將是對宗教最無禮大膽的侵犯（*PW*：280-88）。但是政府如果對宗教不聞不問，則無異放任人民的精神生活隨波逐流。至少對於宗教一般共有的基礎，如相信神靈存在、相信死後來生、相信善有善報惡有惡報等等，政府必須肯定並予維護。因爲世俗秩序若欠缺這類公民德性的基礎，很難想像法令秩序或一般習俗信用會有何人遵守。康士坦強調專制者總是不遺餘力打擊宗教信仰，因爲他們必須動搖人們對善行惡行的一般理解，也必須讓百姓對上天的救贖力量失去信心，如此他們的專斷統治才能維持（*PW*：128）。相反地，一個想要長治久安的政府則應該善待所有宗教教派，或者由國家代付僧侶教士薪水，或者斥資興建教堂寺廟，如此以表示國家相信神之存在，以及國家樂意幫助人民與上天溝通（*PW*：289）。因此，當20世紀的自由主義者唯恐政府流露任何同情宗教或支持心靈改革的態度，康士坦反倒擔心政府放棄此種承擔。他說：「我們總是以自己這個時代的啓蒙爲傲，也慶幸政教之爭的消弭與精神力量的破除。但是我承認如果能有所選擇，我寧可接受宗教的束縛也不願意政治專制。在前一情況，奴隸之間至少還保有真實的信仰，只有暴君一個人腐化。而當壓迫與宗教完全脫離時，奴隸與奴隸主都一樣沉淪無救。」（*PW*：129）在18世紀的啓蒙與20世紀的後現代之間，康士坦的思想顯然提供了一種很不同、也很有意思的啓示。

　　除了特殊主義與價值不中立外，我們也可以從愛國心的討論來欣賞康士坦自由主義的特色。現代的自由主義常被批評爲「無法產生真正的愛國情操」，因爲自由主義強調權利，不重視義務；因爲自由主義強調制度規則，不重視一個國家的歷史、文化、習

俗與民情。我們發現這些指控在康士坦身上同樣無法適用。康士坦對愛國心的討論十足像個當代的社群主義者，他說：「愛國心……是對某特定地方的習俗、生活方式、利害等有強烈依附之情」。愛國心並非來自國家法令的規定，統治者也不光靠良善制度的提供就能使國民忠誠。事實上「法律的優點遠不及一個國家的精神重要」。一國國民如果會樂意遵守法令，必然是其所居息的土地充滿生活記憶，值得捍衛保障。真正的愛國心「起於某種社區榮耀感，此社區可以是鄉鎮或者省分，總之它是歡樂與德性之所在」。所謂熱愛祖國、奉獻犧牲，指的就是為這個出生地而戰。人之天性與鄉土及歷史分不開，鄉土的習慣風俗與歷史的集體記憶構成一個人之所以為他自己的素材。如果人否定了這些東西，等於否定了自己的存在。因此，康士坦才會說，許多政治人物模仿古代立法家，硬要其子民盡棄所有以接受一嶄新的良法美制，他會寧可這些人婉拒制度之美，安於自己舊有的民俗與風情（*PW*：74-77, 254）。康士坦如此珍惜地方歷史文化之遺產，與當代自由主義之依恃制度規則確實有天淵之別。

我們列舉了一些康士坦自由思想的特色，主要目的是想對比19世紀自由主義與20世紀自由主義的差異，以指出思考人類面臨的問題有多少可能的選擇。但是為了避免誤會，我們最好也檢討康士坦自由思想的限制，以免產生凡事今不如昔的錯覺。

康士坦對自由主義傳統最著名的貢獻是提供「古代自由」與「現代自由」的區分。我們在上文也指出他的用意不在標舉其一、貶抑其二，而毋寧是兼容並蓄，以豐富人類的自由精神。可是康士坦最後想要兼採兩種自由的企圖，其思考理路與調合方法都暴露了嚴重的問題。首先，「論古代人的自由與現代人自由之比較」原本一路推崇現代社會之市民自由，反對政治人物復古模仿、鼓

勵參與的自由。當文章(或演講)直轉急下肯定政治自由之功能時，康士坦的理路發生了一個衝突。一方面，他強調政治自由是保障市民自由的一種工具，市民自由的享受才是目的本身。另方面，他卻又認為政治參與能豐富公民的愛國精神，使之瞭解自我發展勝過幸福生活之追求。然則政治自由也是一種具有崇高價值的目的，不光是保障私人福祉的工具而已(Holmes, 1984：40)。

根據康士坦的推理來看，第一種理由是比較站不住腳的，因為如果以市民自由的保障為著眼點，政治參與根本不是一個最好的工具。康士坦明白指出，「在現代社會中，由於我們在意個人自由遠甚於古人，因此當這自由受侵犯時，我們必須以更技巧、更堅決的方式來保護它們。我們事實上有一些古人所沒有的方法來捍衛個人自由」。康士坦所謂「古人沒有的方法」就是商業活動。商業活動賦予個人財產以流動性，使財產變得更不易掌握，不易剝奪。過去的暴君只要沒收了人民的土地房舍，人民的自由就深受打擊。現代資金流通便利且無跡可循，專制者越來越無法以侵犯財產來控制人民。這是商業社會特有的現象，也是康士坦認為今人不必再靠參與政治來硬生生抵抗專斷權力的理由(*PW*：324-25)。可是如果這個論證成立，現代人追求政治自由就必須是出於別的理由。

別的理由是「自我發展、自我實現」，這倒多少符合古代人行使其政治自由之理趣。可是代議制能夠滿足這個需求嗎？康士坦認為代議制是兼顧政治自由與市民自由的唯一設計，「透過代議，一個國家使少數人代為料理全國國民無法親自處理或不願處理的事情」。這種情形就好像「窮人凡事必須自己操勞，富人則可以雇用管家」。現代人可以自視為富人，選擇一些能幹的僕人及管家來代為照料政治事務。如此他們就可以優游於自己在意的事業，僅

僅在必要時監督好代表就可以了（*PW*：305-26）。然而，這個設計顯然與人人透過參與發展自我的理想有一段落差。代議制度下，能夠體驗參與公共事務之可貴經驗者恆為少數，即使改選代表的效率再怎麼提高（一年一選？），一般國民仍然免不了成為盧梭所講「只有選舉那天才當主人」的消極公民。如果想要落實普遍參與之實踐，除了回歸古代秩序（而這是不可能的），就只有貫徹地方自主，以社區參與取代精英齊集中央的格局。當然在康士坦的思想裡，在地民主化（local democracy）大概還未見雛形，但是本世紀的草根民主運動，則開始替他的理想找到了實踐的開端。

　　康士坦的自由思想另外還有一個限制，就是未曾深刻反省平等所可能帶來的危險與衝擊。康士坦與托克維爾、密爾常被列為19世紀最具代表性的自由主義人物（Berlin, 1969：165；Kelly, 1992：89），可是後二者對自由與平等相衝突的疑慮，在康士坦身上幾乎完全看不到。托克維爾曾經區分平等為「與自由相容的平等」及「與自由不相容的平等」兩種面向，前者指涉人人有權追求美好的人生，在不受外力干預之下充分展現積極主動的活力（Tocqueville, 1969：244）。後者則包括極端個人主義的擴散、公民無力感的產生、以及多數專制的危險等等（Tocqueville, 1969：247-48, 506-507, 845-46）。密爾繼承了托克維爾的洞見，以更大的篇幅警告世人平等的民主社會將如何以多數輿論的方式扼殺少數天才（Mill, 1977）。奇怪的是他們對民主社會的負面效應，以及對公眾輿論的專橫可能，在稍早一點的康士坦身上都未曾形成足夠的關懷。

　　康士坦不僅不煩惱多數專制，他對多數輿論的信心簡直是令人印象深刻。他說：「開放是防止社會失序的最有效手段。開放替你贏得全國多數人的支持，使你不必費力壓制它或與它為敵。多

數將會助你一臂之力。理性站在你這邊，你只要以理性啓蒙社會大眾，不讓它無知，你就能得到多數的幫助。」（*PW*：234）康士坦認爲多數的好惡是一個國家的感情，政治人物應該時時注意此感情之動向，讓輿論自由自在地表達出來，然後一切改革就都可以借助其力量而完成（*PW*：150-51）。除了極少數例外（*PW*：276），他從來不認爲多數輿情有何值得擔心。Holmes說他缺乏一種「文化批判」的能力——沒有認真反省過社會平等化對哲學、科學、藝術、個體性可能造成的傷害，不過又爲他緩頰說這是比較前進、不懷舊的心態(Holmes, 1984：258-59)。我們則覺得意識到平等與自由的衝突不是懷舊，而是政治思想家應有的理論敏感度。康士坦欠缺這種敏感度，無論如何是他個人思想體系的缺憾。

康士坦在英語世界向來未得到應有的重視，在中文的政治學世界裡更是聞所未聞。本章試圖就有限的資料簡介這個人物的主要觀念，希望有助於增進我們對西方19世紀自由主義的瞭解，以及康士坦在其中所扮演的角色。

如果就現實的政治判斷或立場選擇來講，康士坦一生的政治參與可以說是與他的愛情羅曼史一樣轟轟烈烈而一事無成。造化的作弄使他既無法效忠於波旁王室也無法支持激進的革命黨派，錯誤的判斷使他游移於依違拿破崙的立場而顯得十分投機可笑。這些遭遇多少影響了他的作品在後世人心裡的評價。可是如果我們不以人廢言，康士坦的觀念啓示與流利雄辯依然是西方自由主義傳統珍貴的遺產。

康士坦對自由的分判與堅持，是Berlin在一個多世紀後寫作其經典著作時的思想泉源，而康士坦兼採政治自由與市民自由的立場卻遠比Berlin片面推銷消極自由的作法，要來得穩健而富有啓示。康士坦對平等問題的考慮有欠週詳，以致未能注意福利經濟

的趨勢與平庸化社會的專制危機。可是他以政治自由結合原始政治平等的理論，仍然是自由民主體制完成其現代轉型的重要關鍵。康士坦一生所堅持的憲政主義替任何時代反對專斷統治的黨派樹立了清楚有力的標竿，這個成就應該會超越他在現實政治中的失敗，使他成爲永恆性的人物。

　　當然，一個時代或一種體制理論的完成不是任何單獨一個人的力量。如果我們想要比較完整地瞭解19世紀西方自由民主體制理論基礎的形成，除了康士坦之外，還必須繼續研究托克維爾、密爾、以及其他相關的人物。我們希望這樣的研究最後能夠幫助我們透視西方自由民主思想的來龍去脈，並且替問題越來越多的現代自由主義找到一個自我救贖的機會。

第五章

托克維爾論自由、平等與民主政治

一、民主時代的來臨

托克維爾（Alexis de Tocqueville, 1805-1859）是19世紀法國最重要的政治社會思想家。他生於法國大革命的劇變之後、拿破崙崛起稱帝之時，終其一生，王制與共和更迭不斷，宛如傳統與現代兩種社會型態鬥爭之縮影。事實上，在一個普遍的意義上，19世紀的法國的確可以看成西方近代自由民主體制興起的典範。新的社會基礎從傳統的結構中破繭而出，舊的王權統治逐步為中產階級所支持的民主運動所逼退。此一變動影響之深遠，不僅徹底改變歐洲大陸的社會生活形貌，並且在歷史跨入新世紀之後，繼續推動民主體制在全球各地擴散。時至今日，法國大革命所標榜的自由、平等、博愛理想已幾乎成為全世界共同追求的價值。而托克維爾作為此一關鍵歷史演變的見證者與反思者，乃確立了其不可忽視的重要性。

在當今政治社會問題的討論中，托克維爾經常被推崇為「市

民社會」（civil society）理論的奠基者。所謂市民社會，約略指涉
介於個體與國家之間的人群組合。市民社會與國家的糾葛與區
隔，向來是政治社會學者關切的焦點之一。而市民社會必須具備
那些條件才能發展成一種相對獨立於國家機器、卻又可以支撐政
治體制的民間力量，更是托克維爾在這個問題上廣受矚目的貢
獻。然而我們不能忘記，托克維爾生平最關心的問題並不是市民
社會與國家的關係，而是新興的自由民主社會究竟能不能克服其
內在矛盾，使人類在邁向境遇平等的必然歸宿時，猶能確保自由
人格的一線機會。這個終極關懷比起市民社會的分析，具有更深
遠的意義與影響。如果不能掌握其中的複雜論證，援引其市民社
會理論將只是膚淺的理論移植。

　　在他的成名作《論美國的民主》序言中，托克維爾寫道：「（本
書）寫作時始終專注的一個思想，是認爲民主即將在全世界範圍內
不可避免地和普遍地到來」。但是由於這種新興的政治社會體制與
舊日的貴族王朝相比，仍顯得利弊相參，因此托克維爾對新體制
的來臨事實上是戒慎恐懼。他知道「隨著我們將要建立的是民主
的自由還是民主的專制，世界的命運將會有所不同」。因此，他認
爲他們那一代人肩負著一個重大任務，就是「對民主加以引導」，
而不是盲目地隨著時代的潮流前進（*DA*：1-2, 8）[1]。這種心情，托
克維爾在一封致友人的書信中表露得更爲明白。他說：「我是在一
個漫長的革命之後才來到這個世界，這個革命摧毀了舊有的國

1　本章所採用托克維爾著作之版本及縮寫如下：*AR*：代表《舊制度與大
　　革命》（馮棠譯，香港：牛津大學出版社，1994）。*DA*：代表《論美
　　國的民主》（董果良譯，北京：商務，1991年）。*SL*：代表*Selected Letters
　　on Politics and Society* （edited by Roger Boesche. Berkeley: University
　　of California Press, 1985）.

家，卻未創建任何可大可久的制度。當我出生之時，貴族制已經
死亡，民主制仍未誕生。因此我的本能既不會引領我盲目地趨向
前者，也不趨向後者。……我是如此徹底地置身於過去與未來之
間的均衡狀態中，因此我的自然本能讓我不會輕易為這兩種制度
所吸引」（*SL*：115-16）。就像20世紀的政治哲學家漢娜‧鄂蘭
（Hannah Arendt）一樣，置身於過去與未來之間的人總是不容他人
輕易以政治標籤指認。這種人經歷的時代有著超越尋常格局的特
色，因此他們的思考與著述也散發一股出奇非凡、難以既有語彙
描寫的氣質。他們都是堅信「嶄新的時代需要嶄新的政治學」的
人（*DA*：8；Arendt, 1968：7, 77）。

　　本章限於篇幅，將無法完整交待托克維爾「新政治學」的面
貌。筆者關切的是：作為一個19世紀西方自由主義的重要代言人，
托克維爾如何理解自由、平等的根本意義與價值？而奠基在自由
平等價值上的民主體制又呈現了什麼特色與問題？托克維爾如何
在理論上回應這些問題？他的對策在20世紀的今天是否仍有學習
反省的餘地？筆者認為，任何一個對西方自由民主體制的精神有
興趣的人，都必須理解這種體制在19世紀形成過程中所激起的哲
學討論。而任何一個想要洞察當今自由民主社會流弊之根源、以
及尋求市民社會再造契機的人，都必須嚴肅思考托克維爾所提出
的觀點與建議。托克維爾的著作並不專為法國人民而寫，它是所
有相信民主體制之來臨勢所難免、而又想對民主體制進行批判性
反省以「引導」其方向的人，所不可不讀的思想典籍。

二、舊體制與大革命

　　眾多研究托克維爾思想的學者都認為，托克維爾畢生著述預

設了一個重要的二分架構，亦即「舊體制vs.大革命」（the *ancien
régime* vs. the revolution）[2]。這個二分架構是有歷史根據的。就像
康士坦（Benjamin Constant）的「古代自由vs.現代自由」脫胎於法
國大革命前後知識界的流行觀念，托克維爾的二分概念也是來自
他青年時期所關注的一場大辯論。在1822至1823年之間（當時托克
維爾是個十七、八歲的青年），復辟的波旁王朝受到極右的保皇派
之操控，試圖恢復種種革命前的貴族特權。此舉激怒了改革派自
由主義者，他們在Royer-Collard的領導下與當權派進行了一場激
烈的鬥爭。雙方所代表的立場分別被標誌為「舊體制」與「大革
命」，「舊法蘭西」與「新法蘭西」，「貴族」與「民主」。托克維爾
目睹這場爭辯的經過，在心中埋下了若干日後即將用於社會分析
的概念，譬如「中央集權」、「地方分權」、「個人主義」、「原子化」
等等。不過，影響他最重要的概念恐怕還是「舊體制」與「大革
命」的區分（Siedentop, 1994：5-6）[3]。

　　新舊社會體制的區分固然是瞭解托克維爾思想不可或缺的概
念架構，但是我們也不能過度誇大這個二分法的絕對性。當托克
維爾晚年回顧法國大革命對法國人所造成的影響時，他說：「1789

2　"*ancien régime*" 一詞現行的譯本翻譯成「舊制度」，筆者則譯為「舊
　　體制」。

3　托克維爾關於法國大革命的研究原來希望包括革命前的歐洲、拿破崙
　　的崛起、以及革命後的影響，可惜他未能完成此寫作計畫即與世長
　　辭。目前通用的《舊體制與大革命》乃生前出版之部分，其餘手稿及
　　註記收於全集之中。John Lukacs根據Mayer的編定本，節譯其精華而
　　定名為《歐洲的革命》，連同托克維爾與Gobineau的書信一起出版。
　　見John Lukacs ed., *"The European Revolution" & Correspondence with
　　Gobineau* (Garden City, N. Y.: Anchor, 1959）.

年，法國人以任何民族所未曾試過的最大努力，將自己的命運截
爲兩段，把過去與未來用一道鴻溝隔開。……他們不遺餘力地要
使自己面目一新」。但是仔細反省之後，托克維爾卻認爲大革命的
斷裂效果並不如外人所想像的那麼鉅大。「我深信，他們在不知不
覺中從舊體制繼承了大部分感情、習慣、思想，他們甚至是依靠
這一切領導了這場摧毀舊體制的大革命；他們利用了舊體制的瓦
礫來建造新社會的大廈，儘管他們並不情願這麼做」(AR：1)。
然則在舊體制與大革命之間、在貴族王朝與民主社會之間，可能
存在著一種既斷裂又連續的關係。唯有清楚掌握托克維爾心目中
這兩種社會秩序的複雜關係，我們才有可能善用上文所說的二分
架構，而不致得出托克維爾「唾棄貴族制、擁抱民主」、或「懷念
貴族、抗拒平等」的簡單論斷。

　　舊體制當然有些結構性的特色足以彰顯它與革命後社會的不
同，其中最主要的差別是封建制度(feudal system)。托克維爾在《舊
體制與大革命》一書詳細討論了革命前法國的社會生活型態，他
認爲相較於歐洲其他地區，法國的封建制度已經是人民遭受苛政
折磨最輕的地方。但是無可諱言，法國畢竟仍然是個保有中世紀
制度遺跡的國度。革命前，法國貴族雖然不再是領土上的行政首
長，但是他們保留一部分的司法權，儘管這種權柄的主要作用是
增進收入，而非裁決生死。土地貴族享有的其他封建權利包括：
強迫人民爲其領地服徭役，磨麵及壓榨葡萄汁，徵收道路通行費
及市場稅，享受專有狩獵權，以及徵收依於土地之年貢、地租、
現金或實物稅。同樣地，教會僧侶階級也擁有類似的特權，可以
對其教區領地上的人民徵收年貢、勞役與什一稅(AR：33-39)。托
克維爾一方面認爲法國貴族與教士所享有的這些特權遠比德國、
英國之貴族還少，但是另方面他也瞭解比較輕微的封建特權「激

起的仇恨反倒更大」。原因無它，因爲貴族已經變成只享權利不盡義務的階級了。他說：

> 當貴族不僅擁有特權，而且擁有政權時，當他們進行統治管理時，他們的個人權利更大，卻不引人注意。在封建時代，人們看待貴族近似於我們今天看待政府：爲了取得貴族給與的保障，就得接受貴族強加的負擔。貴族享有令人痛苦的特權，擁有令人難以接受的權利；但是貴族確保公共秩序，主持公正，執行法律，賑濟貧弱，處理公務。當貴族不再負責這些事情，貴族特權的分量便顯得沉重，甚至貴族本身的存在也成爲疑問(*AR*：40)。

　　因此，從一個最根本的意義上講，大革命就是要推翻這些令人民難以忍受的貴族及教士，取消他們的封建特權，以建立一個人人地位平等的社會。可是除此之外，舊體制下的政治社會生活事實上與大革命之後的法國社會沒有太大差異。托克維爾認爲，無論是革命前或革命後，法國人民對中央政府的仰賴都一樣深重。從農產品的耕種與防災、報刊資訊的傳佈、到一個教區能否重建鐘樓，各地方皆翹首仰望中央政府的指示。「大家都認爲，若是國家不介入，甚麼重要事務也搞不好」。於是「政府取代了上帝」，成爲無所不在、無微不至的照顧者(*AR*：66-74)。在此情況下，中央政府所在的巴黎乃不斷擴大，成爲整個法國能否運動的樞紐。而各個地方省分則日趨消沉，形成一種直接依附於巴黎的地位(*AR*：75-79)。此外，由於貴族不斷趨於貧弱，因此人民彼此之間越來越近似，形成一大群沒有特色的個人。藩籬自然繼續存在，但是「所有這些彼此隔離的人，卻變得如此相似，只要變換

一下他們的位置，便無法再認出他們」。托克維爾稱這種現象爲「集體個人主義」，是後來大革命後民主社會中真正的「個人主義」之前身（*AR*：80, 97-98）。換句話說，無論就人民對政府的依賴、中央集權的發展、或是個人主義社會的形成，大革命之前的法國社會都已經具備了相當的條件，大革命在這些面向上並不是割裂過去、另有創新，而是依循既有社會結構的進一步激化罷了。

　　但是話說回來，在封建制度下，卻存在某些奇特的自由，使得王權專制並未成爲所有人民的主宰。托克維爾以略帶同情的眼光分析這些自由，試圖呈現出舊體制比較美好、比較值得懷念的一面。首先，托克維爾指出舊日的中央政權「爲了千方百計撈錢，就出售了大部分官職，因而自己也就失掉了任意封官免職的能力」。中央政府的貪婪限制了自己的權力慾，使得鬻賣出去的官職意外地變成抵擋中央政權的一道防線！其次，政府本身對自己所擁有的權柄究竟有多少也不是很清楚。它彷彿一頭畏首畏尾的巨獸，一方面令人驚懼於其侵凌的能力，另方面卻猶豫逡巡，不敢肆行冷酷之蹂躪。因此，界限不明的行政權利「固然有利於國王剝奪臣民自由的企圖，但對於保衛自由也常常有利」。再其次，貴族階級也扮演了一個抵制行政當局的重要角色。他們雖然不復擁有權力，卻仍然保持著祖先傳下來的驕傲氣質，「既仇視奴役，也仇視法規。他們毫不關心公民的普遍自由，對政府在公民周圍加強控制心安理得；但是他們不能容忍政府的控制落在他們自己頭上，爲達到這一目的，他們必要時甘冒種種危險」。結果，貴族在王權面前反而展現了某種崇高的精神與品質，成爲舊體制下捍衛自由最堅定的一群人（*AR*：109-110）。我們可以想像，當大革命爆發後，貴族階層隨著封建制度走入歷史，托克維爾勢必認爲人民少了一道防衛中央專制的機制，從而更加懷念昔日貴族制之貢

獻。托克維爾說：

> 永遠值得惋惜的是，人們不是將貴族納入法律的約束下，而是將貴族打翻在地徹底根除。這樣一來便從國民機體中割去了那必需的部分，給自由留下一道永不癒合的創口。多少世紀中一直走在最前列的階級，長期來發揮著它那無可爭議的偉大品德，從而養成了某種心靈上的驕傲，對自身力量天生的自信，慣於被人特殊看待，使它成為社會軀體上最有抵抗力的部位。它不僅氣質雄壯，還以身作則來增強其他階級的雄壯氣質。將貴族根除使它的敵人也萎靡不振。世上沒有甚麼東西可以完全取代它；它本身再也不會復生；它可以重獲頭銜和財產，但再也無法恢復前輩的心靈。(*AR*：111)

這段話可以說是托克維爾對貴族制最露骨的禮讚，即使他寫作的時間已經是封建秩序一去不返的1850年代，我們仍然可以強烈感受到他對舊體制美好一面的懷念[4]。

除了貴族階級之外，教士與法官也同樣得到托克維爾的高度肯定。托克維爾認為教士由於擁有不可剝奪的土地特權，因此在世俗政權面前往往顯得獨立不屈。他們「同第三等級或貴族一樣，

---

4 托克維爾對昔日貴族的肯定還表現在他閱讀完1789年「貴族階級陳情書」之後的感嘆。他發現革命前夕的貴族事實上極能反映時代的精神，他們關心個人權利、社會義務、極力主張發展公共教育，並且和第三等級一樣希望改革徹底、國家強盛。「總之，讀貴族階級陳情書時，人們能夠肯定，如果這些貴族是平民的話，他們就能發動這場大革命」(*AR*：218-19)。托克維爾是否過度美化貴族階級，當然可以留給歷史學家去判斷。

仇視專制制度，支持公民自由，熱愛政治自由」，剷除了教士的土地特權，人民也失去了自由的一個極大成分。至於法官方面，由於法官實行終身制，且不求升遷，這兩點大大有利於司法的獨立，從而多少發揮了保障個人自由的作用。況且法庭的辯論要求公開性、形式性、適法性，「這些都與奴役性格格不入，而是舊體制留給我們的自由人民教育的唯一部分。」（AR：111-16）

最後，即使在資產階級和一般人民身上，托克維爾也認爲某種自由氣質是革命後的人群所欠缺的。舊體制下的資產階級喜歡效法貴族階級，這些「假貴族」因此無意中承襲了真貴族的驕傲與抗拒精神。他們習慣追求一個舞台，在這個小小的舞台上捍衛共同的尊嚴與利益。而當時的人民，固然有極多毫無反抗能力的順民（通常是農民），但也不乏勇於抗爭的好漢。至少托克維爾認爲18世紀的人「很少追求那種容易導致奴性的物質享受」，他們往往可以拋棄金錢與享樂，致力追求某種高雅美妙的東西。他們對國王的忠誠，主要出於某種類似敬愛父親的真情，而非出於強制。「因此他們往往在極端的依賴性中，保持著非常自由的精神。」（AR：114-18）

總而言之，托克維爾認爲舊體制絕不是一個充滿奴役與依附的社會，透過鬻官制、貴族、教士、法官、資產階級、以及中央政權的自我節制，法國人民事實上享有不少政治自由。這些自由是非正規的、病態的、與階級制度相關聯的，但是它們自有其生命力，使人們心中「培育著自豪感，使熱愛榮譽經常壓倒一切愛好」。托克維爾在忘情之餘，甚至認爲舊體制下的人「有著比我們今天多得多的自由」，不過他也知道這種自由難以幫助法國人「建立起和平與自由的法治國家」（AR：118-19）。關鍵所在，仍然是因爲這種自由乃是封建制度下的產物，一旦大革命推翻了封建制

度，就不能奢望舊式自由繼續保存於新的民主社會中。民主社會
如果要在人人平等的基礎上兼有自由，必須另謀制度性的設計。

在理解了托克維爾對舊體制的評價之後，我們可以進一步探
討他對大革命的看法。舊體制既然以封建制與階級制爲主要特
色，大革命的意義自然在於「摧毀若干世紀以來絕對統治歐洲大
部分人民的，通常被稱爲封建制的那些政治制度，代之以更一致、
更簡單、以人人地位平等爲基礎的社會政治秩序」（AR：28）。托
克維爾認爲，在舊體制的最後幾年裡，法國人民不僅對封建社會
的不平等狀況感到強烈不滿，而且出現了一種尋求自由解放的熱
情，這兩種激情結合起來，引爆了震驚全歐洲的大革命。他對這
個革命的評價是這樣的：

> 1789年無疑是個無經驗的時代，但它卻襟懷開闊，熱情洋
> 溢，充滿雄勁和宏偉：一個永世難忘的時代，當目睹這個時
> 代的那些人和我們自己消失以後，人類一定會長久地以讚美
> 崇敬的目光仰望這個時代。那時，法國人對他們的事業和他
> 們自身感到自豪，相信他們能在自由中平等地生活。在民主
> 制度中，他們便處處設立了自由制度。（AR：198）

然而，法國人民對革命的準備基本上是不足的。當時人們腦
中充滿著自由平等的幻想，可是這些觀念卻是由一群沒有實際政
治經驗的文人知識分子所灌輸，而不是由具備貴族氣質的政治人
物所領導。「經濟學派」（或「重農學派」）熱烈地追求平等，卻無
視於新政府權力的集中與擴大。他們剷除了一切分隔人與人的階
級界線，把托克維爾所說的舊體制下的集體個人主義轉變成徹底
的個人主義。於是某種「民主專制制度」逐漸形成：社會中不再

有等級，人民彼此平等而相像，在所有人民之上有一個代理人以他們的名義處理一切事務。法律上，這個領袖是人民的公僕；實際上，他是主人（*AR*：139, 157-58）。

因此，大革命雖消滅了封建制度，可是舊體制的中央集權制度卻完整地留傳了下來。法國人以為強大的中央政府是革命的成就之一，托克維爾卻冷靜地指出這只是舊社會殘留的遺跡。對他來講，大革命摧毀了封建社會的大部分結構，但保留了原本與封建制格格不入，卻最能適應新社會的東西。貴族制的消亡，加速了人民接納中央集權制的速度，托克維爾認為這是大革命最大的悲哀（*AR*：42, 63, 65）。徹底革命必然使舊體制中的壞因素和好因素同歸於盡，有人寧可為了新秩序而放棄舊有的一切，托克維爾則較為保守，寧願革命不要造成天翻地覆的變動。他說：「當我考慮到這場革命摧毀了那樣多與自由背道而馳的制度、思想、習慣，另一方面它也廢除了那樣多自由所賴以存在的其他東西，這時，我便傾向於認為，如果當初由專制君主來完成革命，革命可能使我們有朝一日發展成一個自由民族，而以人民主權的名義並由人民進行的革命，不可能使我們成為自由民族」（*AR*：162）[5]。

那麼，托克維爾究竟是個自由派還是反動派呢？他顯然緬懷舊社會貴族制的若干貢獻，可是他也知道大革命其來有自，勢所難免。新舊社會以人民地位之平等不平等為分界線，但無論在民

5　托克維爾生命即將結束前，曾在一封致Gustave de Beaumont的書信中表達類似的觀點。他說：「有時候，我認為欲使有生機的自由重生於法國，其唯一的機會是在平和之中、在表面上建立起專制制度（despotism）。……過去70年的歷史證明了人民無法獨力完成一場革命，只有當啟蒙階級的一部分人士介入革命，革命才能變成無可抗拒。」（*SL*：367-68）

主社會或舊體制中，都可以看到中央政府權力不斷擴大的陰影。
這種威脅若不能及時加以制止，人們終必喪失一切自由。因此，
擺在托克維爾眼前的問題顯然不是回歸舊制或擁抱革命，而是在
民主社會成爲事實的情況下，思索民主的自由如何可能。誠如他
在《論美國的民主》最末一章所言，「過去已經不再能爲未來提供
借鑒，精神正在步入黑暗的深淵」。托克維爾在這種過去與未來交
界之處「既感到恐懼又懷有希望」，他恐懼的是中央集權制將會像
它在舊社會中蠶食政治自由那樣，繼續危害新社會的自由制度；
他希望的是平等的民主社會能夠珍惜人類愛好自由的本性，用行
動來證明民主仍然可能造就一個高尚而繁榮的社會（DA：
882-85）。托克維爾的期望能否落實，我們必須轉而分析民主社會
的構成原則之後，才能提出適切的答覆。

三、民主社會與平等原則

托克維爾對民主政治的分析主要見於《論美國的民主》。這部
經典實際上分爲上下兩卷，上卷出版於1835年，是托克維爾一舉
成名的代表作；下卷出版於1840年，是托克維爾意圖再創風潮的
續集，可惜未如人意。由於兩部作品相隔五年之久，學術界裡向
來有所謂「托克維爾的兩種民主政治論」之爭辯。部分人士認爲
《論美國的民主》上卷談的是開明的自利、多數的專制，下卷談
的是粗鄙的個人主義以及行政權集中的問題，無論在方法上、語
調上、關懷的議題上都有所不同。反對這種說法的人認爲托克維
爾其實極爲一貫，許多議題在兩卷作品中都重覆提到，最多只有
輕重長短之不同（Schleifer, 1992）。對本文而言，托克維爾的《論
美國的民主》究竟是一貫還是分裂，並不是重要的問題。比較關

鍵的是：他究竟怎樣理解民主政治？很不幸地，在這個問題上，許多學者也都指出托克維爾的界定並不一致（Zetterbaum, 1967：53；Holmes, 1993：23）。

　　爲了讓我們的討論有個清楚的起點，筆者打算先讓托克維爾自己說話，從他所寫過的文字中最接近於定義「民主」的部分談起，然後再討論「民主」有什麼衍生或曖昧的意義。依這個標準看，我們很驚訝地發現《論美國的民主》一書事實上完全沒有替「民主」下定義。托克維爾彷彿認爲「民主是什麼」大家已經有一定的共識，所以他可以直接了當去分析民主的條件、民主的制度以及民主的影響等等。他真正回過頭替「民主」下定義的，都是在其他的著述裡。在1835年一封致友人書信中，他提到：「我深信我們正被法律與民情風尚頭也不回地帶向人人平等的境遇。一旦社會身分趨於平等，我承認我們將只有兩種選擇而無居間妥協之道：或者是採納民主政府（a democratic government），或者是接受一個人毫無節制的統治。而所謂民主政治，我並不指涉共和國，而是指一種社會狀態，其中人人或多或少皆參與於公共事務（a state of society in which everyone more or less would take part in public affairs）。」（SL：93）另外，在《歐洲的革命》中，他也以同樣的內涵界定民主政治。他說：「民主，就其真正的意義言，只能意味一件事，就是人民或多或少參與其政府管理之政府型式（a government where the people more or less participate in their government）。」[6]

　　從類似上述的定義看來，托克維爾所瞭解的「民主政治」並不特別或充滿歧異。托克維爾在談論民主的條件、制度、影響等

6　轉引自Zetterbaum, 1967：54. 類似的定義還可參考SL：101.

比較廣泛的議題時，並不以「民治政府」為民主之唯一意義。借
用Stephen Holmes的話來說，托克維爾的「民主」既是一種政治制
度，也是一種社會秩序。就前一意義言，民主確實指涉人民參與
政治決策的政府形式，並且要求統治者對選民負責。就後一意義
而言，民主指涉的卻是社會平等化的現象，尤其是指舊有階級結
構崩潰後所建立起來的新社會秩序(Holmes, 1993：23)。筆者認為
這個區分相當能呼應上一節所述，托克維爾對舊體制與大革命所
做的政治社會分析，因此，下文就從這兩個主要意義著手討論。

政治意義的民主，可用「人民主權」(the sovereignty of the
people)的原則來涵括。所謂人民主權，是指一切統治的正當性都
來自於人民。托克維爾考察美國社會後，認為美國是全世界「人
民主權」原則最貫徹的國家。「人民之對美國政界的統治，猶如上
帝之統治宇宙。人民是一切事物的原因和結果，凡事皆出自人民，
並歸於人民」(DA：64)。人民統治整個政治世界的方法是透過選
舉，他們選出代議士來從事立法工作，選出行政人員來執行法律，
選舉與民主具有某種內在的關聯性。托克維爾稱許馬里蘭州政府
是「最民主的政府」，原因就是它第一個宣佈了普選權(DA：63)。
根據這個原則去推論，凡是選舉權越普及的地方，就應該越符合
民主的標準。托克維爾顯然不在意人民參與政府管理的方式是「直
接」的還是「間接」的。他認為不管像雅典城邦那樣由全體人民
制定法律，或是像美國社會那樣由議員代表人民立法，基本上都
是民主[7]。過去困擾盧梭的「意志不能代表」問題，並未在托克維

7　不過，在DA：583，托克維爾又強調雅典只能算是一個貴族共和國，
　　因為其普選權僅及於35萬居民中的2萬公民。但是，如果真的以此標

爾的著作中引起任何討論。這裡也許可以看出托克維爾比較務實、比較不在意哲學性爭論的特色。事實上近代民主政治的發展，必須經歷此一轉折，才能朝向代議式的自由民主體制演變。否則，若是受制於人民直接統治、意志不容代表的直接民主理想，西方各國將無法發展出具有實踐可能性的民主制度。

　　社會意義上的民主，筆者認爲可以用「身分平等」(the equality of conditions)這個特殊詞彙來表達。所謂身分平等，是指人人在法律規範及社會地位上一律平等，並且具備相差不多的權利、教育和財產(equal rights, education, and wealth)。不過，我們要注意《論美國的民主》中譯本將這個概念譯成「身分平等」，固然掌握到它在社會結構上的意義，但不能完全涵蓋托克維爾所指涉的範圍。這是因爲「身分」乃是社會階級方面的表徵，而托克維爾卻注意到大革命之後的新社會，不只是身分地位人人平等，同時在政治權利、實質財富、教育水平，乃至慾望需要、行爲習慣與價值標準方面，都有逐漸拉齊扯平、趨於統一的現象(DA：806)。我們或許可以說，身分地位的平等乃是民主社會的界定特徵，而其他各方面境遇之愈趨相似則是其自然結果。因此equality of conditions既指身分地位平等，也含糊地包括了生活處境平等的意義[8]。托克維爾認爲人人身分平等，是一個「事實」(fact)，並且

　　準計算，則1830年代的美國也稱不上民主，因爲黑奴及婦女根本沒有選舉權。

8　筆者原先傾向於以「境遇平等」翻譯 "equality of conditions" 一詞，但投稿時兩位審查人皆有所保留，認爲「身分平等」仍然比較貼切。幾經考慮之後，筆者決定接受此一建議，以「身分平等」作爲該詞的主要譯法。另外，在早期的文獻中，張震東也認爲「身分平等」是個貼切的翻譯，見張震東(1991：201)。

不斷在擴大其影響。而所謂民主社會的隱憂，多半指的就是此一
發展所帶來的問題。

在《論美國的民主》扉頁上，托克維爾直言「身分平等」乃
是他在美國考察時感受最新奇深刻的現象。身分平等與民主社會
的關係十分密切，有時候他小心翼翼地將前者與後者分開，只說
西方世界正受到這兩種力量的影響。但是大部分時候，他根本沒
分辨平等與民主，彷彿平等就是民主，而民主就代表平等。譬如
在討論美國社會的家庭關係與男女關係時，托克維爾認定「民主
鬆弛了社會聯繫，但緊密了自然聯繫；它在分隔公民聯繫的同時，
卻使親族彼此更接近」（DA：738）。能夠產生這種疏離或凝聚效
果的，當然不是政治意義上的民主參與，而是社會身分平等。事
實上只有依照這種用法，我們才能理解托克維爾所說的「男女之
間的民主或平等」。

身分平等的趨勢雖然在本質上是一種「事實」或「現象」，是
托克維爾所說的「事所必至，天意使然」（something fated），但是
它其實也帶有道德上的色彩。道德色彩的來源之一是：托克維爾
相信上帝是全知全能、神聖無訛的。平等的逐步開展既然具備一
種「至高無上的上帝的神聖性質」，因此「企圖阻止民主就是抗拒
上帝的意志」（DA：8）。雖然托克維爾對歐洲社會在平等化的初
期亂象有若干批評，但是整體看來，他認為這個大方向是「對」
的。他無法相信上帝導引人類幾百年來邁向平等的社會，最後竟
然是要人類接受專制制度的統治（SL：94）。其次，在具體的社會
分析中，托克維爾也充分表露他做為一個自由主義知識分子對於
人類地位平等的堅持。他在討論美國社會最棘手的黑奴問題時，
明白反對人與人之間經由立法所造成的種族不平等。他說：「純由
法律規定的尊卑，是人們所能想像出來的最大虛構！在分明是同

類的人之間建立的永恆差別,是對人性的最大違反!」(*DA*:
398-99)。托克維爾所批評的不只是美國的黑奴制度,也包括歐洲
的奴隸制度,以及一切基於偏見所產生的尊卑對待。他指責不敢
反對奴隸制度的人「喪盡天良」、「沒有勇氣伸張正義」(*DA*:423)。
因此,身分平等顯然是人類歷史發展的正確方向,它不僅「是如
此」,而且「應該如此」。

在明瞭托克維爾「民主」概念的本義與歧異之後,我們可以
進一步分析他如何具體地觀察民主的功過。

就「人民普遍參與統治」此一根本意義言,托克維爾認為民
主實在不是理想的政治組織方式。托克維爾從不諱言「最合理的
政府組織並不是任由所有利害相關的人參與其中,而是由社會中
最賢明、最有道德情操的階級來指導」(*SL*:56)。民主政治鼓勵
庶民參與政府,但是「人民沒有時間和辦法去做這項工作。他們
的判斷總是匆匆忙忙做出的,並且只看事物的表面特點。因此,
各種騙子能夠施用他們取悅於人民的花招,而人民的最忠實友人
卻不能取信於人民」(*DA*:224)。其結果是選舉權越普及,越不
能保證選出優秀的領袖,也越不能得到最佳的決策。如果以美國
參眾兩院的選舉為例,直接選舉的產物(眾院議員)通常比不上間
接選舉(當時參院採兩階層選舉),人民普遍直接參與的結果反而
使他們享有更少的「政治自由」(亦即優良代議士的保障)(*DA*:
225, 229)。

民主政府的領導階層不僅比較無能,而且還比較貪污腐敗。
托克維爾說貴族時代的政府官員大都是富人,他們只貪圖權勢,
但很少貪污。民主國家與此相反,政府官員大都不甚富有,因此
莫不希望升官發財。由於名譽地位不是他們可以奢望,於是金錢
物質方面的報酬就形成誘惑的來源。更糟糕的是,普通公民眼見

這種無才無德之人竟然可以飛黃騰達，嫉妒之餘也群起效尤，寧可出賣自己的靈魂也要追求名利與實惠(*DA*：251-52)。托克維爾在160年前觀察到的現象，直到今天還在全球的民主國家上演。

由於托克維爾曾經擔任過外交官，因此他又從實務經驗上發現民主國家比較沒有能力對抗外敵入侵或秘密地處理好複雜的涉外事務。他認為民主制度下的人民空有熱情，卻缺乏深思熟慮的習慣與堅忍不拔的毅力，因此他們只能治理承平時代的政府，或是應付一時突發的挑戰，但是要他們「長期抵制威脅國家政治生活的大風暴」則殊屬不易(*DA*：254)。同理，民主社會的公民也「難於調整一項巨大事業的各個細節」，他們不像貴族那樣有專業訓練及恆心毅力，因此必然在外交事務上成事不足、敗事有餘(*DA*：261-62)。

雖然民主政治有上述種種弱點或弊病，它倒也有許多優點和長處，其中頗多正可彌補其不足之處。首先，托克維爾指出，由於民主政府顧名思義是人民主權的政府，因此領導者與被領導者的利害大致上是一致的。貴族制的統治階級固然才德出眾，但是他們著眼的多半是自身的利益；而在民主制中，統治者不會產生同被治者利益相反的利益。利益一致，或許比在上位者有才德更重要。因為一旦上下交征利，則「德便幾乎不發生作用，而才也將被用於幹壞事」(*DA*：265)[9]。此外，民主政治的統治者雖然無

9　我們必須注意托克維爾並沒有盧梭式「普遍意志」下的利益之觀念。對托克維爾來講，民主政府的統治階層可以反映大多數人的利益，為大多數人的福利服務，但絕非「促進所有階級的興盛」。他說：「我決不認為，統治者具有同全體被治者的利益一致的利益也很重要，因為我還不知道那裡有過這樣的利益」。(*DA*：265-66)托克維爾的自由主義，基本上容不下拿破崙式的民粹領袖。

能且易於腐化，但是它也有一種內建的防弊機制，就是定期改選。托克維爾一方面認為凡民大眾知識水平及判斷能力有限，經常被政客煽惑而做出錯誤的決定；但是另方面他也強調民主制度具備很強的自我改進能力。他說：「民主制度失誤的機會雖多於一個國王或一群貴族，但它一旦察覺失誤，回到正確路上的機會也多，因為民主制度本身一般沒有與大多數人對抗和反對理性的利益」。這個命題當然有個先決條件，就是人民的文明及知識水平必須達到一定程度，使他們足以從過去的經驗中汲取教訓才行（*DA*：256-57）。

在號召民眾捍衛國家的效果上，民主制也呈現一種不同於貴族制、卻可能比貴族制更有力的動員方式。托克維爾說，舊體制中人們的愛國心是一種本能的愛國心。它混淆著許多成分，通常既有對古老傳統習慣的愛好，也有對祖先的尊敬和對過去歷史記憶的留戀。祖國之愛有時會轉移效忠的對象於國君之上，認為國君就是國家的化身。相對的，民主制度下的愛國心則比較冷靜而理智。它來自真正理解自我與國家的關係，並在法律的規範下隨著公民權利的行使而成長。換言之，一個人之所以關心本國的安危與盛衰，「首先因為這是一件對己有利的事情，其次是因為其中也有他的一份功勞」。這種理性（而非感性）的愛國主義在民主政治中比較容易培養，因為「使人人都參加政府的管理工作，是我們可以使人人都關心自己祖國命運的最強有力手段，甚至可以說是唯一的手段」。托克維爾認為這正是美國的情形，因為美國早期的移民來自歐洲各地，並無共同的傳統習俗或歷史記憶，在美國很難產生本能性的愛國心。可是美國人普遍關懷鄉土及國家，主要的原因就是人人都有權利管理公共事務。所以，普及的公民權利與參與意識「也是民主政府的最大優點之一」（*DA*：268-73）。

　　由這個角度，我們可隨著托克維爾而看到他心目中民主政治的最大好處——活力充沛的市民社會，人民自己管理自己。托克維爾在美國考察的時候，曾經寫信告訴友人他最敬佩美國人的地方有二，其一是非常尊重法律，其二是人民管理自己，無需政府事事介入（SL：57）。這兩者其實息息相關，因為人民普遍具備參與政治之權利，所以踴躍組織社團、舉辦活動，力圖做好種種與自己利害相關的事情。同時，他們既然能透過選舉議員制訂反映民意的法令，自己當然也就願意遵守議會的立法。民主社會因此顯得生氣蓬勃，並不因領導階層的平庸而一事無成。托克維爾說：

> 在民主制度下，蔚為大觀的壯舉並不是由公家完成的，而是由私人自力完成的。民主並不給予人民以最精明能幹的政府，但能提供最精明能幹的政府往往不能創造出來的東西：使整個社會洋溢持久的積極性，具有充沛的活力，充滿離開它就不能存在和不論環境如何不利都能創造出奇蹟的精力。這就是民主的真正好處。（DA：280）

　　因此整體而論，托克維爾給予民主政治的評價相當不錯。民主政治既反映了身分平等的大勢，又能藉由普遍參與而彰顯政治自由，它可以說是自由與平等兩種價值的聯合實踐。不過，托克維爾注意到平等似乎與民主制有著比自由與民主制更密切的關聯，當平等與自由必須二者擇一時，民主社會中的人民通常會棄自由而就平等，這種偏袒傾斜的現象始終是托克維爾警惕的問題。托克維爾說，理想上我們可以假定自由與平等完全匯合在一起，就是當所有公民都能參與政府的管理工作，而且人人在這方面都有平等的權利。但自由與平等畢竟是兩種不同的價值。自由

所能帶給人們的好處多半需要長時間才能顯現,而其壞處(如過度放縱)則明白可見。相反地,平等帶來的好處總是立竿見影,而其壞處則不易察覺。人們在簡單比較兩者利弊後,容易下結論偏好於平等,這樣自由與平等的調合點就失去平衡了。托克維爾說:

> 民主國家的人民天生就愛好自由,你不用去管他們,他們
> 自己就會去尋找自由,喜愛自由,一失去自由就會感到痛
> 苦。但是,他們追求平等的激情更為熱烈,沒有止境,更為
> 持久,難以遏止。他們希望在自由之中享受平等,在不能如
> 此的時候,也願意在奴役之中享用平等。他們可以容受貧
> 困、隸屬和野蠻,但不能忍受貴族制度。(*DA*:624)

當人們愛好平等甚於自由,平等的弊病就會在不知不覺中擴散成長,變成民主社會真正的、最大的隱憂;而自由若不刻意提倡之、保障之,則將淹沒於一切追求平等的世界。整治這個問題的辦法只有一個,就是以加強政治自由去克制身分平等所帶來的潛在危險。用托克維爾的話說:「許多法國人認為身分平等是一大罪惡,政治自由是第二罪惡。當他們不得不接受前者時,至少要想方設法避免後者。至於我,我認為要抵制平等所產生的邪惡,只有一個有效的手段,就是政治自由」(*DA*:634)。托克維爾究竟如何理解身分平等所潛藏的威脅,而政治自由又如何能夠應付這些問題,我們接著在下一節要詳細分析。

四、自由與人性尊嚴

自由與平等的複雜關係向來是學者們研究托克維爾思想的重

點。最常見的說法是：平等帶來庸俗化，需要自由所保障的偉大
才智來加以平衡。就像Zetterbaum所說的，在民主的平等正義
（justice）與自由的卓越才德（human excellence）之間，托克維爾希
望找到一個完美的結合（Zetterbaum, viii, 84-86）。但是也有人認為
托克維爾的真正意旨不是用自由以救濟平等，而是用更多的自由
去糾正自由的濫用，用更極端的民主去防止民主的流弊（Holmes,
23）。平心而論，雖然兩種說法都有文本上的證據（分見DA：634
及DA：220），但是前者失之鬆散簡化，後者則誇大了托克維爾在
分析某特定問題時的立論，使之變成貫串托克維爾所有思想的綱
領。嚴格來講，托克維爾從未直言「平等」是「自由」的敵人，
因為它們都是人類的理想。在一個完美的社會中，「因為人人都將
完全平等，所以人人也將完全自由；反過來說，因為人人都將完
全自由，所以人人也將完全平等」（DA：620）。雖然自由與平等
在現實上會蘊涵著緊張的關係（詳下文分析），但兩者在理想中卻
應該能並行不悖。至於托克維爾所謂要用極端的自由去糾正自由
的濫用云云，那是在分析結社自由的利弊得失時所下的結論。政
治結社多少有可能出現極端組織試圖以暴力顛覆政府，可是托克
維爾主張擴大結社權（亦即極端自由）以防止任何一個團體壟斷民
意的表達，並擴大普選權（亦即極端平等）以揭穿任何政黨號稱自
己代表大多數民意的神話，如此民主與自由才能確保（DA：
219-20）。托克維爾此一充滿玄機的雋語並不應該被擴大解釋為他
討論自由平等問題的最終立場。

　　筆者認為托克維爾無意以自由對抗平等，他真正要做的是以
平等的自由對抗平等的專制。平等的自由是指未來民主社會中的
公民能夠積極參與公共事務、團結於各種結社之中；平等的專制
則是指互不關心的原子式個人鬆散地並置於一個絕對權威的統治

之下，既無獨立個性也無團結精神。這兩種意象的對比，事實上
貫穿托克維爾所有的作品。在《論美國的民主》中，他說：

> 難道不應當認為逐漸發展民主的政治制度和民情，不僅是
> 使我們自由的最好手段而且是唯一手段嗎？其次，如果不喜
> 歡民主的政府，又怎麼能把它作為醫治社會目前的弊病的最
> 適合和最良好的藥劑而加以利用呢？
>
> 　我承認，民主的意向是常變的，它的執行者還不精幹，它
> 的法制還不完備。但是，如果在民主的統治和獨夫的壓迫之
> 間確實很快就將沒有任何中間道路可走，難道我們與其自暴
> 自棄地屈從於後者，而不如傾向於前者嗎？而且，假如我們
> 最後必然變得完全平等，那末，讓自由把我們拉平不是比讓
> 一個暴君把我們拉平更好嗎？（*DA*：366）

　　只要自由能夠與平等攜手並進，就有機會擺脫暴政與平等相
結合的「民主專制」之危機。這個論調，托克維爾在《舊制度與
大革命》中一樣堅持：「我敢肯定，只要平等與專制結合在一起，
心靈與精神的普遍水準便將永遠不斷地下降」（*AR*：8）。即使到
了臨終前的1856年，托克維爾仍然在私人書信中提到這個重要的
對比。他說：「我完全同意您的看法——掌管公共事務的人所能期
待的最大成就，就是促使世間的財貨與權利儘可能平等地分配。
我只希望政治上的平等要做到人人享有平等的自由，而千萬不要
像我們目前隨處可聞的，人人平等地屈從於同一個主人」（*SL*：
337）。就這些證據看來，筆者比較同意Wilhelm Hennis與Joseph
Alulis的看法。因為他們都注意到平等不是自由的對抗價值，平等
可以與自由相容，其關鍵是不要盲目服從一個權威的支配，而形

成平等的專制之局面(Hennis, 1998：75；Alulis, 1993：42)[10]。

平等本身不會威脅自由，但是平等蘊含著幾種可能流弊卻會在民主社會中形成對自由的威脅，這倒是托克維爾擔心的地方。

平等的第一個流弊是「多數專制」(the tyranny of the majority)。所謂「多數專制」，是指社會中個別成員由於畏懼整個社會大多數人的無形力量，從而讓自己屈從於主流意見的統治之下，喪失獨立自主的判斷力。托克維爾認為舊體制中，人們畏懼、防患的是君主或統治貴族的權威。但是到了民主社會，人們不再擔心政府專制，卻必須逢迎社會多數人的價值與判斷，這種新的專制壓迫型態比過去的一人專制更可怕。多數意見在民主社會中會成為壓迫個體的力量，自然與民主社會的人民主權原則有關。正是由於人人平等，所以誰的意見也不能號稱比別人的意見正確；但是當個別的人必須做一個決定時，他又得參酌某種超越自己主觀感受的標準。這時他沒有特定的參照對象可以選擇，就只能追隨最大多數人的想法。因此多數基本上是從它的數量上取得正當性，當大家都認為多數人聯合起來總會比一個人的考慮週詳，大家就習慣於聽從多數。接著，人們又認為多數人的利益應該優先於少數人的利益，因此他們更覺得自己應該服從多數所表達出來的偏好。多數在這種微妙的心理運作中取得了道德上的正當性，越來越多人自然只能小心翼翼地摸索多數的意向，逢迎這個主導力量，並縱容這個力量無限擴大(*DA*：282-87)。

托克維爾認為多數專制明顯侵犯了個體的自由，它使小我噤

---

10 Dannhauser進一步指出平等甚至可以促進自由，而自由也能增進平等，兩者之間屬於一種「相互聯結」(interlockings)的情形。見 Dannhauser, 1984：157. 文本上的證據詳見*DA*：838-39.

不敢言，完全放棄自己的判斷力與獨立思想，因此必須加以防制。防制之道有三，首先是在行政組織方面增強地方鄉鎮與郡縣的自主性，使民主國家的人民有一個抗拒全國性法令或流行意見橫行無阻的基礎。其次，加強法學家在民主社會中的角色。因為「在法學家的心靈深處，隱藏著貴族的部分興趣和本性」，他們天生謹慎有節、愛好規範，正足以抗衡民主社會朝三暮四、好大喜功的群眾心理。第三，學習陪審制度或陪審制度的精神。在托克維爾的心目中，美國的陪審制度是一個極具公民政治教育作用的設計。它有助於使法官的思惟習慣滲透進所有公民的腦中，讓人民養成獨立思考、尊重權利與正義的習慣。它也教導人民參與的重要性，敦促他們對自己的決定負責，並不斷提高他們的知識與智慧（*DA*：301-19）。透過這些機制，民主社會才能抗衡多數意見所造成的無形專制，使自由不致萎縮。

　　平等的第二個重大流弊是極端的個人主義（individualism）。托克維爾曾說，個人主義是一個新興的現象與新興的詞彙。它與舊日的「利己主義」（egoism）不同，「利己主義是一種激烈的、過分的對自己之愛，它使人們凡事只從自己的角度著眼，使人愛自己甚於一切」。然而「個人主義卻是一種冷靜而經過思慮的情感，它使每個公民同其同胞大眾隔離，遁入自己親人朋友所構成的小圈圈。因此每個公民只管順著自己的愛好建立起小社會，而聽任大社會自行發展」。就源頭上講，一個社會越是趨於平等，就越能製造出大量的「個人」，這些人無所求於人也無所負於人，凡事皆孤立地思考，認為自己的命運操在自己手裡。托克維爾認為，從外表上看，個人主義不像利己主義那樣直接扼殺公民的德性，它只是將德性的泉源遏阻下來。但是久而久之，它必然破壞一切公民德性而與利己主義合流（*DA*：624-27）。

　　對付個人主義的方法其實與對付多數專制的手段差不多，主要的策略就是鼓勵人們積極參與公共事務。托克維爾說：「當公民們都參加國家的治理工作時，他們必然走出個人利益的小圈子，有時還會放棄自己的觀點」。具體的政治參與是選舉投票以及地方事務管理，這兩種活動看起來不甚了了，但托克維爾賦予頗大的意義。他知道選舉的負面效果很多，像是派系對立或中傷造謠等等，可是選舉制度本身「能使原來不相識的眾多公民長期地接近下去」，這樣一來人人彼此孤立的情形就能獲得改善。同理，地方層次的事務雖然沒有什麼偉大的作用，但為了管理好地方上的共同事務，「這些居民自然要經常接觸，而且可以說他們不得不彼此認識和相互討好」（*DA*：631-32）。托克維爾彷彿是在現代國家中引進希臘民主的實踐，他設法使公民們因政治活動而經常接觸，透過彼此不斷的討論而相互關懷、相互扶持。

　　平等的第三個重大流弊是造成中央集權政府的出現，並因此形成民主的專制（democratic despotism）。托克維爾說，民主社會中的人由於覺得自己與他人處境平等，因此普遍地喜歡簡明而統一的觀念，認為國家應該由同一樣式的公民組成、由同一個權力當局領導。他們很難理解適用於自己身上的法規為什麼不能同樣地應用於他人，他們也厭惡人群之中產生享有任何特權或特殊地位的團體。這種思考傾向基本上已經有利於中央集權政治，然而他們又進一步認為個人在整個國家中十分渺小，只有整個社會以及代表這個社會的政府才是崇高偉大的。這兩種心情加起來，就造成民主社會中的人們習慣於仰賴強勢的中央政府來替自己解決諸多生活上的問題。托克維爾把這個奇妙的心理轉折描繪得十分傳神，他說：

　　在平等時代，人人都沒有援助他人的義務，人人也沒有要
求他人支援的權利，所以每個人既是獨立的又是軟弱無援
的。這兩種既不能分開而論又不能混為一談的情況，使民主
國家的公民具有了十分矛盾的性格。他們的獨立性，使他們
在與自己平等的人們往來時充滿自信心和自豪感；而他們的
軟弱無力，又有時使他們感到需要他人的支援，但他們卻不
能指望任何人給予他們以援助，因為大家都是軟弱的和冷漠
的。迫于這種困境，他們自然將視線轉向那個在這種普遍感
到無能為力的情況下唯一能夠超然屹立的偉大存在。他們的
需要，尤其是他們的欲求，不斷地把他們引向這個偉大存
在；最後，他們終於把這個存在視為補救個人的弱點的唯一
的和必要的靠山。（DA：847）

　　換句話說，民主社會的身分平等既造成前面所分析的原子式
個人主義，又同時造成人人仰賴強勢政府的心理。這兩種現象的
結合產生了前所未有的政治組織形貌，亦即托克維爾最擔心的「民
主專制」。所謂民主的專制，是指社會中出現無數相同而平等的
人，整天只為追逐他們心中所想的小小的庸俗享樂而奔波。他們
每個人都離群索居，對他人的生死漠不關心。而在他們的頭上矗
立著一個無比龐大的政府，這個政府負責保障他們的安全與享
樂，其權威至高無上，其照顧無微不至，它永遠把公民們當成孩
子來監督、照料，從而這些孩子永遠也長不大。托克維爾形容這
種政府為民主的專制：「它的範圍將會很大，但它的方法將會很溫
和；它只使人消沉，而不直接折磨人」。然而它的效果是可怕的，
它使人「不太運用自己的自由意志，使每個公民逐漸失去自我活
動的能力。……它不實行暴政，但限制和壓迫人，使人精神頹靡、

意志消沉和麻木不仁，最後使全體人民變成一群膽小只會幹活的
牲畜，而政府則是牧人」（*DA*：868-71）。

　　在托克維爾的瞭解裡，中央集權乃是當時社會主義的共同主
張，他們試圖擴大政府的職權，使之提供更多的福利、滿足民眾
的需求。但是托克維爾根本反對以此理由所造成的行政權柄膨
脹，因為個體將因此喪失自由意志以及替自己生命負責的心靈。
為了對抗這種流弊，托克維爾主張設法培養具備舊日貴族精神的
人群，使之領導社會抵制民主政府的專制。具體地講，就是要鼓
勵人們踴躍組織各種團體，以營建一個活力充沛的市民社會。托
克維爾說：「我深信世界上不會再建立新的貴族制度；但我認為，
普通的公民聯合起來，也可能建立非常富裕、非常有影響、非常
強大的社團，簡而言之，即建立貴族性質的法人」。透過這種自由
組成的次級團體，托克維爾相信「個人的自由將會更加有保證，
而他們的平等也不會削弱」（*DA*：874-75）。事實上，托克維爾關
於這種次級團體的重要性，以及言論自由、報刊出版自由與結社
權的關係，在《論美國的民主》中有十分詳盡的討論。本文主旨
不在贅述這些廣為人知的理論，因此點到為止[11]。

　　以上筆者分析了平等的幾種可能流弊，也討論了托克維爾整
治這些問題的對策。在行文中，我們隱約可以感受到托克維爾堅

11　強調「次級團體」在民主國家中的重要性，也是托克維爾與盧梭最大
　　差異所在。托克維爾雖自承深受巴斯卡（Passcal）、孟德斯鳩與盧梭三
　　人之影響，但是盧梭的民主政體中排除了次級團體的地位，視之為分
　　裂全民意志的亂源。托克維爾則十分珍惜各類中介團體的存在意義，
　　認為它們是市民社會活力的泉源。關於此一對比，參見Sidentop, 1994:
　　66. Lakoff, 1987: 118. Hennis（1998: 70）過分強調托克維爾與盧梭的一
　　致性，恐怕有誤。

持要維護人類本有的自由。然則是什麼自由呢？筆者認為，不管是地方分權、參與陪審也好，或是選舉投票、組織中介團體也好，這些活動基本上都屬於廣義的「政治自由」。它們比較不像17、18世紀自由主義思想家所強調的「免於政府干涉之自由」，反而比較接近共和主義傳統所宣揚的「積極參與公共事務之自由」。由此我們不禁好奇托克維爾心目中的自由究竟具有哪些內涵？他對自由的核心定義又是什麼？

　　在〈革命前的法蘭西〉一文中，托克維爾曾試圖替「真正的自由觀念」下定義，他說：「每一個人，假定被自然賦予必要的智力以經營自己的生命，從一出生就應該擁有平等的不可廢除的權利，在事涉己身利害的事務上不受他人控制，隨其所願地過生活」（引自Zetterbaum, 1967：27-28）。這個定義明顯傾向Isaiah Berlin所說的「消極自由」，也就是英美自由主義傳統所強調的「免於干涉的自由」。

　　然而，托克維爾雖然提出了這麼一個傾向「消極自由」的基本定義，但是他在各部作品中實際討論的自由卻遠非此一單純定義所能涵蓋。Roger Boesche曾經整理托克維爾各種「自由」的用法，結果發現托克維爾的「自由」既指涉「地方分權」、「政治參與」、「自我做主」，也可指涉「人際相互依賴」、「克服自利傾向」、「追求民族的榮耀」等等（Boesche, 1987）。筆者認為Boesche 所列的自由內涵稍嫌花俏，因為托克維爾雖然在不同地方分別討論到Boesche所說的「內涵」，但許多用法只是不經意的聯結，Boesche本人引申發揮的成分恐怕多於托克維爾本人的企圖。

　　托克維爾真正偏離他自己定義的地方是大量使用了「政治自由」一詞。他的「政治自由」包括出版自由、結社自由、選舉及參與公共事務之自由，以及爭取地方分權以對抗中央政府的自由

（*DA*：203, 217, 630-34, 847；*AR*：155）。這些自由權利與個人消極地要求政府不干涉私人事務有性質上的差別，但是托克維爾對它們的關心顯然超過一般自由主義者所在意的信仰自由、財產自由等等。當然我們得承認托克維爾是生活在Berlin區分「消極自由／積極自由」之前的古人，他沒有義務要解釋自己的自由概念為什麼同時包含了兩個層面。我們感興趣的是他對自由的熱愛幾乎是一種本能性的、毫無妥協餘地的堅持。誠如他一再強調的：「我不從屬於任何傳統，不屬於任何黨派，不受制於任何綱領，我只相信自由與人性尊嚴」（I have no tradition, I have no party, I have no cause, if it is not that of liberty and human dignity.）「我的激情唯一，就是熱愛自由與人性尊嚴」（*SL*：115, 257）。「自由」對托克維爾來講，是屬於人性不可或缺的一部分；放棄了自由，等於放棄了做人的尊嚴。他之所以力抗民主社會的種種專制力量（包括多數輿論、中央政府），為的就是要確保自由。在這個意義上，他堪稱西方思想史中最堅定的自由主義者之一。

　　但是，托克維爾並不是盲目的、毫無理由地讚頌自由。有人說，自由的吸引力來自於它能促使被壓迫的民族獲得獨立，或是它能替廣大的人民帶來財富與繁榮。托克維爾對此類說法嗤之以鼻，他認為自由的魅力就在自由本身：「多少世代中，有些人的心一直緊緊依戀著自由，使他們依戀的是自由的誘惑力、自由本身的魅力，與自由的物質利益無關；這就是在上帝和法律的唯一統治下，能無拘無束地言論、行動、呼吸的快樂。誰在自由中尋求自由本身以外的其他東西，誰就只配受奴役」（*AR*：163）。

　　可見托克維爾對自由的定位是至高而終極的，自由是一種「崇高的志趣」，只有對自我人格期許最強的人才能體會得到。它是上帝的恩賜，只會進入那些準備好接受這種愛好的偉大心靈之中。

至於人格羸弱、不堪容受自由之光熱的平庸靈魂,「就不必試圖讓他們理解了」(*AR*:163-64)。

話雖如此,托克維爾還是苦口婆心地想向世人解析自由的可貴。他的說服方式是透過描述民主社會的特性,從而點出自由之不可缺。他認為未來的民主社會充滿了狹隘的個人主義者,中央集權的政府會扼殺公民的共同感情與共同行動志趣,使他們更形同自顧自的原子。在此情形下,只有自由才能提供必要的救贖。

> 事實上,唯有自由才能使公民擺脫孤立,促使他們彼此接近,因為公民地位的獨立性使他們生活在孤立狀態中。只有自由才能使他們感到溫暖,並一天天聯合起來,因為在公共事務中,必須相互理解,說服對方,與人為善。只有自由才能使他們擺脫金錢崇拜。擺脫日常私人瑣事的煩惱,使他們每時每刻都意識到、感覺到祖國高於一切,祖國近在咫尺;只有自由能夠隨時以更強烈、更高尚的激情取代對幸福的沉溺,使人們具有比發財致富更偉大的事業心,並且創造知識,使人們能夠識別和判斷人類的善惡。(*AR*:7)

自由可以使人「彼此聯合」、「與人為善」,也可以使人「熱愛祖國」、「提昇志趣」、「判別善惡」,這種自由絕對不同於16世紀以來自由主義傳統所說的「免於政府不當干涉」的自由,它是可以包含後者,但範圍上比消極自由廣泛許多。我們無法以當代慣用的區分法加以描繪,不如姑且稱之為「托克維爾式自由」。下一節中,筆者將進一步分析這種特殊型態的自由主義思想對當代社會有何啟發。

五、托克維爾式自由主義

具有原創力的思想家都是難以輕易歸類的，托克維爾也不例外。Boesche研究托克維爾的政治思想後，發現他既不是單純的自由主義者，也不是保守主義者；他有激進派的若干想法，也有反動派的成分；他批評社會主義，但與馬克思一樣反對新興社會的分工體系；他提倡德性政治，但也不無帝國主義的色彩（Boesche, 1987：265-66）。我們對這種情形並不意外，因為19世紀以來所發明的標籤，都只能反映各種政治意識形態的原型。在實際的時代與人物中，所有的思想元素都可能重組，以反映特定歷史傳統與背景系絡所加諸思想家身上的影響。以托克維爾為例，他雖然是18世紀法國啓蒙運動思潮的繼承人，但是出身貴族世家的背景，以及大革命結局的複雜性，都使他的自由主義思想帶上濃厚的個人色彩。他一方面接受了盧梭、孟德斯鳩等人所開發出來的智識遺產，另方面也對上個世紀的知識活動多所質疑，其結果是修正了啓蒙時代自由主義的諸多命題，自成一家之言地呈現了19世紀法國自由主義的特色。

托克維爾式自由主義的特色之一是反對抽象理論與概念，重現實際的、特殊的經驗之作用。托克維爾研究法國大革命的遠因時，曾詳細討論了18世紀法國文人知識分子的習慣。他說這些人「熱愛普遍的思想與體系，蔑視古代的哲理」。他們的生活「遠遠脫離實際，沒有任何經歷使他們天性中的熱忱有所節制」。因此當他們著書立說談論治國大道時，他們唯一的憑藉就只有抽象的理性。「他們以為借助理性，光靠理性的效力，就可以毫無震憾地對如此複雜、如此陳舊的社會進行一場全面而突然的改革。這些可

憐蟲！」(*AR*：139-42)托克維爾對這種普遍主義式自由主義十分不滿，他認為人類事務經緯萬端，從來不是任何普遍觀念可以一語涵蓋。不幸的是文人沒有實務經驗，不像舊日貴族政治家那樣至少還知道政治實踐的複雜邏輯，因此在文人知識分子鼓動下所發生的法國大革命，幾乎註定了巔躓無已的命運。

　　相對地，托克維爾盛讚美國人民的務實精神，他說「美國的居民不從書本去汲取實際知識和實證思想。書本知識只能培養他們接受實際知識和實證思想的能力，但不能向他們直接提供這些東西。美國人是通過參加立法活動而學會法律，通過參加管理工作而掌握政府的組織形式的」(*DA*：353)。事實上，托克維爾認為民主社會中的人原本比較容易接受普遍統一的觀念，因為他們彼此身分平等，沒有太大差異。而這個傾向也是上文所說，平等社會容易出現中央集權政府的原因。但是托克維爾發現美國人以行動避免了這個弊端，主要的關鍵是美國人習慣親自管理公共事務。在實務操作中，美國人糾正了原先持有的普遍觀念，讓問題的細節幫助他們找到事物的真理。因此，托克維爾相信「強迫每一個公民實際參與政府管理工作的民主制度，可以節制人們對於平等所造成的政治方面的一般理論的過分愛好」(*DA*：536)。

　　「懷疑抽象原理、相信實務經驗」表現在托克維爾的民主理論上，就形成了他著名的「民情說」。托克維爾在分析各種影響民主政治成敗的因素時，反覆強調民情比法制重要，而法制的作用又勝過自然環境的影響。所謂「民情」(*moeurs, mores*)，是指一個社會共同遵循的價值規範與一般想法。托克維爾自己下過一個界定，他說：「我在這裡使用的民情一詞，其含意與其拉丁文原義一樣。它不僅指嚴格意義下所說的心理習慣方面的東西，而且包括人們擁有的各種見解和社會上流行的不同觀點，以及人們的生

活習慣所遵循的全部思想。因此,我把這個詞理解為一個民族的整體道德和智識面貌(the whole moral and intellectual state of a people)」(*DA*:332)。

托克維爾認為影響一個政治共同體命運的因素主要有三,首先是自然環境(如山川、氣候、物質資源),其次是制度(亦即政府架構和各種法令),再其次則是民情風尚。其中以民情最為重要,因為民情反映一個民族的價值思想、生活習慣、以及精神水平。美國之所以日益壯大,主要因為他們有一個優良的民情風尚。在托克維爾的眼中,美國人承認公理與是非的權威,相信個人的利益可以與社會共同的利益相合,堅持人人生而擁有自治的權利,也服膺人類生活不斷進步的理念(*DA*:436)。這些民情支撐了美國民主制度的運轉,其效力猶在自然環境與法律制度的影響之上(*DA*:354-58, *SL*:294)。通常我們熟知的自由主義者都強調法政制度對民主的重要性,彷彿只要建立了合理的憲政制度以及公平的法律體系,國家就可以長治久安。托克維爾的分析令我們眼界一開,迫使我們深思民情風尚的改良與整飭,可能更是決定民主政治發展成敗的關鍵。

民情之中以宗教信仰為大宗,而宗教信仰也確實是托克維爾討論民主政治時的重要條件。托克維爾認為「有信仰才是人的常態,沒有信仰只是偶然的現象」,因為行動預設著信念,而所有的信念又根源於人類對幾個重大問題的想法。這些問題包括人與上帝的關係,人與他人的關係,人對自己靈魂本性的瞭解等等。宗教的作用之一,是對前述問題提供了清楚、確切的答案,使人從而獲得行動的動力。因此「人要是沒有信仰,就必然受人奴役;而想要有自由,就必須信奉宗教」(*DA*:537-39)。事實上,宗教信仰不只是堅定個人行動之精神支柱,它也是文明社會之所以存

在的基礎。在傳統社會中，宗教提供人們關於是非善惡的標準；在民主社會中，宗教更發揮了凝聚公民感情及相互關懷的作用。如前所述，民主社會有若干平等的流弊，如自行其是、彼此隔離孤立等等。這時極需宗教信仰所堅持的道德是非來穩定浮動的人心，也需要宗教所呼籲的互助關懷來使人跨出自己生活的小圈圈。誠如托克維爾對美國社會所下的評斷：「法律雖然允許美國人自行決定一切，但宗教卻阻止他們想入非非，並禁止他們恣意妄爲」。因此維持一個自由社會運轉、使其成員不至於各行其是的真正力量還是宗教信仰。反過來講，托克維爾會質疑「當政治紐帶鬆弛而道德紐帶並未加強時，社會怎麼能免於崩潰呢？」（*DA*：339-41）。

托克維爾雖然再三強調宗教信仰的重要，但是他並未明指究竟何種宗教才能發揮穩定社會秩序的作用。基本上他自己十分同情天主教，認爲法國革命後民間普遍反對天主教的現象主要是針對過去政教不分而來，並不是天主教教義本身有何缺失（*DA*：333-34, 348-49；*AR*：147-49；*SL*：132）。他對新教也是欣賞的，因爲美國的新教信仰顯然是這個民主社會免於道德崩潰的關鍵（*DA*：337-41）。

至於其他宗教呢？托克維爾原則上認爲所有的宗教都是勸人爲善，它們宣揚的都是類似的道德。其中比較核心的信條包括：相信上帝（或造物者）之存在，上帝希望人類趨善避惡，善惡各有報應，人生應該有比物質享樂更重要之生存目的，奉獻犧牲、幫助別人，死後有來生（靈魂不朽）等等。只要一個宗教大體上符合上述意旨，信什麼宗教差別不大。托克維爾因此大膽立論：「對於社會來說，最重要的不是全體公民信奉什麼教派，而是全體公民信奉宗教」（*DA*：337）。這個說法，雖然不像馬基維里或盧梭的

公民宗教那樣世俗化，其賦予宗教信仰某種政治作用的意義是一致的。

托克維爾的自由主義肯定了宗教與自由的關係，當然也肯定了道德與自由的關係。托克維爾說：「人類永遠和普遍需要制定出一套使任何人在任何地方和任何時代都不敢違反，害怕違反時會遭到斥責和恥笑的道德規範。違反道德規範的行為，被稱之為作惡；遵守道德規範的行為，被稱之為行善」（DA：775-76）。善惡標準的確立是任何社會必然進行的基本工程，而在民主社會中，這個工程的重要性尤其顯著。因為民主社會中的人自以為人人平等，不必服從任何權威，因此在道德選擇上也容易產生虛無主義的傾向。道德虛無主義進一步鼓動人心只以現世可見的物質享受為目標，全然不顧個人對社會的責任，也不在意死後來生的輪迴問題。這種虛無主義、物質主義的個體對人群社會造成的腐蝕作用是不容小覷的，它使社會無法凝聚共同的信念，喪失人際互動的合理期待，最後則沉淪於不斷追逐物慾的享樂中。

托克維爾認為「民主國家的立法者和一切有德有識之士，應當毫不鬆懈地致力於提高人們的靈魂，把人們的靈魂引向天堂。……使永恆的愛好、崇高的情感和對非物質享受的熱愛洋溢於民主社會」（DA：677）。可是難道政府應該介入宗教領域或頒布全民必須遵守的道德規範嗎？托克維爾並不主張這種赤裸粗暴的做法。他說：「我不相信官方的哲學能夠繁榮和長存。至於國教，我一直認為即使它暫時有利於政權，遲早也要給教會帶來損害」。因此，一方面托克維爾仍然堅持政教分離的原則，另方面則提出一個建議，要政府在每個行動上以身作則。「我認為政府只有在大事情上認真遵守宗教道德，才能以身作則教導公民在小事情上承認、熱愛和尊重宗教道德」（DA：679-80）。托克維爾的想法十分

有意思，接近於中國「爲政以德，風行草偃」的政治哲理。他說
這個想法必然爲當時的政治家們所反對，可是這是唯一讓人民在
自願（而非強制）的情況下提高道德水平、堅持是非善惡的辦法。

　　因此，不像當代自由主義理論家所強調的「政府價值中立」
學說，托克維爾基本上認爲政府不能在道德問題上保持沉默。他
認爲試圖區隔政治與道德的作法是「政治無神論」（political
atheism）。當時有人倡導「是非善惡無法辨認，不如淡漠以臨之」。
托克維爾怒斥這些人「眼中只見權力，而無榮耀國家、振興故土」
的胸懷，他說：「我絕對不想把道德與政治區分成兩個截然不同的
世界，在其中一個世界熱烈地追尋美與善的標準，而在另外一個
世界則俯臥在地，忘情地嗅聞糞土之味」（*SL*：81）。他希望國家
領導人本身就要有堅定的道德信念，隨時鞭策自己揚善去惡，如
此對整個社會才會有風行草偃的效果。從這個地方看，托克維爾
固然繼承了西方共和主義的傳統，但顯然不是馬基維里的信徒。
他批評《君王論》是一本膚淺庸俗的作品，其中充滿政治事務的
惡棍之學。如果凡事可以如此不顧是非善惡之原則，則人間當然
永無正義可言（*SL*：110-11）[12]。

　　強調宗教信仰與是非善惡的重要性，無形中等於要求人們接
受一些外在的精神權威，這跟民主社會身分平等的基本原則如何
協調呢？它跟自由主義所尊重的個體自主性又該如何共存呢？托
克維爾在此問題上提出了若干說法，替自由與權威找到了聯結之

12　Zetterbaum認爲托克維爾同馬基維里一樣，以降低道德標準來遷就人
　　性，從而也就等於變更了人性。這個說法其實嚴重誤解了托克維爾與
　　馬基維里的差別（Zetterbaum, 1967：89-144）。當然Zetterbaum的詮釋
　　方式可能從一開始就受到Leo Strauss的影響，參見Strauss, 1953. 關於
　　托克維爾與馬基維里的比較，另可參閱Alulis, 1992：37-54.

道。他說人生在世，多少需要一些教條性信仰（dogmatic beliefs）。
所謂「教條性信仰」，即人們不加論證而接受的某種信念。一般崇
尚個體自由的人以爲自由的幅度端視一個人免除教條性信仰的多
寡而定，其實這是錯誤的理解。托克維爾說：

> 假如每個人都要親自去證明他們每天利用的眞理，則他們
> 的求證工作將永遠沒完沒了，或因求證先遇到的眞理累得筋
> 疲力竭而無法繼續去求證後遇到的眞理。人生非常短促，一
> 個人不但沒有時間去那樣做，而且由於人的智力有限，也沒
> 有能力去那樣做。因此，他還是要相信許多他沒有時間和能
> 力親自考察和驗證，但早已被高明人士發現或被大眾接受的
> 事實與眞理。他只能在這個初始的基礎上，去構築自己思想
> 的大廈。這並不是他自願如此去受人指揮，而是限於他本身
> 的條件不得不如此。（*DA*：524-25）

托克維爾承認，一個人若是基於聽信他人的權威意見而接受
了某個觀點，自然會使自己的精神受到某種奴役，可是他強調「這
是一種能夠使他正確利用自由的有益的奴役」。完全沒有外在權威
指引的人是不可能想像的，因爲他等於凡事懷疑，凡事從頭來過。
事實上，個人無法享有這種完全的獨立性，「個人的獨立性可能有
大有小，但它並不是漫無限制的」（*DA*：525）。現在問題是，我
們要接受何種權威呢？托克維爾心目中理想的教條性信仰包括
「相信上帝」、「爲善去惡」、「死後輪迴」、「精神勝於物質」等等。
可是這些信仰與基督教息息相關，在一個政教分離，甚至基督教
不再是主要宗教的國度裡，我們還可能接受什麼政府所宣揚的道
德信條呢？托克維爾的回答是：「執政者必須盡一切力量在爲政當

中排除沒有長遠打算的僥倖心理」（*DA*：685）。托克維爾知道民主社會中信仰之光日漸黯淡，懷疑精神則日漸普及。可是正因爲人們缺乏了信仰，所以眼光短淺，容易把行動的目標擺在距離眼前最近的地方。結果「人們不斷受日常的偶發慾念的驅使，拋棄必須經過長期努力才能達到的目標，不肯去做偉大的、穩妥的和長期的事業」。一個社會若無長期耕耘以求收穫的想法，很快就會被短視近利的風氣所腐蝕。越是在懷疑主義與平等信念同時盛行的時候，政府越是應該努力以宗教之外的方式來恢復人們對未來的憧憬，使公民知道名利與權力必須以辛苦勞動爲代價，否則倖進之徒飛揚跋扈，勢將扭曲整個社會的價值觀（*DA*：483-86）。[13]

　　到目前爲止，我們所談的都是托克維爾自由主義思想重視道德的一面，但是我們不能忽略他的思想也有重視物質考慮的一面。托克維爾由於深知平等的時代人人皆習慣以私利增進之有無來評量事物，因此若想對抗這種天經地義的自利傾向，絕對不是唱高調要人潔身自好就可以。宗教信仰本身如果效力依舊，民主社會也不會出現追逐物質享樂的個人主義。現在的問題是：如何以一種不違逆享樂主義的道德學說來矯正或導引享樂主義，使之不趨極端、不傷害民主社會所需要的公共德性？托克維爾在此提出了著名的「正確理解的私利」（self-interest properly understood）之理論。所謂「正確理解的私利」是說一個人可以追求自己利益的滿足，但是他應該也要理解真正的利益並不排除對社會做出適

13　當然，就托克維爾的理論體系而言，強調民主社會必須建立一套公是公非的道德標準，甚至鼓勵政府支持這種規範性活動，會不會產生他自己所擔心的「多數專制」的效果呢？這個矛盾顯然是托克維爾自由主義思想的一大問題，但是他似乎沒有意識到此一衝突，也沒有提出化解矛盾的原則。

當的貢獻。換句話說，一個人即使每天對社會做出一點小小的犧牲奉獻，也不見得違反自利原則，反而是符合自利原則的舉動。托克維爾認爲這個學說淺顯易懂，但只有美國人才徹底奉行，成爲大眾的生活哲學。事實上，這個原則對一個社會公共德性的維繫是十分重要的：

> 「正確理解的利益」的原則不要求人們發揮偉大的獻身精神，只促使人們每天作出小小的犧牲。只靠這個原則還不足以養成有德的人，但它可使大批公民循規蹈矩、自我克制、溫和穩健、深謀遠慮和嚴於律己。它雖然不是直接讓人依靠意志去修德，但能讓人比較容易地依靠習慣走上修德的道路。（*DA*：653）

托克維爾在分析宗教信仰的現世作用時，其實運用的也正是這個原則。宗教信仰勸導人們不要汲汲於眼前的物質享受，而去追求更長遠的、來世的福報，歸根究柢，可以說是「正確理解的私利」邏輯的運用。其差別只是宗教把享受收穫的時間往後延長，把人們所做犧牲的報償放在來世，而非現世（Zuckert, 1992：29）。托克維爾認爲宗教信仰與自利主義在這裡等於各向對方靠攏了一步。對宗教來說，信仰的本質原來不在利益，但是無可否認「利益也是宗教用來指導人的行動的主要手段」。透過來世償報理論的建立，宗教更有力量吸引那些關心個人福報多寡的人，讓他們把希望放在來世。對自利主義來說，如果所有的報酬都以此世中所見者爲準，那麼我們將很難說服人們對社會做出貢獻，用托克維爾的話說：「不管你付出多大精力去證明德性的好處，如果一個人不面對死亡，你也無法教他好好做人」（*DA*：656）。因此，「正確

理解的私利」使宗教世俗化了，而「來生信仰」則使自利主義得
到適當的約制。在這種情形下，民主社會會出現某種溫和的享樂
主義，但不至於產生過度的享樂主義，這種安排是托克維爾的自
由主義所能接受的。

　　所謂溫和的享樂主義，是說社會中人人都有一些小小的物質
慾望，希望此生此世能夠實現。譬如多購幾畝良田，經營一個果
園，建築一所住宅，增加一點收入等等。這種人人夢寐以求的小
小慾望不會與社會秩序對立，反而有利於社會秩序與經濟繁榮的
形成（*DA*：663）。而所謂過度的享樂主義，則是當物質需求的發
展快過一個社會的文化和自由習性的發展時，人心就會過度激動
而無法自制。「由於他們一心一意要發財，所以再也不去理會把他
們的個人幸福與全體繁榮聯繫起來的緊密紐帶」。這時人們開始厭
惡公民的政治義務，既不想投票，也不想共同負擔一些公共事務。
他們為了舒適的享受，寧可放棄自己管理自己的權利。托克維爾
擔心長此以往，政府會變成無人看守的大廈，最後則落入野心家
的手中（*DA*：671-73）。

　　只要人們記得自己的公民責任，適度的享樂並不是自由民主
社會所該排拒的活動。托克維爾的自由主義鼓吹政治自主、道德
信仰，另方面也支持實業開發，促進生活享受。在他的民主政治
生活與商業活動之間，確實存在著Stephen Holmes所說的微妙平
衡，有時政治參與可以緩和人們追逐物慾享受的傾向，而有時致
力於商業活動則可轉移人們搞派系鬥爭或鬧革命的精力（Holmes,
1993：37-41）[14]。如果民主社會不允許物質主義的適度發展，政治
秩序只會更形動亂。美國為托克維爾提供了一個理想的範例，讓

14　Satz則有比較保守的意見，見Satz, 1993.

他的自由主義思想可以名正言順地接納商業活動，而又不滑落爲資本主義式的弱肉強食的社會。

本章以研究托克維爾的自由平等思想與民主政治理論爲主旨，在問題意識上特別著意於自由與平等的關係、民主政治的潛在危機、以及托克維爾自由主義的特色等要點。筆者發現托克維爾固然有若干理論上的瑕疵（譬如一方面憂慮社會輿情的多數專制，另方面卻堅持民主社會仍需某些教條性的信仰及道德共識，兩者間的可能衝突未見具體討論），但其洞識之深，令人激賞。就自由與平等的關係言，托克維爾從未表示自由與平等不能相容，或理想的社會應追求自由而輕視平等。他曾在私人通信中明言：「我基於品味而愛好自由，基於本能與理性而愛好平等。許多人假裝他們兩者皆愛，我則確信我是從內心深處產生這兩種熱愛之情，我也確信我可以爲它們做出重大犧牲，在所不惜」（*SL*：100）。托克維爾希望自由與平等能同時實現，但是他也關心平等（做爲一種社會價值）可能會在現實上威脅到自由，因此民主社會必須設法預防身分平等所帶來的若干社會效果，使平等與自由可以完善地結合在一起。依此，他點出了民主社會的潛在危機，包括多數專制、個人主義、中央集權等等。爲了對付這些挑戰，他反覆提醒大家要重視出版自由、結社自由、政治參與、地方分權。他的分析構成了一幅多元主義市民社會的美好藍圖，至今仍爲西方政治學家所津津樂道。

本章另一旨趣是置托克維爾於19世紀西方自由主義傳統加以觀察。筆者先前曾經指出：20世紀的自由主義以普遍主義、個人主義、價值中立等爲基本命題，但19世紀的自由主義思想則似乎比較相信特殊主義、群體主義、以及政治與道德的關聯。在康士坦身上，我們已經看到他對普遍主義的質疑，對價值中立學說的

反駁，以及對愛國主義的提倡。現在從托克維爾的著作中，我們
再度看到19世紀的自由主義人物如何批判18世紀啟蒙思潮的普遍
主義，如何強調民情風尚的重要性，以及如何呼籲宗教信仰與道
德標準對民主政治的根本價值。雖然康士坦對托克維爾究竟有沒
有直接的影響是一件學術史上的懸案（Kelly, 1992：39-84），但是
他們兩人同樣對18世紀的自由主義做了一個方向上的調整，往下
則明確影響了約翰‧密爾自由理論的形成。如果沒有托克維爾等
人所展現的想像力與社會分析能力，我們將會誤以為當代的自由
主義就是西方自由主義獨一無二的繼承者。

　　事實上自由主義當然不只有一種傳承，自由社會的挑戰與對
應也不只有一套固定不變的劇本。17世紀英國自由主義必須回答
政治秩序如何建立以保障新興中產階級的天賦人權；18世紀法國
的啟蒙思想家忙著打造成套的思想利器，以求徹底、普遍地推翻
歐洲各地的專制王權。20世紀的自由思潮曾成功地對抗極權主義
的挑釁，也曾因激起全球性的民權運動而風光一時。但是20世紀
末的自由社會卻因個人主義的過度擴張，以及價值相對主義的橫
行而搖搖欲墜、一籌莫展。我們已不再因為一個領袖人物的連續
緋聞與說謊而考慮動用彈劾（只要他能使經濟繼續繁榮），卻又覺
得這種色情消息少上電視新聞為妙；我們已習慣以尊重他人為由
對鄰居小孩的逃學吸毒視若無睹，卻又常常在強暴撕票的社會悲
劇發生後，感嘆世風日下人心不古。我們社會心靈的割裂狀態是
整個社會不斷上演荒謬劇的源頭，但是許多人仍然在哭喊之後復
歸麻木不仁。托克維爾的著作並非針對今日世界而寫，150年的時
光也不可能逆向倒轉。然而世紀末展讀托克維爾，仍然令人覺得
心有戚戚，仍然不知今人究竟從前人的心血中學到了什麼。

第六章

約翰・密爾論自由、功效與民主政治

一、兩個密爾？

　　思想史上的重要人物經常留給後世兩個（或甚至兩個以上）不同的印象與遺產。這也許是因為深邃的哲學家原本體大思精，能夠冶眾說於一爐，故矛盾對立之理論雖並存而不相害。又也許只是因為後人痴愚，不識鏡花水月真幻之別，故強指一貫者為不一貫、一體者非一體。無論如何，我們已逐漸習慣了思想家有兩個本尊的說法。柏拉圖有兩個，一個栖栖惶惶，以建立共產公妻的哲君制度為終身不渝之理想；另一個則憂讒畏譏，以遠離政治為哲人亂世自保之上策。亞里斯多德也有兩個，一個將好人等同於好公民，堅持人人皆為政治的動物；另一個坦言政治榮耀有其局限，政治參與不如靜觀沉思。馬基維里的兩面性表現在《君王論》的現實主義與《羅馬史論》的共和主義，同時也就表現在他對平民大眾時而鄙夷輕賤、時而推崇歌頌之複雜情感。盧梭以社會契約論之合理化贏得了捍衛自由平等的美名，卻又在曖昧的全意志

學說中令人感受到極權統治式的恐懼。類似的命運降臨於黑格爾身上，使他既成爲主張憲政君主制的自由主義者，又是鼓吹日耳曼至上論的國家主義者。馬克思的割裂性相對而言容易理解，因爲這基本上只是歲月造成的差別：青年馬克思的異化論裡有濃厚的人道主義情懷，而晚年的馬克思似乎就只知鼓吹冰冷的歷史唯物論、階級鬥爭、共產主義革命等等。

　　有的思想家比較單純、比較明確，似乎沒有「兩面性」的困擾。但其實這也只是程度的問題，因爲即使體系嚴謹如霍布斯，或文字清楚如托克維爾，也不乏視之爲本尊分裂的詮釋者。因此，當我們論及約翰・密爾(John S. Mill, 1806-1873)的思想遺產時，就不會驚訝於爲何連這位現代自由主義的理論大師，竟也遭人議論紛紛，彷彿根本存在兩個不同的密爾。譬如當代思想史巨擘艾薩・伯林(Isaiah Berlin)，就曾在他那著名的關於密爾思想的演講中，反覆強調密爾的終極關懷是多元性、多樣性、以及獨特的人生選擇，而不是如一般所以爲的追求功效與幸福(Berlin, 1986：299-308)。伯林所看到的兩個密爾是「多元主義的密爾」與「功效主義的密爾」，而另一位研究者G. Himmelfarb所看到的則是「自由主義的密爾」與「社群主義的密爾」。Himmelfarb說：密爾在《自由論》及《論婦女的屈從》中視個人自由爲最高價值，故致力於人類所受種種社會桎梏之解放。至於在《代議政府論》與《功效主義》等著作中，密爾則轉而標榜美德、傳統、社群關係與慎思明辨等價值，因此個體自由得到一定程度的節制，不致僭稱爲人類最高的理想(Himmelfarb, 1990：xvii-xxii；張福建，1995b：104-105)。

　　將密爾的思想一分爲二，或是分離出密爾思想的兩種面向，究竟有什麼意義呢？對某些人來說，這足以證明密爾在不同著作

中留下相互矛盾的理論，而此一矛盾甚至使我們有理由懷疑若干
作品並非出自密爾之手。譬如《自由論》就經常被認爲是反映其
夫人之觀點，而非密爾本人的意見。這種猜測其實根據薄弱，因
爲正如本文稍後證明，密爾絕大部分觀點都曾經在不同著作中出
現。我們最多只能說他的強調重點有別，卻不能推斷作品之間存
在著系統性的斷裂。

　　另外，也許有人採取了Leo Strauss所批評「歷史主義」
(historicism)的立場。在詮釋古人經典時，認爲我們有可能看出古
人所未掌握的歷史脈絡，從而比古人更瞭解他們自己（Strauss,
1988：66-68）。如此，點出密爾的兩面性不就說明了我們徹底知
道密爾思路的糾結所在，即使密爾本人自以爲理論一貫？這種詮
釋觀點當然也值得保留，因爲密爾可能談不上有任何矛盾，所謂
密爾「兩面性」的問題，或許今人在現存脈絡下所意識出來的問
題，而密爾本人則未曾、也不必要煩惱這些問題。換言之，對於
古人不自覺有問題的文本，今人固然有權利將之問題化，但我們
得提醒自己，這可能是今人對自我存在處境焦慮之投射，所謂密
爾的問題其實不屬於密爾，而屬於我們自己。從這個角度反省，
將密爾的思想一分爲二，也許最大的意義不在發現密爾的內在矛
盾，而在於透過他的「矛盾」觀察我們現實處境上的困惑與不安。

　　在下來的分析，我將大致依循伯林的詮釋，將密爾的兩面性
界定爲「自由原則」與「功效原則」[1]。「自由原則」代表的是個

1　關於「自由原則」與「功效原則」的討論，一般是放在「自由主義vs.
　　功效主義」的問題框架下進行。論者向來爭辯密爾究竟是一個重視個
　　體自主性的自由主義者，還是一個以功效主義爲基礎的思想家。有人
　　認爲密爾的思想體系中存在著難以化解的矛盾，但是在個體性與社會
　　福祉之間，密爾應該還是傾向於前者。但也有人認爲密爾畢竟沒有背

體性、自由、慾望,「功效原則」代表的則是群體性、幸福、德性。
這兩個原則並不是分別體現在不同著作的原則,而純然是分析上
的對比概念。它們的作用在於標示兩種性質不同、理趣相反的理
論原點,順著這兩個原點推演下去,人類行爲的是非與政治社會
組織的良窳,會出現截然不同的評斷標準。在第三節中,我將進
一步把這個對比聯結到密爾對代議民主制的討論。「自由原則」所
要求的是一個消極有限的政府,而「功效原則」則預設了一種積
極有爲的民治政府。密爾對後一種政府形式的肯定,顯示他「最
終」還是比較堅持「功效原則」,而不是伯林所說的「自由原則」。
在最後一節中,我將以種種困擾現代人的社會問題檢視密爾政治
學說的適應性,並試圖說明密爾的兩面性必須復歸爲一,否則我
們將被目前所流行的自由主義版本所誤,坐失解決問題的契機。
而這種復歸爲一的密爾觀點,也正是一種力求「自由」與其他價
值保持動態均衡的自由主義觀點。

二、自由原則與功效原則

　　密爾的「兩面性」有許多種不同的詮釋,譬如「個人主義」
對比於「社群主義」、「自由主義」對比於「社會主義」、「普遍主

離功效主義的傳統,其所有著作均可在功效原則的綱領下得到解釋,
包括自由在內。Gray & Smith（1991）蒐集了多篇與此主題有關的文
章,其中Isaiah Berlin, Ten等代表前一種觀點,而Alan Ryan, J. C. Rees,
John Gray等則持相反意見。本文的研究焦點與上述文章略有出入,筆
者認爲密爾思想中存在兩種無法相互涵攝的原則,但未必以自由原則
爲重。保持兩種原則的動態均衡,才是密爾政治思想的重要啓示,詳
見下文分析。

義」對比於「特殊主義」、或「帝國主義」對比於「不干涉主義」等等。本章選擇切入的角度是「自由原則」對比於「功效原則」，主要原因是這兩個概念是比較具有哲學意涵的概念，在密爾的思想體系中也都扮演著綱領性的角色。透過這組綱領性哲學概念的對比，我們比較容易看出密爾思想體系的斷層所在。但筆者要強調，這組原則的對比基本上是概念分析上的對比，不是《自由論》與《功效主義》兩部著作的對比。雖然「自由原則」的展開以《自由論》敘述最爲詳盡，而「功效原則」則完整地呈現於《功效主義》之中，但是《自由論》並非只提倡「自由原則」，「功效原則」也清楚地有其一席之地。同樣的情形不僅在《功效主義》中出現，甚至密爾的其他作品也有類似狀況。因此，重要的不是作品與作品之間的對比，而是所有作品內部兩種綱領性原則的對比。當然有些人認爲這種概念上的分裂與對比根本不存在，所謂兩面性只是我們誤解密爾所導致的結果。在回答這個質疑之前，且讓我們先試著分析這兩個原則分別代表什麼。只有釐清這兩個原則的意蘊與推論之後，我們才能判斷密爾思想究竟一貫還是分裂。

　　所謂「自由原則」（the Principle of Liberty），是指一個人應該享有最大程度的思想、言論與行動自由，只要這個人不侵犯其他人的權利、不傷害其他人的利益，外界就不能隨便限制或剝奪他（她）的自由。眾所週知，自由原則乃是密爾《自由論》的核心論旨，也是我們一般觀念中英美自由主義傳統的終極信仰。在確立了自由原則的優先性之後，有限政府、分權制衡、政教分離、法治程序等等自由主義的信條才會逐一推演出來。因此，自由原則確實是一種綱領性的原則，它體現了自由主義維護個體自主性的基本信念，往下則展開了現代立憲民主政體及自由經濟制度的龐大設計。

密爾自述他之所以伸張自由原則，乃是有鑑於歐洲人在民治政府逐漸普及之後，誤以爲專制暴虐已不復成爲個人生活的威脅。其實民主政治中的「人民」（the people）仍然可能成爲壓制少數人的暴君，而這種「多數專制」（the tyranny of the majority）卻是歐洲人在推翻君主專制之後，所必須警覺與面對的一種新禍患。「當社會本身成爲暴君時──社會集體地對付組成的各個分子──其專制的手段就不會局限於政府官員的一切可能作爲。……它所實施的社會專制要比許多政治壓迫更爲可怕，因爲縱然這種專制通常並不以嚴刑竣罰爲後盾，卻少有逃避的餘地，它更深入生活的各項細節，而且奴役人的心靈」（L：8-9）[2]。如同密爾所明白承認，他並不是第一個警覺到社會專制危險的思想家，因爲托克維爾先前在《論美國的民主》中，已反覆指陳社會輿論專制之可怕。[3] 但是托克維爾對付多數專制的辦法是提倡獨立自主的結社組織、分散中央政府權力、以及加強民眾的政治參與；密爾則另闢蹊徑，主張確立某種規範群己權界的「簡單原則」，據以保障每個人免受社會或政府不當干涉的自主領域。

密爾的「簡單原則」今天已成大眾耳熟能詳的原則，它的規定是這樣的：

只有基於自保的目的，人類才有正當理由，以個別或集體

2　本章使用的密爾原文版本爲J. S. Mill, *On Liberty and Other Essays*（edited by John Gray. Oxford: Oxford University Press, 1991）.內中包含 *On Liberty, Utilitarianism, Considerations on Representative Government* 及 *The Subjection of Women* 等四部作品。筆者分別以*L*、*U*、*RG*、*SW*等縮寫代表上述四種著作，阿拉伯數字爲Gray版本之頁數。

3　詳見Tocqueville, 1969: 282-319，以及本書第五章的分析。

的方式，去干涉任何成員行動的自由。只有基於防止他傷害
別人的目的，才能不顧他的意願，正當地對文明社會中的任
何成員行使權力。若是為了他自己的利益，不管是身體上或
道德上的利益，都不算是充分的理由。……任何人的行為，
只有涉及他人的部分才須向社會負責。在僅只涉及本人的部
分，他的獨立性，就權利而言，乃是絕對的。對於他本人，
對於他自己的身體與心靈，個人乃是最高主權者。(L：14)

　　這個「非常簡單」的「自由原則」所要說明的是：人的行為
可以分成「涉己」(self-regarding)與「涉人」(other-regarding)兩
大部分，其中涉人的行為若傷害到他人的利益，則社會有權利以
法律或其他方式加以懲處。至於純粹涉己的行為，則無論這些行
為對當事人造成什麼影響，別人都不能加以干預。他們儘可表達
他們的關切、勸告、或者嫌惡、不以為然，但是沒有權利透過法
律手段或社會輿情加以制止。這個當事人儘管可能由於不聽別人
的勸告，而做了一個錯誤的決定，但是比起他人為了他的好處而
強迫施加的影響，前者的壞處還遠不及後者(L：83-85, 104)。

　　具體地講，密爾所要保障的「自由行為」包含三大領域。首
先是內在意識方面的自由，這又進一步涵蓋了信仰自由、思想自
由、以及表達意見的自由。意見的表達與出版雖然實際上會涉及
他人，但由於其重要性和思想自由幾乎無分軒輊，因此也必須獲
得充分的保障。其次，個人也應該擁有追求品味及志趣的自由，
人人都可以為自己規劃適合自己的生活藍圖、去做自己想做的
事。只要這些事情並未損及他人，不管行為本身在他人看來如何
愚蠢或乖張，也不必向社會負責。第三，人與人之間可以有相互
結合的自由。只要結合的目的並不是為了傷害他人，則成年人均

可在不受蒙騙或強迫的情況下相互結合(*L*：16-17)。以上第一種領域即為思想言論自由，第二種領域為表現「個體性」(individuality)的自由。這兩大領域分別是《自由論》第二、三章的主題，密爾為它們提出了許多精彩的論證，本文限於篇幅不擬一一轉述。但筆者願意指出，密爾在討論這些自由時，不僅展現出了極具懷疑論色彩的經驗主義(因為他認為我們不能假定自己相信的真理永遠無誤)，而且假定了自由討論與自由個性必然有利於人類社會之進步發展。人類的「進步」(progress)意謂著人類整體幸福(happiness)的增進，而增進幸福即是追求「功效」(utility)，因此自由原則與功效原則在他的瞭解裡並無任何衝突。

自由個性與社會進步雖然在原則上沒有矛盾衝突，但是密爾對自由原則的鋪陳卻顯示出兩者之間難保和協一致。譬如在主張個體性應充分發揮時，密爾強調特立獨行的表現之所以值得鼓勵，並不是因為它們提供了什麼機會，使我們可以發現更好的行為方式或更值得普遍採行的習慣；也不是因為我們認為智識優越的人，應該有理由在生活上自行其是。事實上不管智愚賢不肖，每個人都應該有權利以自己喜歡的方式表現自己、追求自己的人生目標。「人類的生存，沒有理由要建立在某一種或某幾種模式之上。如果一個人具有相當的常識與經驗，他為自己所規劃的生活方式就是最好的方式，**那並不是因為它本身是最好的方式，而是因為它是他的方式**」(*L*：75，黑體字為筆者所強調)。這種論證說明了密爾極端重視特異行為的發展。雖然少數人的特殊行為或想法在某些時候會被推崇為天才(genius)，在另外一些時候被排斥為怪異之舉(eccentricity)，但其實天才也好、怪胎也好，密爾認為這些邊緣性的表現都必須受到保障。即使社會大眾覺得不習慣、厭惡、或無法忍受，只要它們並沒有對別人造成直接或明顯的傷害，

密爾仍然主張社會必須容忍之。

　　這種「只要不傷害他人，就可以從心所欲」的態度正是自由原則的精髓。用密爾自己的話來說，「唯一實稱其名的自由乃是以我們自己的方式去追求我們自己利益的自由——只要我們不企圖剝奪別人這種自由，或阻礙他們求取自由的努力」(*L*：17)。當自由的領域被定義得如此寬廣，自由是不是必然帶來進步或繁榮，已經不是關鍵的考慮。密爾本人自然相信兩者永遠可以並行不悖，而整個社會的進步與繁榮似乎也是我們放任個體自由發展的終極理由。但如同伯林所意識到的，強調個體性、多樣性與自主的人生選擇，並不一定要以促進社會進步爲著眼點，如果特異的思想與行爲明明被社會大眾認定有害社會安定，在自由原則的理路下，它們仍然應該受到保障。這是爲什麼伯林認爲密爾的終極關懷在於自由選擇與多樣性，而不在於功效或社會進步的原因。更重要的是，支持密爾自由原則的論證之中，有一個說法是強調「每個人都是自己利益的最佳維護者」。密爾相信沒有任何人會比當事人更關切他自己的利益(interest)，也沒有任何人會比當事人更瞭解自己的利益所在(*L*：84-85；*RG*：245-46)。這個假定不僅幫助密爾完成一個重要命題——亦即，人人都有權利以自己認爲最好的方式追求自己的幸福——而且它也成爲現代自由民主政治之所以肯定普選權的重要前提。Robert Dahl曾經說，民主政治必須假設「人人都是自身利益的最佳判斷者」，否則我們沒有理由不採取類似柏拉圖主張的「護國者制度」(guardianship)，由那些更瞭解我們利益所在的人來替我們規劃人生(Dahl, 1989：52-79)。這確實是自由原則與民主政治結合的一大關鍵，儘管其有效性仍值得商榷，但我們已經可以從中窺見自由原則的內在張力。

　　相對於自由原則的是功效原則，所謂「功效原則」(the Principle

of Utility），是指人類行為的對錯應以該行為是否促進幸福而定，凡是越能增進人類幸福快樂的，就是對的行為；凡是可能帶來痛苦的行為，就是錯的。因此功效原則基本上是一種倫理學的主張，其作用是為了判斷行為的對錯。密爾認為自古以來哲學家都比較鄙視功效原則，因為他們不喜歡把道德建立在增進快樂或免除痛苦這一類「低俗」的衡量標準上。對這些哲學家而言，道德行為的本質應該是「德性」（virtue），或者「義務」（duty），否則我們無法解釋犧牲奉獻或克己復禮的高尚行為。但是密爾繼承功效主義的傳統，認為德性或義務等等其實都依附於追求快樂的慾望之上，而追求快樂幸福乃是人類天經地義的生活目的，因此道德行為應該以增進快樂、免除痛苦為主要依據。密爾說：「功效主義的信條以功效原則，或者說最大幸福原則，為道德的基礎。它主張行為之為是（right），與該行為增進幸福之傾向成正比；行為之為非（wrong），則與該行為產生不幸福的傾向成正比。幸福是指快樂、免除痛苦；不幸福，則是指痛苦和喪失快樂。……快樂以及免於痛苦乃是人生中唯一值得追求的目標」（U：137）。

為了避免誤解，密爾在《功效主義》中反覆申明功效原則所追求的快樂幸福，並不是以肉體或感官的快樂為限。其實精神方面的快樂——包括智能、感情、想像力、道德情操——在功效主義中具有比感官快樂更高的價值。我們一般認為邊沁所創立的功效主義並不考慮精神層面的快樂，但密爾則設法為之開脫，或至少設法使自己的理論與邊沁的功效主義看起來一致。他說：

> 我們必須承認一般功效主義的作者都看重心靈的快樂甚於肉體的快樂，主要是因為前者更持久、更穩當、更不花錢等等——也就是，在於它們附帶的好處而不在於其本性。就這

些方面而言，功效主義者已經完全證明他們是正確的。然而，他們也可以採取另一種立場(或可稱之為更高的立場)而保持體系一貫。他們大可以承認某些**種類**的快樂比其他種類更可欲也更可貴，這麼做與功效原則仍然是融合無間的。當我們評量其他事物時，總是把品質與分量一起考慮；如果在評估快樂時，竟只以數量為度，那就未免荒謬了。(*U*：138-39)

密爾對早期功效主義所做的擴大解釋具有多重意義，一般人注意到的是「質量並重」，從而改變(或甚至終結)了原先功效主義的企圖。但對本文而言，真正值得注意的有如下幾點。首先，密爾相信每個人感受快樂痛苦的能力有別，有些人具有比較高的品味，因此寧可放棄低俗的享樂以追求高尚的快樂，但品味低下的人則沒有這種辨識好壞的能力。後者之所以欠缺辨識力，密爾認為是經驗不足所致，只要真正體驗過各種不同的快樂與痛苦，一個人就不會滿足於低俗的快樂，而知道如何培養高尚的嗜好。因此，在評價生活方式的好壞時，「那些知道兩種生活內涵的人應該有最後的發言權；或者，如果他們意見不一致，則其中佔多數的意見必須有最終的決定力」(*U*：141)。我們稍早討論自由原則時才說密爾不論智愚賢不肖，主張人人都有權利依他們自認最好的方式決定自己的人生，而不管他們的選擇在外人看來是如何可笑或可惡。但是現在依功效原則的詮釋，則生活方式顯然有高下之別——如同密爾的名言所說：「當一個不滿足的蘇格拉底要強過當一個滿足的笨蛋」，而且那些個知道高尚生活的人顯然有權利指導無知的人如何安排人生。因此功效原則與自由原則開始有了矛盾，前者假定生活方式可以排列出一個等級秩序，後者則完全否定這種層級思考，主張價值的多元性與不可共量性。前者認為智

者賢者足爲平凡大眾之楷模，而如此形成的多數意見又足爲少數
意見之標竿；後者則反抗主流文化不遺餘力，寧可保障怪異乖張
之行爲也不願臣服於多數。

其次，密爾在討論功效主義與其他倫理學流派的優劣時，爲
了確保「追求幸福」可以作爲人類行爲的最高目的，不惜擴大「幸
福」的解釋，使它包含德性、正義、權利等等項目。譬如他說：「功
效主義的道德觀的確承認人類具有犧牲奉獻的能力，可以爲了別
人的利益而犧牲自己最大的利益。功效主義只是不承認犧牲行爲
本身構成一種利益罷了。……功效原則決定行爲的對錯，幸福則
構成衡量功效的標準，但所謂幸福並不是當事人自己的幸福，而
是所有相關的人的幸福。在衡量自己的幸福與他人的幸福時，功
效主義要求一個人必須盡可能公正無私，宛如一個沒有利害關
係、充滿善意的旁觀者」（U：148）[4]。如此一來，功效原則固然顯
得面面俱到、顛撲不破，但功效原則所追求的快樂就已經不是一
般享樂主義(hedonism)所追的快樂。「快樂」變得不同於一個人慾
望之滿足，反而意指著克制慾望以成就智能或道德方面的實踐。
然而人生的意義究竟在於「以自己的方式去追求自己的利益」呢？
還是「以所有相關者的幸福爲真正的幸福，犧牲自己的利益以完
成大我的利益」？前者是自由原則所教導我們的生活態度，後者
則是修正後的功效原則對我們的期望。當一個人「剛好」以完成
大我爲自己的利益時，自由原則與功效原則確實調合一致。但假
如一個人就是以自利考慮爲生命的目的，同時這些自利行爲又不

4　更有意思的是，密爾說功效主義倫理學的精神，在耶穌基督的山上寶
　　訓中體現得最完全。「己所欲，施於人」、「愛鄰若己」都是功效主義
　　道德觀的理想典範，見U：148。

構成對社會的傷害時，自由原則與功效原則或者毫無交集，或者會產生嚴重的矛盾。譬如一個人儘可爲了貪圖方便大量使用免洗餐具，而不太考量生態環境所付出的代價。依自由原則觀察，這種行爲並無不法，自然可以我行我素。但是從功效原則的角度來看，這種行爲其實是一種「錯」的行爲，因爲當事人並沒有好好衡量私利與公利，沒有發揮「犧牲一己方便，成就大家生態利益」的精神。又譬如，功效原則可以期待一個人主動擔負起鄰里守望相助的義務，或慷慨捐助慈善機構；但在自由原則的邏輯下，一個人大可抱持「各人自掃門前雪」的心態，而且他也可以一毛不拔，因爲這都是他的自由。難道說，密爾對人類行爲的對錯竟有兩套完全不同的標準嗎？

　　上述疑難促使我們注意到另外一個問題，或許牽涉到密爾自由原則與功效原則的根本衝突。傳統上，凡是認爲密爾體系一貫的詮釋者，多半有一個回答上述質疑的方法，就是區分法律責任與道德責任。他們引用密爾本人的解釋，主張自由原則所談的是法律所不能橫加干預的行爲領域，而功效原則則涉及道德所關切的人類行爲。最有力的說法出現在《功效主義》第五章，密爾在那裡提到行爲對錯的區辨預設了該不該懲罰的觀念。所謂「對」的事情，就表示我們認爲該行爲值得稱頌，我們可以勸告別人或強迫別人照著那樣去做。所謂「錯」的事情，就表示我們認爲該行爲值得懲罰，不管是用貶抑或表達不悅的方式爲之($U：184$)。但是這裡「錯誤行爲」所遭受的「懲罰」並不必然是法律制裁，也可以只是道德性的譴責。在《自由論》中，密爾也做了類似的區分。他說我們當然可以對品性惡劣的人表示不滿或鄙夷，例如對粗暴、固執、自大或縱慾的人表達輕蔑，或勸告別人不要與之爲伍。但是這種性格的人對別人沒有直接的傷害，當事人頂多因

此遭他人排斥，算是適如其分的懲罰。另外有些行爲則構成道德上的罪過（moral vices），譬如自私自利、虛僞待人、貪求非分、幸災樂禍等等。這類行爲對別人造成較明顯的傷害，別人若是對他表示憤怒、憎恨，乃至集體加以抵制，都是正當的反應。其中涉及法律問題者，甚至該接受司法上的制裁（L：85-88）。

　　根據這種解釋，自由原則所牽涉到的是法律責任問題，功效原則關注的則是道德責任問題。前者規範行爲對錯的下限，當一個人做出傷害別人的事情時，就會遭致法律懲罰，所以他只能做法律所不禁止的事。後者規範行爲對錯的上限，表示一個人應該努力達到某些道德標竿，但是如果達不到，也不會遭受法律懲罰。如此一來，自由原則與功效原則彷彿只是行爲規範的下限與上限，兩者既不是同一平面上的標準，自然沒有衝突與否的問題。

　　但是，我們從上述《自由論》中密爾對「道德罪過」的討論，看得出「自由原則」其實並不只規範法律責任問題。如果社會大衆可以對自私自利、貪求非分、幸災樂禍的人加以譴責或抵制，則等於說一個人不只沒有傷害別人的自由（因爲法律會懲罰），也沒有幸災樂禍的自由（因爲社會將同聲譴責）。可是回頭想想，密爾的自由原則真的贊成社會大衆對那些具有性格瑕疵或犯下道德過錯的人加以排斥或譴責嗎？從《自由論》第一章的文本看來，這種干涉是十分可疑的。我們應該還記得密爾對社會專制的戒心，並不是由於社會上的多數人打算將行爲乖張者繩之以法，而是由於多數輿論可能對少數特立獨行的人形成看不見的壓力，迫使他們循規蹈矩、唯唯諾諾。如果個體性、原創性真的想要有發展的機會，那麼自由原則所要求於社會的將不只是法律上的豁免，還必須是道德上的寬容。換句話說，對於一種看起來像是自私自利的行爲（譬如故意吃胖以逃避兵役），功效原則雖然沒有辦

法加以刑罰，卻可明白斥之爲非並放任社會輿論加以聲討，以造成當事人承受某種道德上的壓力。但是依據自由原則，則增加體重以逃避兵役不僅無法可罰，而且社會大衆還應該自制一點，不能妄加指責，以免當事人的個體性遭受多數專制的壓迫，喪失了「以自己認爲最佳方式追求人生理想」的選擇權。這種困境若不是點出了「自由原則」與「功效原則」的矛盾，就是暴露出「自由原則」區分「涉己／涉人」、「不悅／懲罰」的脆弱性。

當然，如同本文一開頭所強調，密爾的自由原則與功效原則事實上並存於各主要著作。在《自由論》中，我們也讀到他對功效原則的推崇。他承認功效才是「所有倫理問題的最終訴求」，而自由則絕非抽象的權利，更不可能「獨立於功效之外」(L：15)。他知道唯有訴諸功效，許多「積極的行爲」(positive acts)才能被期待發生，諸如上法庭作證、保衛國家、拯救他人性命、保護弱小等等(ibid)。但這個認知並不妨礙他繼續倡導自由原則，彷彿這兩個原則相安無事地共存於倫理的宇宙。在一個意義上，密爾似乎認爲「消極不受侵犯」是自由行爲的下限，而「積極幫助他人」則是功效原則對人性期待的上限。在上限與下限之間，我們可以悠遊於消極自由的領域，也可以選擇積極有所作爲，而這一切都隨人而定。但是問題卻遠比這個構想複雜，因爲如果自由原則所保障的不只是法律層面的豁免，也要求道德層面的寬容，自由與功效就不再是下限上限，而會變成同一平面上的衝突性原則，使人類的每一種行爲都承受來自兩個不同方向的拉扯。最終而言，人們還是得決定自己應不應該做某一件事，應不應該對他人的某一種行爲加以褒貶，而在關鍵時刻，密爾的建議卻是模糊的。

三、民主政治的構成法則

　　我們在上一節中討論了密爾的自由原則與功效原則，指出這兩種原則的對比表現了密爾的兩面性。在這一節裡，筆者將試圖以另一個方式來呈現密爾的兩面性，也就是透過他對政府功能的看法。我將試著說明，密爾對政府功能看法的歧異，在一定程度上呼應了自由原則與功效原則的對比。因此，自由、功效與民主政治的關係是環環相扣的。

　　密爾對政府功能的第一種觀點是典型放任自由主義式的觀點。在《自由論》的最後幾頁，密爾開始討論政府權限的問題，他認為基於「不侵犯個人自由」的前提，我們有三種主要的理由反對政府擴大權限、輕易干涉人民的生活。首先，有許多事情由個人做，可能會比政府做得好，因此政府當然不必插手。通常經濟活動是最典型的例子，但是還有許多其他活動——如文藝、民俗、休閒娛樂等——大概也都可以劃入這個範疇（L：121）。

　　其次，有些事情由個人去做，未必比政府做得好，但為了藉以培養人民做事的能力，最好還是由人民去做。具體例子包括陪審制度、慈善事業、地方市政以及地方性的產業組織。密爾認為政府放任人民自己從事這些活動的結果，將可以「增進他們的活動能力，活絡他們的判斷、以及讓他們對自己所要做的事情更有知識」。這種過程事實上等於某種全國性的精神教育或國民教育，也是任何自由民族為了培養積極公民所必有的政治教育（ibid）。

　　第三，反對政府職權擴大的最重要理由，是唯恐政府會變成一個強而有力的中心，吸收了全國最優秀、最有理想的人才，而民間社會反而失去活力，完全無法與政府抗衡。密爾這個論證與托克維爾討論中央集權的弊病、以及公民社會的必要性時所用的理由完全一致。他們兩人都認為政府職能的擴大，表面上造就了一個很能為民服務的萬能政府，但是實質上削弱了民間社會的活

力，同時又徒然使政府變成一個龐大而無效率的官僚組織。誠如密爾所說：

　　如果社會上每一種需要有組織合作或廣博見聞的事業，都操在政府手裡，如果政府的職位總是由最能幹的人擔任，那麼除去純粹思考的方面以外，所有國內具有高深教養和實踐智慧的人就都將集中於人數眾多的官僚組織中，而社會上其餘的人也將在一切事情仰承他們的意旨：平凡大眾期待指導和命令，要他們做些什麼事；能幹而有大志的人，就期待個人的昇遷。……在這種政體下，不僅官僚組織之外的大眾，因為缺乏實際經驗，沒有能力批評或遏止官僚政治的作風，就算偶爾專制機構出現意外，或由於民眾機構的自然運作，居然會讓一個或幾個有志改革的統治者晉升到最高的職位，任何違反官僚政治利益的改革也仍然行不通。（*L*：123-24）

　　因此，密爾在「不侵犯個人自由」的大原則下所主張的政府，比較接近古典自由主義所說的自由放任（*laissez-faire*）政府。這種政府本身並不需要太強勢、太能幹，它只要盡量保留一些空間給民間組織去活動，政治自然會上軌道。

　　但是，在《代議政府論》中，密爾對政府功能的看法顯然與上述觀點頗有差距。他不僅主張政府要能幹一點（否則如何增進多數人的最大幸福？），也主張政府要積極一點（否則人民如何自動變成有種種德性的公民？）。密爾之所以有此轉變，當然又與他切入討論的基點有關。前面自由放任型政府的出現，是在「不侵犯人民自由」的大前提下推演出來的。而在《代議政府論》的開頭

處,密爾卻大談進步與秩序。當密爾發覺「進步」並不是一個十分明確的概念,他就轉而從人民的素質來衡量政府的好壞。其結論是,好的政府形式必須具備兩種主要的功能:(1)教育人民、增進人民的智識與德性;(2)組織賢能的人管理好公共事務。密爾的說法是這樣的:

> 我們現在已經為任何一套政治制度所能擁有的優點,找到一種雙重分類的基礎。一方面,它要能促進社會的一般性精神進展,包括智識、德性、實踐能力、以及效率的進步;另方面,它也要能完善地將社會現有的道德、智識與活動的資產組織起來,使對公眾事務發生最大的效果。一個政府的好壞,要看它加諸於人的行動,以及它加諸於事物的行動;要看它把公民培養成什麼,也要看它與公民共同完成了什麼;要看它的傾向是使人民改善還是惡化,也要看它為人民所做的事以及透過人民所做的事是好是壞。政府既同時是一股對人心有重大影響作用的力量,也是一組處理公共事務的組織性安排。就前一種功能來說,它的有益行動主要是間接的,但並不因此減少其重要性,而它的有害行動卻可能是直接的。(RG:229)

在這段引文中,值得我們注意的焦點有二。第一,密爾現在認為最好的政府不是放任無為的政府。一個好政府必須將全國才智之士組織起來,或至少吸收許多才智之士,使他們能「對公共事務發生最大的效果」。這種積極性與前述處處提防強勢政府的立場是南轅北轍的。第二,好政府不只要會做事,而且(更重要的)要能增進公民的智識、品德及行動的效能。簡單地講,要能改善

人心（human mind），造就積極向上的國民。這個功能完全背離自由原則對政府的規定，因為在自由原則之下，每個人要成為什麼樣的人，基本上不是社會輿論或政府官員所能置喙。但是從功效原則的角度來思考，密爾此處所賦予政府的「改造人心」之功能又顯得十分順理成章。因此，自由原則與功效原則的矛盾再一次展現在密爾對政府功能的看法，使《代議政府論》看起來比較接近《功效主義》，而與《自由論》對政府的討論越行越遠[5]。

　　密爾一旦確立了優良政府的兩大條件，就進一步檢討何種政府形式最能滿足這兩個條件。很快地他就發現民主政治比起其他政府形式，更能符合好政府的標準。他認為：就促進福祉、辦好公眾事務這項要求來看，民主政治必然要比君主制度或寡頭貴族好。因為正如我們上面所說，密爾相信每個人都是自己利益的最有力捍衛者，他也相信一般而言每個人都傾向於自利甚於利他。因此，在照顧人民的福祉這件事情上，沒有什麼方式會比主權在民更為妥當。其次，就政府對人心的影響來看，他也認為民主政治最能提昇公民的智識、道德及實踐能力之水平。他先迂迴地詢問何種人格比較可欲——是「積極的人格」還是「消極的人格」？經過一番比較之後，他認為積極的人格較可取，因為積極的人格才有綿綿不絕的動力去探求新知、改善品性、以及參與實務。接著，他指出只有民主政治才能培養最大量的積極人格，因為民治政府「不僅使每個公民在最高主權的行使上有發言權，而且至少有時會被徵召去實際參與政府運作，親自擔任某些地方性或一般

5　John Gray試圖透過密爾在《政治經濟學原理》中的若干說法，調合《自由論》與《代議政府論》在政府功能上的衝突。在我看來，他的解釋並沒有說服力。參見Gray, 1991: xxii-xxiii.

性的公家任務。」透過政治參與，人民的素質可以得到顯著的提
昇，因此民主政治在兩項要求上都拔得頭籌(*RG*：244-252)。

密爾對政治參與的重視，其實不下於在他之前就極力鼓吹公
民社會理論的托克維爾。密爾說，人生大部分的光陰都是在平凡
無奇的規律性作息中度過。然而在日常作息中，每個人所念茲在
茲的不外是私人事務的安頓與未來。只有透過參與公共事務——
無論是社會性的還是政治性的活動——人心才會振奮起來，開始
向外饑渴般地吸收、學習、表達。原先自私自利的私民會轉而從
公共利益的角度衡量事情，原先孤僻不群的個性也會變得尊重團
體紀律與人際合作。「他會打從心裡感到自己是社會的一分子，凡
是有益於大家的事也都對自己有益」(*RG*：254-55)。密爾在這裡
所描述的，不僅是日後Pateman所推崇不已的參與式民主
(participatory democracy)，同時也等於預告了當前西方「審議式
民主」(deliberative democracy)理論的來臨[6]。

不過，密爾民主理論的弔詭之處就在於他並不能堅持政治參
與的理想。當他講完公民參與的種種優點之後，忽然話鋒一轉，
表示由於現代民族國家的規模太大，無法容許每個人都親自參與
政府的運作，因此代議制度乃成為最佳政府的形式(*RG*：256)。
密爾由參與式民主轉成代議民主所做的說明不過寥寥幾行，卻使
後世對他民主理論的評價有了天壤之別。大體上，《代議政府論》
的前三章都指向普遍參與的必要性，但是第四章以降，密爾卻完
全以代議制度為理所當然。於是他勸選民不要凡事都想直接指示
代議士如何投票，不要以為每票等值的選舉制度是最好的制度，
甚至於主張民主政治必須吸收行政官僚制的優點，結合專家與訓

6　參見Pateman, 1970: 22-44.Barber, 1984: 150-55.Cohen, 1989.

練有素的官僚（*RG*：291，334-36，381-83）。除了明白講出「人民也許並不真正喜歡政治參與」之外，《代議政府論》的後半部倒是極符合我們一般對自由民主體制的觀感——各自追逐私利的選民、參與度有限的選舉、相互制衡的政府部門、爭權奪利的議會。也許我們不能過於大膽推斷，強指這是自由原則結合民主政治的結果。但是相對而言，功效原則似乎比較吻合《代議政府論》前面幾章所建立的論旨。不管怎麼說，密爾確實放棄了人人平等參與的民主，轉而鼓吹一種「比例的民主」了。

　　所謂「比例的民主」，也就是密爾心目中「真正平等的民主」（a really equal democracy）。密爾認為當時流行的民主觀念指涉兩種不同的制度，一種是「人人平等被代表，所有民眾統治所有民眾的政府」，他稱此為「民主的純粹概念」（the pure idea of democracy）。另外一種則是「多數人統治所有民眾的政府」，這種政府所代表的是多數的利益，不是全民的利益，而其中最容易遭到壓迫的便是欠缺代表的少數。密爾說後者已成為流行的民主觀念，可是他主張選舉制度必須繼續改良以促成前一種民主。他說：「在一個真正平等的民主國家中，每一部分或任何部分都會被代表，並不是不成比例的，而是成比例的。選民的多數始終會有多數的代表；但選民的少數也始終會有少數的代表。以一人對一人，他們正和多數一樣有充分的代表權。除非這樣，否則就沒有平等的政治，只是一種不平等和特權的政治」（*RG*：303）。但是密爾事實上並不真的希望看到「一人對一人」的代表制，如果真的「一人對一人」，則簡單多數決的結果勢必造成社會中人數較多的一方輕易贏得所有選舉、支配所有決策，這是密爾所擔心的「階級立法」（class legislation）現象。對了對抗此一危機，他主張少數人（受過高等教育的、家境富裕的、事業有成的精英）的選舉權應該加權

計算，如此才符合真正的「比例」。因此，密爾的「平等」觀念跟我們一般所謂的「平等」觀念完全不同。他的平等著重比例上的平等，而這個「比例」卻又不全然依數量決定，而是基於其他的政治考慮。他為了保障少數秀異分子的政治影響力，硬是主張那些人應該有投兩張票以上的權利。在他看來，如果不透過這種「複票制」（plurality of votes）來保障少數菁英的政治權利，他們就會「不成比例」地被多數選民以「階級立法」的方式壓制下去。密爾的想法在今天已成為一種笑話，不過笑話背後所蘊含的焦慮恐怕並未完全過時。

　　對密爾來講，這種落實「比例平等」的複票選舉制完全合乎他對政府功能的觀點，也符合他自己對「自由」與「平等」兩種價值兼而有之的期待。就政府功能言，密爾希望好政府必須能「藉由擴大參與以提昇人民素質」，又能「組織賢能以辦好公共事務」。前者的實踐方式是賦予全國民眾選舉權，使人人有機會參與政治；後者的落實則有賴「複票制」之類的設計。如果說普選權的擴張代表了密爾對「平等」價值的承諾，則「複票制」或「比例民主」可以看成他為保障「自由」（特別是少數人的自由）所付出的苦心。因此在他的瞭解裡，代議民主制既實現了自由也實現了平等，同時又最能達成良好政府應有的功能。誠如他為複票制辯解時所說的：「雖然每個人都應該有發言權，要每個人都有平等的發言權卻是一種全然不同的主張。當兩個在任何事業中有共同利害的人，有了不同的意見時，是不是把兩種意見看為有同樣的價值，就是公平呢？如果兩個人的品德相等，一個人在知識和聰明方面超過另一個人，或者如果聰明相等，一個人在品德方面勝過另一個人，那位有較高品德和知識的人的意見和判斷就應該比另一位更有價值。如果國家的制度在實際上主張他們有相等的價

值，這種主張將是空洞的主張。在兩人當中，那一個更聰明或更優秀，就應該佔有更大的比重。……對共同事務完全沒有發言權是一件事，讓別人有更大的發言權，因為別人有較佳的管理共同利益的能力，卻又是一件事。這兩件事不但不同，而且也不能相提並論」(*RG* ：334-35)。

　　但是，密爾認為沒有矛盾的地方，在我們看來卻大有疑問。筆者綜觀密爾對民主政治的討論，認為其中隱隱然存在兩種對民主政治本質不同的看法，一種是強調專家行政的代議民主，一種是強調公民參政的參與民主。這兩種觀點又呼應了我們先前所分析的自由原則與功效原則，使前者可以建構成比較消極的民主政府，後者則發展為蓬勃積極的民治政府。換言之，依著自由原則的邏輯思考，每個人都可以有自己的人生規劃，別人不能隨意干涉，所以他不一定要對政治參與有興趣，大可以把公共事務的管理委託給一群有興趣、有政治能力的行政官僚與國會議員。這樣所造就的代議政府不必凡事向選民請示，而掌握統治權的少數菁英則可以名正言順地治理國家，不用擔心低層群眾獲得普選權後所形成的階級立法危機。這種政府所須擔負的功能比較有限，主要是管理好公眾事務，讓民眾覺得福祉有保障。相反地，若是依著功效原則的邏輯思考，由於集體生活的目的在於增進最大多數人的幸福，而幸福又只有在社群成員彼此關切、捨私從公的情況下才算徹底實現，因此人人應該彼此勉勵，以追求具備德性智能的高尚人生。在增進德性智能上，政治參與是一個不可或缺的途徑，所以人人都應該有機會親自擔任某種公共職務，而不只是選舉投票。他們即使選出議員代為處理國家大事，也仍然有權利（及義務）督促公職人員善盡其職。因此相對而言，政府也有責任主動關切一般人民是否智能提昇、道德精進。它不能只以料理公共事

務爲滿足，而必須思考如何培養民眾、教育民眾，使之成爲積極
上進的現代公民。

　　長久以來，密爾作爲自由主義的理論大師，總是輕易被歸屬
於倡導政府功能有限的放任學派。其實密爾的思想有著兩面性，
在我們比較不熟悉的那個層面，密爾相當強調社群、德性、公共
利益、熱心參與的民眾、以及積極有爲的政府。這一個重視政治
參與的密爾，曾經在《代議政府論》中寫下如後的一段話，即使
百年之後讀之，仍然令人低迴不已：

　　　如果人民的道德情況壞到證人普遍說謊、法官和其下屬受
　賄的地步，程序規則在保證審判目的上又有什麼效用呢？
　又，如果人民對市政漠不關心，不能吸引忠實而有才能的人
　出來管理，反而把職務交給那些爲謀取私利的人去擔任，制
　度又怎能提供一個好的市政呢？如果選民不關心選擇最好
　的議會成員，而是選擇爲了當選而願花最多錢的人，最廣泛
　普及的代議制度又有什麼用處呢？如果一個議會的成員可
　以被收買，或者如果他們性情暴躁，欠缺公共紀律的矯正或
　個人的自我克制，使他們不能冷靜思考，並且在下院議席上
　動手打人或互相開槍射擊，這樣的代議制議會又怎能促進人
　民的利益呢(*RG*：225-26)？

　　與密爾一樣，我們所期盼的其實不是自由原則下所建構的代
議民主，而是比較呼應功效原則的參與式民主。如果民主沒有這
些要求或內涵，那麼民主就不是什麼值得追求的目標。

四、自由主義的重新詮釋

　　平心而論，本文的主要目的並不在於仲裁密爾的自由原則與功效原則何者爲優，或決定代議民主與參與民主何者可取。筆者試圖說明的是密爾思想的兩面性。我們一方面指出這兩面性如何呈現於密爾的著作，另方面也解釋爲什麼密爾自己認爲它們毫無矛盾對立，而我們卻又振振有詞地認定其間存在不容忽視的緊張關係。事實上，自從《自由論》問世以來，密爾就被大家推崇爲西方自由主義思想的宗師之一。奠基於《自由論》中自由原則的精彩論證，密爾的確開啓了一個自由解放的時代。他的激進性表現在反對清教徒立法禁酒、反對禁止毒品買賣、反對限制政治性言論(包括「弑君論」)、反對查緝賭博、反對處罰男女通姦、反對禁止色情交易(或至少反對政府只查辦妓女而縱容嫖客)等等(L：106-111)。這些主張即使在今日看來，都還有不少爭議餘地，何況在一百多年前維多利亞時代的英國？

　　但是毫無疑問地，密爾所開啓的方向始終有人樂於追隨。同樣打著自由解放的旗幟，今天已經有人進一步主張毒品應該完全自由買賣、槍枝可以自由擁有、賭場可以設立、娼妓及檳榔西施應有工作權。「言論自由」早就包括朝人臉上丟雞蛋、踐踏或焚燒他人的照片、公共場所牆壁塗鴉，而「反對政府干涉人民精神領域」也已擴大到反對所有政府推動的道德重整運動或所謂心靈改革運動。其他方興未艾的解放運動還包括人民有權透過代理孕母生育後代、同性戀者婚姻合法化、性行爲澈底開放……。有些發展密爾也許贊同，另外一些他可能反對。但不管贊成反對，這些主張都是順著密爾自由原則邏輯推演的結果──只要當事人出於自由意願、只要該行爲無法證明會對他人造成明確傷害，那麼憑什麼政府或社會輿論要加以干涉呢？如果密爾居然反對這些主張，那是密爾對自己的自由理論不夠忠實。密爾可以因爲跟不上

時代潮流而變成保守派，但自由原則的進展將永無止境。

　　密爾如果被打成保守派，當然會覺得滿腹委屈，因為他自己從來不曾單方面地肯定自由、從來沒說自由原則可以片面地無限推演。在《自由論》裡，他就信誓旦旦地說過他並不把自由看成某種「抽象的權利」，自由只是促進人類進步改良的「泉源」。簡單地講，它只是手段，真正的人生目的是幸福或功效。而且也正因為社會整體的幸福優先於個人的自由，所以他才會主張有酒後傷人前科的人應被禁止再度喝醉酒，而懶惰不負責任的父親可以被強制去勞動（L：108-114）。在這類例子裡，顧及社會連帶責任的考慮顯然優先於尊重個人行為的自由，即使那些行為都還未造成明顯而立即的傷害。

　　事實上，密爾除了為他贏得後世聲名的自由原則外，確實還有與自由原則相左的一面。在這個比較強調社會功效的面向上，密爾的言論不僅不像個（所謂）自由主義者，簡直就是社群主義的翻版。試看他在《功效主義》裡怎麼說：

> 　（功效主義）確實有一種堅強的自然情操為其基礎。……這個堅固的基礎就是人類的社會感情（the social feelings of mankind）。人有一種慾望想要與同類成為一體，這種慾望目前已經是人性中的一大原則，並且可喜的是，這個慾望即使沒有特別的教誨，也會受文明進化的影響而日益強烈。……人們深知自己可以與他人合作，以集體的（而非個人的）利益為他們行動的目標（至少是暫時的目標）。在他們合作的期間，他們自己的目的和別人的目的匯合為一；至少他們暫時覺得別人的利益就是他們自己的利益。一切對社會聯繫的加強，以及社會的一切健康的發展，使人人覺得在實際上顧到

他人福利對於自己更加有益；這種增強與發展也使人人越把
自己的感情與別人的福祉視為一體，至少越來越會對別人的
利益給予實際上的重視。（U：164-65）

　　由於肯定人的社會性，因此密爾不會全盤否定社會輿論的作
用。《自由論》裡頭他大力抨擊社會輿論的專制，視之為個體性自
由發展的主要障礙。但在同一本書裡，他也強調人群彼此以意見
求全責備的重要性。粗暴、狂妄、縱慾的人都會受到社會輿論的
指責或集體排斥，「對於這種結果，他們沒有權利抱怨」（L：86）。
　　在密爾之後一百多年來，我們對自由主義的理解通常都是循
著他所建立的自由原則而推論。於是自由主義不僅代表尊重個體
自由甚於社會連帶，也代表價值多元及道德中立。但是密爾本人
不僅重視社群關係有如上述，而且其道德堅持及道德「不中立」
也值得我們留意。實際上，密爾雖然為了維護個體性而顯得凡事
無可無不可，但骨子裡仍然有相當明確的道德標準。他在《自由
論》列舉過一些「道德罪過」（moral vices），如虛偽待人、佔人家
便宜、自私自利、殘暴易怒、作威作福、幸災樂禍等等，這些都
是我們應該加以聲討譴責的對象（L：87）。到了《功效主義》，他
更是明確地指出有些價值或人格特質才是好的特質，可以幫助一
個人獲得幸福的人生。這些特質包括樂善好施、富有智慧、慎思
明辨、克制不當嗜慾等等（U：144-46）。有人喜歡強調自由主義並
不預設什麼樣的人生目標或生活型態才是好的人生，他們應該仔
細看看自由主義者密爾到底怎麼說。
　　同樣地，自由主義的信徒也常常強調一個人處事必須完全無
私，不能偏愛自己的熟人甚於陌生人，否則就不夠「中立」。密爾
當然也贊成這種就事論事的原則，並期待人民參與公共事務時能

摒除一己之私。但是在合法的範圍內，密爾卻同意「偏袒」是人之常情，不可能也不必要完全壓制。他說：「人們認為偏私及偏袒並不全然該被譴責，事實上被譴責的多半是例外而非原則。一個人在不違背其他責任的情況下，如果不讓他的家屬或朋友比陌生人在獲得好職位上有點優勢，那麼他被罵比被稱讚的機會怕要多些」(*U*：180)。這個論調下的密爾聽起來確實比較有人情味，也比較合理，可惜自由主義的主流理論大概避之唯恐不及。

但是，難道密爾不就是一個自由主義的代表人物嗎？難道我們所謂的自由主義只是擷取了半個密爾的自由主義？任何人稍微反省一下，應該都會為這個問題覺得好笑。原來目前大家所瞭解的自由主義是一套根據密爾自由原則所建立起來的思想體系，為了保持體系的一致性，我們決定排除與自由原則不調合的所有部分，包括功效原則或社群主義式的考慮。其結果是產生了一個邏輯清楚的自由主義思想系統，由尊重個體性、自主意志、自由選擇、為所欲為、互不干涉，一直推到價值多元、寬容異己、政府維持中立。其中發揮主導作用的觀念是自主性，而唯一具有限制作用的命題是「不能傷害他人」。這的確是一個「非常簡單的原則」。然而功效主義呢？德性呢？傳統習俗呢？公共利益呢？社群關係呢？它們都到哪裡去了？

它們原本不必移到別的地方去，因為密爾原本希望它們在他的理論中也有一席之地。如果密爾的理論最後會被稱為自由主義，那麼這些元素應該也是自由主義的元素，只是它們都被聲勢凌人的自由原則排擠掉了。密爾若是地下有知，可能會為此發展感到心痛。因為全然奠基於自由原則的自由主義並不是他心目中的自由主義，他的自由主義——如果我們能創造一個新字眼的話——是一種「力求平衡的自由主義」。他曾說：

　　除非有利於民主政治和貴族政治、財產和平等、合作和競
爭、奢侈和禁慾、群性和個性、自由和紀律、以及實際生活
中其他對立事項的種種言論能夠被人以同樣的自由去發
表，並且以同樣的才能和精力去貫徹和維護，否則這兩種元
素都不會有機會得到公平的對待，必然會像天平的一邊高起
來，另一邊降下去。(*L*：53-54)

　　因此在密爾的心中，安定與進步、自由與紀律原本都應該取
得平衡的。我們所看到的兩個密爾原來是一個密爾，而自由原則
與功效原則雖然在概念分析上水火不容，卻也是應該維持動態均
衡的。只有將自由原則與其他價值等量齊觀，密爾才能復歸為一，
而密爾復歸為一之後，自由主義或許比較能夠面對我們這個時代
的挑戰。畢竟，正如伯林生動的比擬所描繪的，密爾身處的19世
紀是一個「幽閉恐懼症」(claustrophobia)的時代，在那種時代，
自由原則是許多優秀挺拔的知識分子所衷心企求的。然而20世紀
下半葉的我們卻彷彿處身於「曠野恐懼症」(agoraphobia)的情境
中，大家對分崩離析的恐懼，遠遠超過突破限制的渴求。「人們害
怕享有過多的自由，彷彿過多自由將使他們墮入一個巨大無涯
的、毫無友情的真空，亦即失落在沒有通路、標誌與目標的大沙
漠中」(Berlin, 1986：330)。歷史既然時時遊移於曠野與密室之間，
人類的行為規範便不能只以一套原則對應。當後現代情境已浸浸
然成為這個時代的主要徵象，我們即使不敢要求價值的天平傾向
功效原則或社群主義的一端，至少可以期盼天平的均衡點移過來
一點。這種不斷尋求新的平衡點的自覺，或許是密爾自由主義所
帶給我們的最大啟示。

第三部分
當代西方

第七章
當代兩種自由主義之爭

一、放任自由主義與新自由主義

　　自由主義是主導近代西方政治經濟發展的意識形態，但自由主義的內涵爲何，卻始終缺乏一致的共識。就20世紀英美等國的情形而言，自由主義主要的分歧是出現在「放任自由主義」(Libertarianism)與「新自由主義」(New Liberalism)之間。前者又稱爲「古典自由主義」(Classical Liberalism)或「經濟自由主義」(Economic Liberalism)，後者則逐漸成爲當前自由主義思想的主流，因此也常被直接稱爲「自由主義」。這兩種自由主義無論在本體論的預設上，或是對自由的定義、國家的功能、以及社會經濟政策的看法上，都有相當的差距。雖然它們的支持者都認爲自己才是自由主義的正統，並且在一個意義上也確實分享了近代自由主義傳統某些核心的信念(譬如憲政主義、法律主治、言論自由、私有財產等)，但是由於雙方對政府是否應該干涉自由市場的經濟活動，以及一個自由國家是否應該追求社會正義的理想，有著南轅北轍的主張，因此學術界普遍認爲這兩種類型必須分別看待。

　　自由主義之所以會在20世紀出現如此重大的分歧，自然有歷

史發展上的原因。研究自由主義思想史的著名學者Arblaster認為：自由主義在17、18世紀曾經是西方社會改革進步的一股力量，當時自由主義挾著理性與啓蒙的利器，摧毀了傳統封建社會的信仰與禁忌，使保守反動的勢力潰不成軍。但是到了19世紀末，自由主義逐漸失去思想創新的能力，也不再保持批判社會弊病的熱情。在社會結構急劇改變、階級意識日趨對立的時代中，自由主義遊移於保守與激進勢力之間，既不敢堅持傳統價值的意義，又不敢大膽回應新興階級社會正義的訴求，以致左支右絀，喪失領導社會前進的地位。英國自由黨從19世紀末到20世紀初的迅速沒落，最足以說明自由主義在因應社會劇變中，由於思想體系調整失敗而一蹶不振的經歷（Arblaster, 1984：288-289）。

根據Arblaster的解釋，19世紀末葉自由主義原本有一個脫胎換骨的機會，就是格林與霍布浩斯所提倡的「新自由主義」。格林的新自由主義一方面繼承傳統自由主義重視個人自主性的精神，另方面改變自由主義的本體論預設，主張個人與社會相輔相成，國家法律與個人自由不僅不衝突，而且有助於個人權利的發展。只不過這個思想運動無法與現實政治力量結合，因此後來英國自由黨在缺乏前瞻性思想指導的情況下逐漸沒落，堅持古典自由主義想法的人與保守黨合流，而主張發展國家權力的人則併入代表社會主義的工黨，格林式的新自由主義於是無疾而終。

等到1930年代凱因斯主義（Keynesianism）在美國大放異彩之後，新自由主義的思想才再度興起，只不過由於時空環境的改變，此一新自由主義已不再是古典自由主義的繼承者，而經常被等同於「社會民主主義」或「福利主義」（Welfarism）。新自由主義從此成為美國民主黨的意識形態，與主張放任自由主義的保守黨形成對峙之局（Arblaster, 1984：284-295）。

　　格林與霍布浩斯的新自由主義雖然未能獲得立即的政治實踐，但是在思想史的脈絡上，卻可視爲當代新自由主義的前驅。格林不認爲自由只是免除外力的束縛，而應該是一種實現個人潛能、使個人能充分享受有意義生活的積極力量（a positive power or capacity of doing or enjoying something worth doing or enjoying）。這種積極取向的自由觀要求每一個人都有機會實現人生意義，因此帶有強烈的平等主義（egalitarianism）的色彩。同時，格林也不認爲國家在本質上只是防止人民彼此侵犯的必要之惡；相反地，他相信國家可以促進每個人發展其積極力量。因此我們沒有必要敵視國家或否定國家的道德功能，國家的積極作爲是個人實現其積極自由的保障（Arblaster, 1984：286-287）。

　　格林新自由主義的論證不僅成爲凱因斯擴大政府功能，以求兼顧經濟成長與充分就業的理論依據，並且部分地重現於1970年代以後新興自由主義思想家（如羅爾斯〔John Rawls〕與德沃金〔Ronald Dworkin〕）的理論架構中。雖然後者在本體論上不像格林那樣具有全體主義（holism）的傾向，而帶有較多個人主義的色彩，但是新興一代的自由主義者普遍認爲政府可以透過社會資源的重分配，以提昇每個人（特別是原先社經地位較差的人）追求美好人生的機會。就此而言，當代的新自由主義確實與19世紀末壯志未酬的新自由主義有某些思想脈絡上的關聯。雖然這些關聯不足以證明兩者在系譜上的延續性，但足以說明20世紀自由主義之所以會逐漸演變成福利國家式的自由主義，並不是空穴來風。

　　然而我們必須指出，雖然新自由主義在二次戰後日益成爲自由主義的主流，但是古典自由主義並沒有完全喪失其吸引力，或是被新自由主義所取代。固然在凱因斯革命之後的一段時間裏，抱持古典自由主義思想的知識分子顯得落落寡歡，似乎無法阻止

政府角色不斷擴大的趨勢，但是海耶克（Friedrich A. Hayek）、米塞斯（Ludwig von Mises）、以及芝加哥學派的健將傅立曼（Milton Friedman）等人仍然繼續著書立說，極力發揚古典自由主義的理念。到了1980年代之後，他們的主張終於再度獲得重視，伴隨著保守派政治勢力在英美德等國的崛起，使自由經濟與資本主義的學說成為全球性的顯學。因此，20世紀自由主義的發展並不是新自由主義終結古典自由主義的線性發展，而是兩種不同內涵的自由主義此起彼落、各擅勝揚的平行發展。

在這一百年間，自由主義不僅內涵上產生了分歧，連名稱也歷經了激烈的爭奪戰。原本1820年代才出現的「自由派」（Liberal）及隨後形成的「自由主義」，乃是用以指涉啓蒙運動以來捍衛人權、抵制君權或政府勢力的中產階級運動。因此自由主義作為一種名詞的歷史雖短，但是它的傳統卻可上溯至英國的光榮革命、議會的輝格黨（Whig Party）、蘇格蘭啓蒙思想家、以及美國革命開國諸雄等等。到了19世紀末，格林試圖重新賦予自由主義意義，使之既能保有傳統自由主義捍衛個人權利的特徵，又能容許國家扮演積極進取的角色。此一企圖在政治實踐上未能成功，反而加速了自由主義在變動社會中潰敗的速度。

等到20世紀之後，那些帶有社會主義色彩、主張建立大政府以因應社會問題的人開始襲用「自由主義」一詞，反而迫使傳統自由主義的信仰者必須改稱「古典自由主義」以示區別。但是「古典」一詞用在當代，實在有些過氣的感覺，因此若干人士仍堅持自己才是自由主義，或寧可使用「市場自由主義」一詞。不過，由於形勢比人強，這種堅持的效果不大。於是在1950年代左右，有些信仰市場經濟及有限政府的自由派人士開始使用「放任自由派」（libertarian）及「放任自由主義」（libertarianism）的稱謂，而索

性將「自由派」及「自由主義」拱手讓給那些主張福利經濟與積極政府的人。如此一來，自由主義的內鬨結果終告確定，大家逐漸習慣以「放任自由主義」指稱古典自由主義的信仰者，而帶有社會主義色彩（但又不致左傾到主張廢除私產或市場經濟）的人，則堂而皇之沿用自由主義之名（Boaz, 1997：22-26）。

簡單地講，今天的放任自由主義所代表的，乃是一種「保障個人權利，縮減政府功能」的原則。誠如一個放任自由主義者所言：「放任自由主義主張每個人都有權利依他所選擇的方式生活，只要他尊重別人同等的權利就好。……放任自由主義者捍衛人人與生俱有的生命權、自由權與財產權，因為這些權利都是在政府設立之前就存在的。依放任自由主義者的理解，所有的人群關係都應該出於自願，法律只能限制那些以武力脅迫他人者的行為，譬如殺人、強暴、搶劫、綁架與詐欺」（Boaz, 1997：2-3）。

如果用理論性的概念來解釋，放任自由主義基本上相信個人主義、自發性的社會秩序、法律主治、有限政府、自由市場、以及自然的均衡與和諧等等。由於它以個人權利不受侵犯為首要考慮，不僅反對政府限制言論自由或介入市場操作，甚至也反對徵兵、增稅、調節價格、或為了進行公共工程而徵收私人土地。在社會福利政策上，根本反對強制性醫療保險、老年年金制度、失業救濟、最低工資或最高工時。在教育政策上，反對政府提供義務教育，主張由家長自由選擇私立學校或在家教學。也反對針對弱勢族群所推行的「矯正措施」（affirmative action），主張就學就業完全以才能實力為標準。在社會議題上，主張將毒品交易除罪化、反對任何言論限制（包括色情文學、法西斯主義或種族主義的言論）、反對強迫開車者繫安全帶或規定騎車者戴安全帽——因為

這些事情都應該由個人自己決定（Boaz, 1997：16-19, 218-255）[1]。

相對於放任自由主義，當前的新自由主義（或自由主義）則無異於社會民主主義的別稱。新自由主義與放任自由主義一樣崇尚個人基本權利，主張人人擁有不可侵犯的自由。但是它比放任自由主義更在意「每個人」都應享有同樣的自由，因此它更重視平等。如德沃金所言：自由主義的目標是要實踐「自由式平等」（liberal equality），也就是保障每個人獲得「平等的關懷與尊重」（equal concern and respect）。放任自由主義固然也講平等（所謂「自由以尊重他人享有平等的自由為限」），但是它真正在意的是自由發展的權利。至於每個人自由發展的基礎與資源是否平等，放任自由主義向來不問。

新自由主義吸收了若干社會主義的因素，認為自由社會必須以人人都有機會實踐其潛能為前提，因此它主張政府可以透過課徵累進稅、擴大公共支出、以及建立完善的社會福利制度來幫助弱勢者。只有當窮人和其他弱勢族群都能擺脫不平等地位所造成的限制，大家才能真正獲得「平等的關懷與尊重」。

具體地講，新自由主義主張政府應該提供基本的醫療服務，使窮人的身體健康獲得照顧；實施全面性的救濟制度，使低收入者及失業勞工生活有保障。政府也應該儘量延長國民義務教育，提供學童免費的午餐及交通費用；繼續貫徹「矯正歧視措施」，增加少數族群出人頭地的機會。為了確保消費者免於剝削，政府可

---

1 當然我們得承認，無論在理論層次或實際政策上，放任自由主義者並非完全一致。譬如海耶克是典型的經驗主義者，而米塞斯則較富理性主義的特色（Barry, 1981：8-9）。有的放任自由主義者主張同性戀婚姻應該合法化（Boaz, 1997：247），而有的則不可能接受這麼激進的想法（如海耶克）。不過，本段的敘述仍為大多數放任自由主義者的共識。

以擴大國營企業的範圍(如電信、交通、燃料、菸酒);爲了維護國民的健康,也可針對食品及藥物嚴加管制。總之,只要能幫助弱勢者縮短他們與既得利益者的差距,使他們能夠在平等的基礎上追求理想的人生,政府職權的擴大並不構成問題。

　　以上所述兩種自由主義的對比,只是梗概性的說明。我們真正的目的,還是要指向這兩種自由主義的哲學基礎,以瞭解爲什麼兩種相去甚遠的思想體系,能分別吸引眾人景從。其次,我們更要檢討它們的哲學基礎是否合理,以便判斷其政策主張之得失。基於此一目的,本章第二節將以放任自由主義兩個著名的概念——「自發性秩序」與「非模式分配」——爲對象,分析其意涵與作用。第三節接著處理新自由主義的兩個主要概念——「社會正義」與「資源平等」,依同樣的精神剖析其意義。最後,筆者將提出一個批判性的看法,指出兩種自由主義過與不及之處,並歸結出只有行中庸之道的政府,才能適當回應時代的要求。

二、「自發性秩序」與「非模式化分配」

　　在20世紀當代放任自由主義的陣營之中,有兩個具有顯著影響深遠的人物。其一即爲經濟學家海耶克(Friedrich A. Hayek),而另外一位則是哲學家諾齊克(Robert Nozick)。海耶克體大思精、著述等身,其名著《到奴役之路》(*The Road to Serfdom*)與《自由的憲章》(*The Constitution of Liberty*)不僅僅是20世紀西方學界批判社會主義、闡揚憲政自由主義的鉅著,也曾經在1950年代被殷海光、周德偉等人翻譯成中文,成爲台灣自由主義者必讀的經

典[2]。至於諾齊克，則是在羅爾斯出版《正義論》之後，率先站在放任自由主義的立場，對羅爾斯的新自由主義提出嚴厲批評的思想家。海耶克與諾齊克之間雖無直接的淵源與連繫，但研究當代思潮的人通常把他們一起歸類爲放任自由主義，因爲他們的主張實在有許多足以相互印證之處[3]。

本節用意不在整理海耶克與諾齊克的思想體系，而是要把焦點集中在海耶克理論中的「自發性秩序」（spontaneous order）與諾齊克理論中的「非模式化分配」（un-patterned distribution）。因爲在筆者看來，這兩個概念乃是放任自由主義思想體系中最關鍵的概念。前者說明放任自由主義者如何看待人類社會的本質以及人類行爲的可能性，後者則精確地點出他們認爲新自由主義試圖以政府干預達成社會正義的問題所在。這兩個概念彼此之間有相通之處，但也不是沒有論證上的弱點。本節先分析它們的內涵，第四節再回來檢討其得失。

「自發性秩序」並不是海耶克獨創的概念，因爲在海耶克正式使用這個名詞之前，其同道博蘭尼（Michael Polanyi）就已提出「自發性秩序」與「組織性秩序」（spontaneous order vs. corporate order）的對比。博蘭尼所謂的「自發性秩序」，是指一種多元中心的狀態，其中各個元素在諸多中心點之間自由活動，相互調合，從而產生一種動態的均衡。而所謂的「組織性秩序」，是一種單元中心的狀態，所有的元素都接受中心所發出的指令，它所產生的

2　*The Constitution of Liberty* 的 "Constitution" 一字，既有「憲章」的意思，也有「結構」或「構成原理」的意思。周德偉將書名譯爲《自由的憲章》，鄧正來則譯爲《自由秩序原理》。

3　事實上，諾齊克對海耶克還有不少批評，但他們的思想體質仍然相近（Nozick, 1974: 158-159, 346n28）。

是一種有計劃的、有組織的秩序。博蘭尼認為自由市場就是自發性秩序的一種表現，因為市場中的活動者各依其所需進行比價、交易，而價格乃在此動態均衡中產生。另外，他也認為科學研究與人類習慣法則的形成，都是自發性秩序的實例（Allen, 1998：155-156, 185）。

　　海耶克進一步把「自發性秩序」的概念發揚光大，特別在他晚年的3冊鉅著《法律、立法與自由》中，對「自發性秩序」與自由民主社會的關聯，更是有許多發人深省的說法。誠如他在該書第一冊的緒論所言：「自由人所組成的社會仰賴三個基本洞識才得以維持，而這三個洞識卻未曾被好好的研究過，因此本書擬以三個部分分別加以探討」。第三個基本觀念是：（一）自發性秩序有別於組織性的秩序，它們相應於兩種不同的法則；（二）時下流行的「社會正義」概念只有在組織性的秩序中才有意義，在自發性秩序中它是沒有意義的；（三）當前的自由民主體制由議會兼管立法與利益協調的工作，必然使自由社會變態發展成極權式的社會（Hayek, 1973：2）。我們由這段自白可看出，海耶克事實上以自發性秩序為整個理論的核心。自發性秩序解釋自由社會的本質，闡明了自由與法治的關係，從而也點出了福利國家重視分配正義的謬誤。為了矯正這種漠視自發性秩序的錯誤，海耶克進而主張從根本結構改變議會民主的運作方式。由此可見，我們要瞭解海耶克放任自由主義思想的魅力所在，就必須從自發性秩序著手。

　　海耶克所謂的「秩序」（order），是指：「一種事物的狀態，其中許多各式各樣的元素緊密相聯，因此我們可以從我們對整體中某些時間或空間部分的認識，而學會對其餘部分做出正確的預期，或至少學會做出頗有希望被證明為正確的預期」（Hayek, 1973：36）。秩序有兩種，一種是「長成的秩序」（"grown" order），

一種是「做成的秩序」（"made" order）。前者乃是自動自發、由事物內部產生的秩序；後者則是人爲創制或建構出來的秩序，因此也可以說是由事物外部的力量所賦予的秩序。爲了生動地區別這兩種秩序，海耶克借用了一組古希臘詞彙：*kosmos*與*taxis*，他說*kosmos*是「一個城邦或一個共同體之中的正當秩序」（a right order in a state or a community），而*taxis*則是「人爲的命令」（a made order），譬如作戰的命令（order of battle）。如果用中文來理解，*kosmos*代表的是某種「常規」或「和諧的秩序」，而*taxis*則代表「命令」或「分類組織的秩序」（Hayek, 1973：35-37）[4]。

　　就這兩種秩序的屬性而言，海耶克認爲「做成的秩序」必然比較簡單、具體、並且針對特定目的而產生的秩序。相反的，「長成的秩序」則比較複雜、抽象、並且不爲任何特定目的服務。它的複雜性來自整個秩序所有元素的高度互動、相互調整，遠超過人類理性所能理解掌握。它的抽象性表現在複雜的關係上，因此我們只能用心靈去重構其圖像，而無法以感官直接認識。至於它的「無目的性」，則是因爲整個秩序並不是由一個外在於秩序的主事者所創造，所以它不可能有任何特定的、代表整個秩序的目的。雖然秩序之中個別成員的行爲都可以有個別的目的，但整個秩序結構並不受任何特定目的所左右。如果勉強要說它有什麼目的，那就是「個別成員的行動皆以保存或恢復此秩序爲目的，而秩序的存在就奠基在這些目的之上」。因此嚴格說來，長成的秩序乃是

4　鄧正來把這兩個概念譯爲「內部秩序」與「外部秩序」。另外，由於這些概念（以及其他一些海耶克發明的概念）過於晦澀難懂，海耶克後來宣告放棄，不再使用。「自發性秩序」則逐漸改稱爲「自生性秩序」（self-generating order）或「自我組織的結構」（self-organizing structures）（Hayek, 1979: xii）。

一種沒有特定目的的秩序，它是「眾多人類行動的成果，卻不是
人類設計出來的結果」（the product of the action of many men but
not the result of human design）（Hayek, 1973：37-39）[5]。

　　海耶克並不是說，凡是做成的秩序都不好，凡是長成的秩序
才可取。因為事實上人類社會存在許多局部性的組織
（organization），如政府、軍隊或工廠等，它們都有很高比例的「創
建」性質，因此也需要依賴做成的秩序（亦即命令）加以維持運作。
問題是海耶克認為整個社會本身基本上是一種長成的秩序，就像
大自然中的結晶石、或生物有機體，因此不宜以人為創制的法律
或政策期待社會產生某種特定的結果，如社會正義等等。

　　據此，我們就可以理解為什麼海耶克極力反對政府透過特定
的法律或政策，試圖改變市場經濟及市民社會的運作。海耶克當
然不反對政府具備某些功能，如逮捕罪犯，維持交易信用，或抵
抗外敵入侵。但是市場與市民社會基本上都屬於自動自發的秩
序，如果政府試圖藉由人為措施——譬如管制資金的流動、禁止
企業的合併、制定基本工資法、累進徵稅以補助福利支出等等——
來創造一個理想的社會，那就是硬要把長成的秩序扭轉成做成的
秩序，不僅注定失敗，而且會產生種種惡果。他說：正義（或公平）
概念是存在的，但只存在於人類有意識行為的層次上（譬如某甲與

5　海耶克認為古希臘傳統以來區分「自然」（*physei*, by nature）與「常規」
　　（nomõ, by convention）是一個根本性的錯誤，因為人類事務的範疇既
　　不屬於自然，也不是完全出於人為設計，而是界於兩者之間。他主張
　　我們用「演化」（evolution）的觀念來理解這個「人類行動的結果，卻
　　不是人類設計出來的結果」，不過「演化」並沒有「演化的法則」，生
　　物學家自社會科學借用了這個概念，卻不幸把它變成一個達爾文主義
　　式的理解（Hayek, 1973: 20-24）。

某乙的交易是否合乎公平原則），而不存在於整個自發性秩序的層
次上。因爲這個自發性的秩序是由無數行爲者彼此互動所產生的
一個無目的性結果，我們怎麼可能由於此結果符合或不符合某些
人的期待，就武斷地認爲它是公正或不公正的呢（Hayek, 1976：
31-38)？他說：

> 社會正義的要求是針對社會而不是針對個人，但是社會（嚴
> 格來講不同於政府機構）並沒有追求特定目的的行爲能力。
> 因此我們要求社會正義，就會變成要求所有社會成員都要組
> 織起來，如此才能指定某某特定成員或團體替某某結果負
> 責。……透過這種程序來要求社會正義當然是荒謬的，而指
> 定社會中的某些人專門替某些結果負責當然也是不公平
> 的。（Hayek, 1976：64-65）

海耶克認爲自由社會中人人爲其個別行動負責，但由於整個
社會的狀態並不是任何個別人士憑其意志創造出來的結果，因此
沒有人必須爲這個整體狀態負責。只有在一種完全以指令組織起
來的社會中（如極權國家或軍隊），「社會正義」才能產生意義，因
爲只有在這種「一個命令，一個動作」的秩序中，主事者才能明
確地判定誰應該爲那一個動作的錯誤結果負責。因此，儘管本世
紀以來社會正義的呼聲甚囂塵上，但是海耶克認爲這個概念是一
個「完全空洞、完全沒有意義」的名詞，就像我們迷信巫婆或鬼
魂的存在一般。致力追求社會正義的結果，只會讓政府有藉口大
事擴張，掛羊頭賣狗肉地滿足某些特定利益團體的要索（Hayek,
1976：62-69）。

除了「自發性秩序」，另外一個放任自由主義的重要概念是「非

模式化分配」，而這是由諾齊克提出的。諾齊克在《無政府、國家與烏托邦》一書中，主張只有最小限度的國家（minimal state）才是理論上可以獲得合理化的國家。所謂最小限度國家，其功能僅止於保障人民免受他人暴力侵犯、免於偷竊與詐欺之害，並保證契約得以履行。任何功能超過此一範圍的國家，都必然侵犯人民的權利，無法得到合理化。這個觀點——如同諾齊克自己明白意識到——當然是典型的放任自由主義的觀點（Nozick, 1974：ix）。

諾齊克在論證最小國家的合理性之後，轉而討論放任自由主義對分配正義的看法。他提出了一種「資格理論」（entitlement theory），說明財富分配在什麼情況下算是符合公平正義的原則。簡單地講，「資格理論」涵蓋三個層面：（1）一個人如果根據合乎正義的原則獲得其所有物（holding），他就有資格擁有該所有物（is entitled to that holding）。（2）一個人如果依據合乎正義的原則從他人手中將某一所有物轉移過來，他也有資格擁有該所有物。（3）一個人也可以依據「矯正先前不公正」的正義原則，而合理獲得某一所有物。因此總結來講，如果一個人是根據規範「獲得」、「轉移」、「矯正」的公正原則而擁有某些所有物，那麼他對該等所有物的占有就是合乎正義的（Nozick, 1974：150-153）[6]。

諾齊克進一步指出，上述「資格理論」及其分配正義原則乃是一種「歷史性的原則」（historical principle），因為它在探究某種

6　Entitlement theory也可以譯成「權利理論」，因為「有資格」與「有權利」意思差不多。不過，在1970、1980年代權利論述（right discourse）大行其道之際，諾齊克刻意使用entitlement而不使用right一詞，可能有他的考慮。同樣地，他使用holding而不使用property，大概也是為了彰顯所有物由「無主狀態」（unhold）變成「有主狀態」（hold）的差別。

分配狀態是否公平時，會考察這種狀態是如何從過去的歷史中發展出來。換言之，資格理論是一種注重歷史面向的分配理論。相對地，有另外一些分配理論完全只看「在當前時刻下」（current time-slice），財物是如何被分配，卻不追問過去這些分配如何產生。它們只管建立某些結構性的原則，據以判定所有分配狀態的公正性，因此諾齊克稱之爲「非歷史性的原則」（unhistorical principle）或「結果狀態原則」（end-result principle or end-state principle）（Nozick, 1974：153-155）。

其實，歷史性與非歷史性還不是討論分配正義原則最重要的標準，因爲有些考量到歷史面向的分配理論，仍然執意要根據某種「模式化的原則」（patterned principle）來判斷財物分配之公平性問題，一樣產生許多問題。所謂「模式化的分配」，就是要求所有分配都必須依照某些「自然的向度」（natural dimensions）或這些向度的權衡加總、先後排列來進行。譬如說：「根據每個人的才能高低」、「根據每個人對社會貢獻的多寡」、「根據每個人的道德品質」、或「根據每個人的需要」等等。由於它們都把分配問題決定於某些固定下來、模式化的標準，因此諾齊克稱之爲「模式化分配」。模式化的分配有的會考量過去歷史的因素（如「根據每個人的道德成就」），有的則不考慮先前的狀態（如「根據每個人的智商高低」），但只要它們試圖把複雜的分配問題取決於某些化約的模式，就算模式化分配。相對於這種模式化分配，諾齊克很自豪地說他的「資格理論」是一種「非模式化分配」，因爲他沒有執著於任何自然面向的標準。如果要用口號的方式來表達這兩者的差別，那麼模式化分配的口號會像是「各盡所能，各取所需」、「各依其德性，各得其所值」，而非模式化分配的口號則是「各任其選擇，各得其結果」（From each as they choose, to each as they are chosen）。意思是說：每個人都去做自己選擇的事，從而也獲得該有的結果，並且加上別人刻意選擇爲他所做的結果，以及別人刻意給予他的結果（Nozick, 1974：155-160）。

那麼，諾齊克認爲模式化的分配有什麼問題呢？第一，如果這個模式化分配依循的是非歷史性原則（如「依照每個人的需要來分配」），那麼它完全沒考慮這些有待分配的成果是從那裏來的以及怎麼來的（譬如福利制度所需要的資金從那裏來）。用經濟學的術語來講，它只管「分配」不管「生產」。而在忽視生產來源的同時，它可能放任政府剝奪或侵犯了生產者的財產，這裏面包含了種種違反「公平擁有」、「公平轉移」、「公平矯正」原則的作爲。第二，即使這個模式化分配考慮過歷史的因素，它還是犯了一個致命的錯誤，就是以爲模式可以維持。事實上，由於人類行爲的自由度很大，所有的模式都很難固定下來。譬如一個執意追求財富平等的分配模式，就無法預料人們基於自由交易及自由贈予對該模式造成的影響。如果主事者決定不計代價維持模式的運作，那不只是疲於奔命而已，也勢必要擴權濫權，終致限制或取消自由行爲而後已。誠如諾齊克所言，「爲了維持一個模式，主事者或者必須不斷干預人們進行自願性的資源轉移，或者必須不斷（或間歇性地）把某些人得自他人的資源拿走」（Nozick, 1974：163）。這種連續不斷的干預，超過最小國家合理的職權，因此是不公正的。

基於以上的說明，我們可以理解爲什麼「自發性秩序」與「非模式化分配」會成爲放任自由主義理論的核心概念。因爲兩者都點出了人類行爲的自主性，以及自由行爲所構成的秩序具有某種自然均衡的特質。放任自由主義之所以主張有限政府（或最小政府），正是不願外力隨便破壞自由社會的均衡。而他們之所以反對社會正義，則是基於自由行爲的互動不可能接納模式化的企圖。

下一節我們繼續分析新自由主義又是如何建構他們的理論，然後再將兩種類型做個比較。

三、「社會正義」與「資源平等」

　　放任自由主義極力批評「社會正義」及「分配平等」的概念，認爲它們牴觸自由行動的本質，破壞了自然均衡的秩序，然而「社會正義」與「平等」卻是新自由主義追求的目標。新自由主義在20世紀下半葉聲勢浩大，知名的人物包括羅爾斯、德沃金、艾克曼（Bruce Ackerman）、古德曼（Amy Gutmann）等人。他們吸收了社會主義的核心信念（社會正義），但不像社會主義者一樣主張廢除私有財產及市場經濟，而試圖透過政府的積極行動（如擴大公共支出、實施福利制度、採取矯正歧視措施等），來提昇弱勢者的競爭能力，以間接實踐社會正義。他們明白自己的立場不同於早期的「古典自由主義」或「經濟自由主義」，但仍然問心無愧地自稱爲自由主義，因爲自20世紀以來，美國知識界裏所謂的自由主義，正是代表此一立場（Dworkin, 1995：196）。

　　讓我們先從「社會正義」概念談起。羅爾斯在他的《正義論》一開頭就講，「正義」乃是社會制度的首要德目。這句話的意思是說一套廣義的社會制度（包括政治、經濟、法律結構）無論如何有效率，如果違反了人們心中對「正義」的想像，就必須廢棄或大幅修改（Rawls, 1971：3）。因此羅爾斯所關心的正義問題，基本上是社會主義傳統所謂的「社會正義」，而不是一個人品德是否正直、處事是否公正的那種正義問題。他知道政治、經濟與法律制度深刻影響著每個人追求人生理想的機會，也製造了許多不平等的現象。通常人們習慣以「才能多寡」或「運氣好壞」等因素來

合理化這些不平等，但羅爾斯認爲社經地位的不平等不能就此合理化，因爲社會正義要求我們進一步減輕這些因素對生命品質的影響（Rawls, 1971：7）。就此而言，羅爾斯正義理論所要涵蓋的範圍，正是海耶克認爲「正義」概念不能置喙之地。更不用講羅爾斯所推出的正義二原則（詳下），與海耶克的放任自由思想有著直接的矛盾。奇怪的是海耶克始終認爲他與羅爾斯沒有任行實質上的差異，最多只是羅爾斯使用「社會正義」一詞不妥，與他在「用語」上有所出入罷了（Hayek, 1976：xii, 100）。筆者認爲羅爾斯與海耶克思想的差異，可能遠超過海耶克自己所瞭解的程度。

　　羅爾斯曾經以「正義即公平」（Justice as fairness）這句口號總括他的正義理論。「正義即公平」的意思是說「正義的原則應該要在某種公平的原始狀態中，經由眾人一致同意而產生」（Rawls, 1971：12）。爲什麼要強調「某種公平的原始狀態」呢？因爲如果我們不做這個假設或推想，而容許每個人就他現有的立足點來協調正義原則，那麼註定不會有任何結果。因爲有錢人會主張正義是各食其力，而窮人會主張正義是濟弱扶傾。男人會認爲一夫多妻制符合正義，而女人則指責父權社會不符合正義。天資優異者會堅持公平教育在於擇優汰弱，而資質愚鈍者則認爲公平的教育在於提供人人受教育的機會。因此羅爾斯很清楚地看出，若想得到任何關於正義社會原則的共識，除非要求大家想像每個人都回到（或進入）某種公平的原始環境，否則不會有希望。他把這個「反事實」（counterfactual）的環境稱爲「原初狀態」（original position）。

　　「原初狀態」設計的目的是爲了使大家在公平的基礎上得到正義原則的共識，因此它必須排除一切足以影響個人做出特定選擇的因素。譬如，我們必須假設原初狀態中的人不知道自己的性別，這樣他們才不會偏向以父權社會或母權社會爲公平的社會結

構。我們也必須假設他們不知道自己的高矮胖瘦,這樣他們才不
會制定特別有利於某種身體特徵者的規則。用羅爾斯的話來講,
原初狀態中的人彷彿置身於「無知之幕」(the veil of ignorance)之
後,他們不知道自己的社會階級、生活職業、經濟狀態、身體及
心理特徵,甚至也不知道自己天賦才智的高低。「這樣才能保證沒
有人會因爲自然機會或社會偶然條件的作用,而在其選擇的正義
原則中受益或不受益」。羅爾斯把原初狀態的條件定得如此嚴格,
主要是因爲他認爲所有自然的差異(如智商高低與臂力大小)與後
天的社會背景(如財富多寡),從道德的角度看來,都是「任意」
(arbitrary)的因素。這種與個人意志無關、屬於先天及後天的偶然
因素並不能在理性上得到任何解釋,可是它們卻往往左右一個人
的命運。羅爾斯認爲正義的原則不能受制於這些任意的因素,因
此在原初情境中必須加以排除。換句話說,如果人們能夠在他所
描繪的公平的原初情境下得到正義原則的共識,則此一共識必然
已矯正了先天及後天偶然因素所造成的差別,使人人都同意於該
原則的公平性(Rawls, 1971:11-22)。

那麼,在原初狀態中的人會如何商討正義社會的原則呢?首
先,每個人當然都不想吃虧,因此普遍的平等待遇將是優先考慮。
其次,由於「無知之幕」的作用,人人在推理時會變得保守,而
不是大膽冒進。他們會寧可設想萬一自己實際上處於逆境,將要
如何減輕此逆境對自己造成的傷害,而不會設想假如自己實際上
得天獨厚,該如何錦上添花。用羅爾斯的術語來形容,這種思考
或推理策略叫做「兩害相權取其輕」或「小中取大」(maxmin rule)。
「『小中取大』的原則告訴我們先把所有方案的最壞可能結果加以
排序,然後我們要選取其中爲害最輕的那個方案」(Rawls, 1971:
152-154)。

在原初狀態的限制之下，加上「小中取大」推理的作用，羅爾斯認爲人們最終會得到共識的正義原則有二：（一）每個人都應該擁有平等的權利，在最大可能程度上享有其他人同樣享有的自由。（二）社會經濟方面的不平等安排必須兼顧兩個條件：（a）要能夠促進社會中處境最不利者的最大利益；（b）要基於機會平等的原則，使所有職位向所有人開放（Rawls, 1971：60, 83, 302；1993：5-6）。羅爾斯強調上述第一原則必須優先於第二原則，因爲這是自由主義傳統下對「平等自由權」的堅持，也是「原初狀態」下人們必然優先選擇的共識。至於第二原則，則是前述「小中取大」推理作用下，人們唯恐自己實際處於最差地位，因此同意的條款。第二原則的第一點涉及社會經濟條件的差異及不平等安排，羅爾斯以「差異原則」（the difference principle）命名之，乃是他正義理論引起最多討論的地方。

就本章的目的來講，我們暫且不管原初狀態的設計有無必要，也不管原初狀態中的人是否會得出羅爾斯所預期的兩大原則，而是要關注「差異原則」如何落實羅爾斯所主張的「社會正義」。事實上第一原則的爭議性較小，不管它與社會正義有沒有關聯，大家對它都沒有意見。但是第二原則（特別是其中的「差異原則」）明顯帶有社會主義色彩，以濟弱扶傾爲基本考量。雖然羅爾斯強調此一原則出自原初狀態下理性自利的考量，與慈悲情懷無關；然而不可否認這是他的正義理論最足以彰顯社會正義的地方，因此我們仍得仔細分析。

第二原則包括兩個部分，一個部分是如何詮釋「平等地開放」，一個部分是如何詮釋「對人人有利」。這兩個問題又分別有兩種不同的答案：針對「平等開放」的問題，有人認爲「職位對有才能者開放」就是平等開放，有人則認爲「力求公平的機會平

等」才是平等地開放。針對「人人有利」這個問題，有人主張「以
效率爲原則，就能獲得人人有利的結果」，另外的答案則認爲「以
差異爲原則，才是真正對人人有利」。羅爾斯把這兩組問題交叉成
四種方案，得出下面的表格：

「平等地開放」	「對人人有利」	
	效率原則	差異原則
職位對有才能者開放	自然自由體系 （System of Natural Liberty）	自然貴族制 （Natural Aristocracy）
保障公平的機會平等	自由式平等 （Liberal Equality）	民主式平等 （Democratic Equality）

　　所謂「自然自由體系」，是說凡是有才能者就能在這種體系中
出人頭地，而且這個體系奉行效率原則，所以成功的人除了爲自
己創造財富與社會地位，也可以因爲他的成就而使其他人分享到
一些好處。我們可以想像海耶克及諾齊克的放任自由主義基本上
就是鼓吹這種體系。可是羅爾斯認爲這種體系帶著很大的不公
平，因爲它完全不管出人頭地者究竟是因爲家庭背景雄厚，還是
全憑個人能力。爲了矯正這種偏差，於是有第二種方案「自由式
平等」。在「自由式平等」中，政府會確保每個人有某種立足點上
的平等，譬如提供均等的教育機會、防止財富過度集中或累積。
如此社會條件的不平等將不至於影響同樣有才能者的表現，凡是
有機會出人頭地者都可依效率原則，替自己及他人謀取福利。
　　但羅爾斯認爲「自由式平等」仍不是一個符合社會正義的體
系，因爲它所保障的機會平等只排除了社會條件的不平等作用，

卻沒有針對自然條件的不平等採取任何補救措施。所謂自然條件，包括每個人天生擁有的智商與能力，甚至美醜胖瘦等特徵。我們無法否認這些因素使有些人在社會競爭中佔了便宜（如聰明的人考得上好大學、漂亮的人錄取爲空中小姐、精明能幹的人投資股票賺大錢），但是誰會擁有這些有利的自然條件卻完全不是我們的決定，而是上天的安排。羅爾斯說：「從道德的角度來看，這樣的結果是完全任意的（arbitrary）。如果說歷史背景與社會因素影響了所得財富分配的不平等是沒有道理的事，那麼由自然資產（natural assets）來決定財富多寡，也同樣沒有道理」。正義的社會要求這些自然因素也應該要排除，或加以調控，使一個社會處境不利的人（無論是先天或後天因素造成），可得到最大的照顧。換言之，社會經濟的差異性安排應該以促進這些弱勢者的最大利益爲著眼點，而所謂「對人人有利」也應該以弱勢者的利益爲優先，這就是羅爾斯所主張的「民主式平等」（Rawls, 1971：65-83）。

至於「自然貴族制」，羅爾斯認爲沒有多大討論的必要，因爲這種制度不僅鼓勵優勝劣敗，而且容許社會經濟的不平等向才能出眾者傾斜，基本上像是傳統貴族制度的翻版。

羅爾斯知道他的「民主式平等」並不像一般社會主義者所期待那樣，從根本處廢除家庭制度與財產制度，使機會平等充分落實。但是他的推理是：如果差異原則能夠發揮作用，那麼社會經濟條件的不平等就比較可以容忍，因爲大家瞭解這種不平等將會朝向有利於弱勢者的方向前進。我們大可不必急於一時，而斷然廢除人類歷史上存在已久的社會制度（Rawls, 1971：511-512）。我想正是在這些地方，羅爾斯才會普遍被歸類爲自由主義──雖然有一些社會正義的理想──而沒有被當成真正的社會主義者。

羅爾斯的正義理論固然闡明了新自由主義對「社會正義」的

肯定，從而展現了「平等主義」(egalitarianism)的特色，但是他畢竟沒有詳細討論「平等」究竟要做到多「平等」才算符合社會正義。在這個問題上貢獻較多的，是法理學家德沃金。德沃金以當代自由主義者自命，大力鼓吹自由主義必須認真實踐平等。他認為自由主義既然肯定「人人擁有平等的自由」，那麼如何闡釋「自由式的平等」(Liberal Equality)就應該是自由主義哲學論證的首要之務(Dworkin, 1977：1978)。在過去，許多哲學家都懷疑「自由」與「平等」可能是兩個蘊涵著衝突矛盾的價值(譬如托克維爾)，但是德沃金認為自由與平等不但不矛盾，而且自由能否實現還要看每個人是否擁有與他人同樣平等的資源。嚴格講起來，自由應該看成「平等的一個面向」(an aspect of equality)，而不是獨立於平等之外的價值(Dworkin, 2000：121)。自由主義要求政府保障每個公民都獲得「平等的關懷與尊重」(equal concern and respect)，因此「平等的關懷」事實上是判定一個政治共同體是否具有正當性的重要指標，也是政治共同體的「最高德目」(the sovereign virtue)(Dworkin, 2000：1)。

那麼，什麼才是「平等的關懷」呢？德沃金在他的著作中不斷強調一個區分，就是有些人認為平等是「平等地對待每個人，讓大家的財物或機會完全平等」(treating people equally, with respect to one or another commodity or opportunity)，另外一種詮釋則主張平等是「對待每個人如同平等的人」(treating them as equals)。德沃金認為前一種說法不妥當，因為那只是齊頭式的平等——不管每個人的需要、狀況、及先天後天差別，一律給予同樣的東西。他主張平等應該是「對待每個人如同平等的人」，因為在這種定義裏，個別的差異與需要才會得到適如其分的安排(Dworkin, 2000：11)。所謂「平等的關懷」，指的就是「對待每個

人如同平等的人」。

　　進一步想，我們究竟應該怎麼做，才能實現「平等的關懷」呢？在這個問題上，同樣有許多答案。德沃金舉出其中比較常見的四種說法，而以第三、第四種比較具有說服力。第一種說法是功效主義式的平等觀（utilitarian egalitarianism），認爲政府的任務在於制定政策，替人人謀求最大可能的平均福利。第二種是放任自由式的平等觀（laissez-faire egalitarianism），認爲平等的關懷就是政府不要干涉任何人的生活，讓大家各憑本事及運氣去過活。第三種說法是福利式平等觀（welfare egalitarianism），認爲政府應該以政策促進人民的福祉，使大家所享有的福利不相上下，如此則體現了平等的關懷。第四種說法則是資源平等觀（resource egalitarianism），認爲公共政策應該儘可能地使每個人都擁有平等的資源，這些資源內涵雖不相同，但是價值相埒，其多寡應由每個人擁有該資源對他人所造成的成本負擔來估計（Dworkin, 2000：12, 131）。

　　德沃金所主張的平等，正是上述第四種「資源的平等」（equality of resources）。「資源平等」的出發點認爲每個人都有自己的人生理想，爲實現該理想，自然需要種種資源。隨著人生理想的不同，每個人所需要的資源也不相同。譬如一個想開個文具店的人，他所需要的資源是一些資金、店面、人際關係、以及良好的計算能力。而一個想當樂團指揮的人，所需要的資源可能包括音樂天分、學費或家人的鼓勵與配合。「自由主義」要求大家尊重別人的人生理想，並協助其實現之；「平等關懷」則要求我們把追求人生理想所需要的資源，盡量平等地分配。由於各種人生理想所需要的資源不同，無法化約爲某種共同的尺度（譬如金錢），因此最好的衡量方式是透過經濟學上的「羨慕測驗」（envy test）。

也就是說，假設人人憑著最初擁有的平等籌碼，在一個類似拍賣會的場合買齊自己實現人生理想所需的資源，然後仔細比較自己的資源與別人的資源，看自己還會不會羨慕別人擁有的資源總合。如果覺得羨慕，那就再繼續進行拍賣式的交易，直到每個人都滿足於自己手上擁有的資源，不想跟別人交易為止。當這種狀態達到時，資源平等的訴求就完成了（Dworkin, 1995, 223-229；2000：65-71）。

德沃金認為資源平等比福利平等更合理之處在於考量到個別差異，並且是以一個人擁有某項資源對他人所構成的機會成本來衡量該資源的價值，因此它完全沒有齊頭平等的問題，卻又能讓人人實現人生理想。另外，它在考慮資源類型時，既包括身外之物（如土地、金錢、權利），也包括個人的特質（如力氣、美醜、智商），使人人擁有的平等資源不是只存在於表面，而能估算由於個人特質造成的競爭上的優勢與劣勢，進而在分配資源時就以補償的方式預先加以衡平（Dworkin, 1995：224）。這樣的設計，稱得上是相當激進的平等主義，與羅爾斯試圖以差異原則排除先天後天種種任意性因素所造成的影響，有異曲同工之妙。

「資源平等」是一個抽象的概念，但落實下來則相當具體。德沃金主張一個以「平等關懷」為念的政府，必須設法提供所有公民基本的醫療保險，其範圍以每個人可能透過私人保險公司所購買的範圍為度。政府也應該課徵累進比例較高的遺產稅與贈予稅，用之於改善教育與職訓貸款等特定的福利措施。至於目前美國社會所採行的「矯正歧視措施」，對於彌補過去弱勢者長期遭遇的不當待遇有重大幫助，當然應該繼續推廣，而不能輕言取消（Dworkin, 2000：319, 349, 408）。這些政策主張，說明了德沃金資源平等觀之下的社會經濟制度，與羅爾斯所追求的方向是一致

的。他們都是新自由主義者，也都是放任自由主義者眼中的社會主義者。

四、兩種自由主義哲學論證之檢討

我們分析當代兩種自由主義的內涵，主要是爲了點出它們理論架構中最關鍵的概念。在放任自由主義這邊，「自發性秩序」與「非模式化分配」顯然居於樞紐位置；而「社會正義」與「資源平等」則可以說是新自由主義的核心觀念。根據一般的瞭解，放任自由主義在實務政策上一向主張「政府管得越少越好」，而新自由主義則傾向於透過政府積極性的施政來達成某些目的。在「放任政府」與「有爲政府」的背後，各有論證嚴密的理據或哲學信念加以支撐。前者推到源頭，就是「自發性秩序」的社會本體觀；後者推到源頭，則是「社會正義」的道德訴求。然而弔詭的是，雙方陣營雖然在實務政策上經常彼此叫陣，卻少見直指對方理論基礎的攻擊。相較而言，我們偶然還會看到放任自由主義者對「社會正義」觀念的批評（如海耶克所爲），但是新自由主義者卻很少直接挑戰放任自由主義關於「自發性秩序」的理論預設。可是由於沒有直接的理論交鋒，讀者往往只能從雙方對自己理論的舖陳與鞏固來猜想它們的出入所在。對政治思想的發展來講，這種情況並不特別有利。筆者認爲，兩種自由主義的關鍵概念值得好好比較、細加反省。否則我們一方面相信社會的自發性秩序，另方面又主張實踐社會正義，看起來好像把美好的東西都吸收了，實際上只是智性上的迷糊與鄉愿。

海耶克的「自發性秩序」是一個十分吸引人的概念，因爲我們大都同意人類行爲極端複雜，個別的人固然可以在一定程度內

控制自己的計畫，或爲特定的結果負責，但是整個人群互動所形成的網絡卻談不上由誰主控，也無法預測整體活動的結果。因此，與其假設社會秩序和經濟活動可以任人操作，不如承認它們自有生發起滅的可能性。就這個意義來講，人類社會確實屬於一種自發性的秩序。但是，海耶克的問題在於把「自發性秩序」對比「組織性秩序」，並且斷言「做成的秩序」必然破壞社會的自然均衡，使「長成的秩序」受干擾，這裏就產生了一個很根本的問題——「我們怎麼知道什麼行爲構成『做成的秩序』？什麼動作才有利於『長成的秩序』？究竟誰是這個判斷者？」譬如說，由於生態環境惡化，假如各國政府決定制定比較嚴格的廢氣排放標準，從而導致廠商增加生產成本，那麼這究竟屬於「人爲立法、做成的秩序」呢？還是屬於人類對生存環境變化有所反應的「自然生發的秩序」？假如海耶克告訴我們這是「做成的秩序」，而德沃金告訴我們這是「自發性秩序」的一部分，我們該聽從誰的判斷？

從海耶克的著作來看，這個問題似乎沒有令人滿意的答案。海耶克曾說凡是規範性質比較抽象、規範對象爲不確定人數的非特定人群時，這個規範就屬於 kosmos。他也說，凡是長成的秩序都會進一步維護社會秩序的生機與發展，而不是限制、干擾其運轉。但這些描述仍然沒有辦法幫助我們判斷諸如上述的立法究竟屬於做成的秩序，還是長成的秩序。事實上，由於現代社會人群互動日益複雜，各種需求也不斷產生，沒有一個政府能夠碰到問題時兩手一攤，凡事自由放任。生態環境政策之外，還有食品衛生檢查的問題、複製科技應否管制的問題、乃至於是否要取締酒醉駕車、開車能不能打大哥大的問題。我們無意暗示所有的問題都應該由政府立法規範，但是反過來講，如果海耶克認爲這些層出不窮的問題都不該以「做成的秩序」來處理，我們就很懷疑到

底什麼才是長成的秩序？

　　海耶克在《法律、立法與自由》的第三冊談到現代民主政治的弊病，對「誰才是判斷者？」這個問題提出了一個令人驚訝的答案。基本上，海耶克認為現代民主政治只是差強人意的選擇，因為各國議會莫不是由代表利益集團的勢力所把持，不斷要脅（或直接操縱）政府創造種種圖利特定勢力的政策或法令。海耶克十分擔心這個發展會使自發性的社會秩序變質為組織性的秩序，因此他提出一個大膽的設計，要求在現有的議會之外，另設一個真正名符其實、專責立法的「立法議會」（Legislative Assembly）。他認為現有的代議機構其實都是「政府議會」（Governmental Assembly），負責的是各種特定、具體利益的界定與執行。當然所有政府都必須處理具體利益問題，因此「政府議會」有其存在必要。可是他希望另外設立的「立法議會」能夠負責維護抽象的、攸關整個自發性秩序能否順利成長的法律規範。這種立法權所關注的不是「利益」，而是「意見」——是關於何種行動正確、何種行動錯誤的規範性意見。有了「立法議會」幫我們確定普遍性規範的準繩，我們才不致於偏離正軌。因此，立法議會就是判斷什麼行為屬於自發性秩序的裁決者（Hayek, 1979：xiii, 5, 109-112）。

　　可是，立法議會的組成成員與運作方式是十分奇特的。海耶克主張立法議會的委員必須成熟、公正、有智慧，因此他們必須至少45歲以上。他們的產生方式，是由45歲以上的公民，就每一歲的年紀層間接選出代表自己年紀層的人（如45歲代表、46歲代表……，一直到60歲代表）。一旦當選，他們的任期長達40年，直到60歲退休，然後還可以回到基層擔任法官。為了保證他們公正賢明地替整個社會維持秩序，他們不受政黨約束，同時可享有極高之薪俸。他們的職掌範圍很大，包括所有「政府議會」通過的

法案都要由他們認可，尤其是徵稅、安全、健康、經濟生產、以
及最重要的——創造並維持一個競爭性市場的適當架構。總而言
之，他們是「自發性秩序」的界定者與捍衛者，其性質與功能簡
直可媲美柏拉圖《法律篇》裏的「夜間議會」（nocturnal council）。
可是，海耶克對他們還是不夠放心，唯恐他們沒有盡其職務，因
此他又提議設立一個年紀更大的太上組織，由那些曾經擔任過立
法委員的退休委員組成，仔細監督立法議會是否有失職之處。如
有失職，他們可以直接將那些代表罷免（Hayek, 1979：113-116）。

　　筆者不憚其煩介紹海耶克的制度設計，主要是爲了指出「如
何判斷自發性秩序？誰是判斷者？」基本上是個無解的問題。從
表面上看起來，好像所有放任取向的動作（譬如解除管制、減稅、
縮減福利支出）就是尊重社會自發性秩序的作爲，而所有積極性的
動作（如防止托拉斯、強制黑白種族合校、規定最低工資）就是干
擾自發性秩序的作爲。但是誠如海耶克所講，人類行爲的互動與
連鎖反應極爲複雜，任何動作幾乎都是爲了回應先前發生的某些
動作而起，而該動作將引起什麼反應與後果，也無法預知。在這
種情況下，所有的動作都可以被理解爲自發性秩序的一部分，不
管是減稅（以因應經濟衰退）或增稅（以支應福利需求），不管是黑
白分校（以反應社會現實）或黑白合校（以促進社會和諧）。換言
之，在「自發性秩序」概念的解釋架構下，許多放任自由主義者
認定爲「做成的秩序」的行爲，其實都可以解釋爲「自然長成的
秩序」，而秩序也不再分成兩種，統統都是自然生發的秩序。自然
生發的秩序可能產生（道德角度上）對或不對的結果，但它們的是
非善惡與「長成秩序」「做成秩序」的虛幻區分無關。

　　如果一定要區分「長成的秩序」與「做成的秩序」，那麼一定
要有一個公正無私的判斷者，扮演上帝一樣的角色。這個判斷者

本身不能是社會秩序的一部分，否則他如何證明自己超越社會的局部利益，或比別人更能綜觀全局？這樣的推理迫使放任自由主義導向一個完全與它的思想體系矛盾的結論：或者它必須接受社會體系外的某種力量，或者它得容許體系內有一個特權階級的存在，替其他人判斷並維持秩序。這個矛盾，可以說是「自發性秩序」概念的致命之處。我們看到海耶克為了回答「誰來判斷」的問題，牽扯出一個帶有強烈威權主義色彩的非民主機制。這個答案對放任自由主義來講，不啻極端的諷刺。可是如果海耶克不回答這個問題，放任每個人自由心證或各說各話，那同樣會使他的理論陷入困境，因為這等於宣告「自發性秩序」是一個沒有實質意義的概念。我們經由這個反省，應該可以瞭解「自發性秩序」並不是一個真正禁得起考驗的理論基設。

相對於這個問題重重的概念，諾齊克所主張的「非模式化分配」就比較站得住腳。表面上看起來，「非模式化分配」與「模式化分配」的對比，好像「自發性秩序」與「組織性秩序」的翻版。因此「自發性秩序」概念所可能面臨的問題，也會發生在「非模式化分配」上。但實際不是如此。因為判斷什麼是「長成的秩序」與「做成的秩序」，我們需要一個仲裁者（或者如海耶克所設計出來的立法議會），而這個客觀仲裁者的出現，無法與「自發性秩序」本身相容——他會變成自發性秩序之外的一股力量，隨時試圖調整自發性秩序的發展方向。然而在「模式化分配」這個概念上，諾齊克「可以」認可某個客觀仲裁者的存在，而這個仲裁者的出現並不會衝擊到「非模式化分配」本身的解釋效度，也沒有對兩種分配模式的區分造成任何影響。當然更重要的是，諾齊克的重點是放在對「模式化分配」的攻擊，而不是對「非模式化分配」的維護，因此他的理論是否合理，要看這個攻擊是否有效。

　　大體說來，諾齊克對「模式化分配」的批評是成立的。「模式化分配」以某種固定的標準做為資源分配的指標(譬如「最有才能的人」或「處境最不利者」)，忽略了社會資源的配置或流動是一個極複雜的現象。有時候，我們確實會把某些資源按某種標準分配下去，譬如讓學習成績表現良好的人上研究所深造，而不是因為某人長得漂亮或家財萬貫就能如願以償。可是並非所有的社會資源都應該按同一種(或同一組)分配標準進行，而是要視資源種類與分配對象而有不同的區隔。這個道理，也就是麥可‧瓦瑟(Michael Walzer)在批評羅爾斯《正義論》時所揭示的「正義諸領域」(Spheres of justice)、而不是「正義單一領域」概念(Walzer, 1983)。另外，所有的資源分配都必須考慮過去歷史發展的背景，如果只顧提倡某種現在看起來合理的標準，卻不分析現狀之所由來或分配之後的可能結果，那麼當前的「模式」勢必會隨著新問題的產生，而變得過時或不合公道。可是，如果我們充分考慮分配領域的多元性、以及資源流動的歷史，那麼資源分配必然會以「非模式化」的方式呈現，這也是為什麼「模式化分配」站不住腳的理由。

　　「非模式化分配」固然比「模式化分配」合理，但是諾齊克的「資格理論」卻不是沒有問題。基本上，諾齊克太在意私有財產的神聖性，幾乎視之為無論如何不可侵犯的權利，因此他所謂「合乎正義的所有物轉移」與「矯正先前不公正的正義原則」都太過狹隘，太以既得利益者的立場為考慮。諾齊克認為遺產繼承與贈予都是不容外人干涉的自由行為，但是他既不管「不勞而獲」的批評，也無視社會階級不平等被繼承制度鞏固以後，對社會流動所造成的負面影響。簡言之，諾齊克把「正義」界定在一個十分狹隘的範圍內，使「社會正義」變成無法著力的目標，筆者實

在無法苟同。

　　事實上，「社會正義」並不是毫無意義的訴求。海耶克在字義上吹毛求疵，諾齊克在法理上予以否定，都無法掩飾一個事實，那就是社會上有既得利益者與弱勢者之分，而並非所有的既得利益者都屬實至名歸，並非所有的弱勢者都是咎由自取。「社會正義」要求政府對這種不符合公正理念的情形有所矯正，基本上是合理的訴求。雖然矯正的方式可以仔細討論——譬如幫助窮人是否以發放救濟金為較好策略？幫助原住民是否以聯考加分為較好策略？——但是某種程度的矯正絕對有其必要，否則社會充滿不正義的心理，對整體社會秩序的維持或社會精神的提昇沒有好處。我們回顧這一百多年來西方意識形態的發展，不能不承認社會主義在工業化革命之後的興起有其原因，而社會正義成為普遍訴求也有其道理。固然社會主義在20世紀末日趨沒落，但這不表示古典自由主義的勝利，而是因為新自由主義吸收了社會正義的理念，以另外一種面貌延續了社會主義的發展。就目前看來，人們已越來越不同意傳統社會主義比較激烈的訴求（如廢除私產及家庭制度，所有生產工具國有化），但福利制度、醫療保健、公共教育、矯正歧視措施仍發揮著一定作用。因此「社會正義」不是沒有意義，它需要的是更清楚的闡釋與合理制度的配合。

　　不過，我們雖然同意「社會正義」訴求的正當性，但是對新自由主義者如羅爾斯所提倡的「差異原則」或德沃金所鼓吹的「資源平等」，卻不是沒有保留的餘地。羅爾斯與德沃金從純理論的角度出發，看到了社會不公平的根源在於先天自然秉賦與後天社會制度所造成的差異。而由於個人與生俱來的「自然資產」與後天環境提供的「社會條件」都不是個人意志的選擇，也與個人的努力無關，因此它們都屬於道德上的「任意」的因素。為了調整這

些任意、偶然的因素對資源分配的影響，羅爾斯在「差異原則」中把這些因素納入考慮，使最不利者獲得較多的關注。而德沃金則提出更激進的「資源平等」觀念，企圖使先天及後天條件不好的人也獲得足夠的資源，以便有實質的機會去追求其人生理想。

筆者對新自由主義這種高度人道主義的主張表示由衷的敬意，但是對於他們力求掃除所有任意因素的作法則充滿疑慮。基本上，影響每個人一生發展的因素極多，不管是天生的美醜智愚、後天的身家背景、或甚至機運好壞，它們不僅種類繁多，而且無法預見其影響方向與大小。我們明知道它們對每個人的生命發展有重大影響，但是談到衡量這些因素、或控制調整這些因素，卻不是人類智力所及。當羅爾斯和德沃金宣稱這些因素必須控制時，他們可能不知道爲了界定、釐清這些不同因素對每個人的作用，就要一個政府做多少事；更不用講透過政府施政加以衡平，所代表的政府擴張將會多麼可怕。事實上，如果一個政府認真落實資源平等的原則，不僅可以預期它會膨脹到比社會主義國家更龐大、更中央集權，而且甚至扮演起上帝的角色。因爲只有上帝，才能清楚知道每個人真正的人生計畫是什麼，不會被每個人嘴巴所講的人生計畫所欺瞞；也只有上帝，才能公正無誤地分配自然與社會資源，而不會讓人們抱怨不已。

筆者認爲追求平等與公平是人類一種自然而然的心聲，但是平等不可能完全實現──不管是福利平等、所得平等、資源平等、或最基本的機會平等。譬如要讓一個患有腦性麻痺的小孩跟一個普通的小孩獲得平等的競爭機會，所要求的絕對不只是考試時間多幾個小時，或學校提供無障礙設施，而且涉及家庭支持、政府補貼、乃至食衣住行育樂等各方面的配合與改善。我們有把握要求一個政府或整個社會做到什麼程度，才算達成機會平等的條件

嗎？又譬如兩個應徵辦公室秘書工作的人，一個美麗大方、口齒清楚，一個相貌平平、說話遲鈍，她們機會平等嗎？我們又要期待政府提供多少資源（美容手術的費用？口才訓練的補貼？），才算是建立了一個機會平等的社會？

這並不是說，既然沒有什麼平等可以實現，我們甘脆放棄平等的訴求。筆者認為，一個社會容許怎樣的平等與不平等，必須經由這個社會反覆討論而達到共識。共識也許永遠無法達到，也許達到不久又會發生變化，但這是一個必須經歷的過程。因為只有在討論中，人們才會知道他們對平等的期待有多高，而整個社會所能用以支持平等訴求的資源又有多少。我們如果不實際地考慮這些問題，而只是空洞抽象地談論機會平等、資源平等，那就難怪海耶克之類的放任自由主義者要嘲笑「社會正義」是虛幻的概念。事實上，即使是在有限的資源中，一個政府仍然可以努力追求平等與社會正義。也許政府的力量永遠不夠，永遠只能把人生的許多缺憾交給冥冥上天去安排，但至少這種努力回應了人類自古以來某種真切的呼籲。跟放任自由主義所標榜的私有財產原則相比，社會正義的真實性並不遜色，也值得我們努力達成。

我們透過上文的分析與討論，約略可以獲得一個不甚高明，卻十分平實的結論：當代兩種自由主義對政府施政各有不同期待，一個總是要政府少管一點，一個則要政府多做事。在「管」與「不管」之間，只有「中庸之道」的政府才是最好的選擇。中庸之道的政府認識到「自發性社會秩序」是一個迷人而不真實的概念，因此它不會自綁手腳，老是懷疑自己是否不斷製造人為的秩序。但是另一方面，中庸之道的政府也知道「社會正義」的訴求必須適可而止，在有限的資源與能力下，它只能落實某些比較迫切、比較有共識的平等條件，而不能讓自己發展成龐大的官僚

體系，追求某些不可能有結果的目標。也許在21世紀開展之際，我們從20世紀自由主義之爭所學到的重要教訓，就是這個介於「完全放任」與「完全管制」之間的中庸之道。

第八章

漢娜‧鄂蘭論政治參與與民主

一、公共領域的再度彰顯

　　兩千三百多年前，大哲學家亞里斯多德曾說過：人天生是政治的動物，而政治學則是眾多學科中的首要之學。然而兩千多年來，似乎沒有任何一個政治學家能夠證明亞里斯多德的說法是正確的。更糟糕的是：我們發現在政治理論家的著述中，人由政治的動物變成社會的動物，再由社會的動物變成唯經濟利益是視的動物。而政治學則由首要之學淪為次要（或乃至不必要）之學。政治充其量只是某種「必要的惡」，但更常見的說法則是把它跟合縱連橫、虛偽狡詐聯想在一起。如果再當著一個人的面說他是政治的動物，那不是讚美，只是侮辱。

　　我們或許可以說，漢娜‧鄂蘭（Hannah Arendt, 1906-1975）是當代政治思想家中，唯一認真想要重振亞里斯多德對人的傳統定義，以及落實他對政治學深切期待的一個人。在當今自由主義思潮主導人們政治想法的情況下，鄂蘭獨排眾議地指出：政治行動基本上不是促進社會福利的工具，而是人類顯現一己真性的活動；政治參與不是民主社會中公民的消極負擔，而是人們創造歷

史的積極權利。許多我們原本自認爲熟悉不過的政治學概念（如權力），到了她的手裡，統統出現了新的意義。鄂蘭帶領她的讀者走進一個前所未見、精采豐富的政治學新世界，並且也因此被推崇爲當代最具原創力的政治哲學家。

本章首先要討論鄂蘭對「政治行動」的界定。但是要充分理解這個概念，又必須先對行動的適用領域——公共空間——做一些說明。在釐清公共領域與私人領域的區分之後，我會解釋鄂蘭如何把行動聯結到「生生不息」與「多元性」這兩個人類存在的基本條件，以及她如何證明透過行動，人既可彰顯一己特性，又能和平地與他人溝通。然後，基於這樣的行動理論，鄂蘭對現行代議民主制度提出了相當嚴厲的批判，主張只有某種類型的協議制度才可能落實人們行動的本能。第三節及第四節即是針對這些實踐問題討論。最後，我提出自己對鄂蘭理論的一些看法，我會試圖以公允的眼光，指出鄂蘭民主理論的獨特貢獻與缺陷，並思考其理論可以如何改善。

在鄂蘭的政治理論中，行動居於最關鍵的地位。但是支撐她行動理論的基礎，則是公私領域的劃分。鄂蘭爲了點出政治行動的「溝通」與「表現」兩項特質，特別強調只有在公眾領域中，人才有可能透過與他人的對話、交接，充分實現「人是政治動物」的本質。因此，在進入她的行動理論之前，我們有必要先就她的公共空間理論做一些討論。

鄂蘭認爲人類活動的場域基本上可以區分爲二：公共領域與私人領域。公共（或公眾）領域指涉兩個關係密切但並非全然一致的現象。第一，出現在公眾領域的所有事物都可以被每個人看見、聽見，因此它們都具有一定程度的「公眾性」（publicity）。同時，由於鄂蘭採取現象學派對實存的界定方式，認爲「呈現構成實在」

（being and appearing coincide），因此在公眾空間出現的事物不只具有「公眾性」，也具有「實在性」（reality）（HC：50, 57）[1]。第二，「公眾」一詞也指涉世界本身。世界並不等於地球或自然環境，它是指人類製成品與人際事務所構成的集合。「所謂共同居息於一個世界，主要是表示在所有共同擁有這個世界的人們之間，有一個諸事物的世界存在，就像人們圍著一張桌子而坐一般。這個世界——如同所有『中介事物』（like every in-between）——既聯結了人們，又分隔了他們，使彼此有適當的距離」（HC：52）。

　　鄂蘭從來沒明白講「公共空間」等於「政治空間」，但是她似乎有這個意思。比方說，她講過：「無論何時何地，只要人們以言行相聚在一起，一個表象的空間就出現了」（HC：199）。而言行（speech and action）正是她所謂政治行動的最適當模式。又比如說，在她對希臘城邦政治生活的贊許裡，她也說過：「只要是發生在此一表象空間的範圍，據定義就算是政治的事物，而不論那是不是行動的直接結果」（BPF：155）。鄂蘭有意無意地把「表象」、「公共」與「政治」連在一起，固然替政治行動找到一個名正言順的適行領域，但是也過度膨脹了政治的範疇，帶來一些理論與實踐上的困難。我們稍後會指出這些問題。

　　相對於公共空間，人類活動的另一個場域是私人領域。如果公共領域以公眾性及實在性為其特色，則私人領域裡這二項條件都付之闕如。對鄂蘭來講，私人（private）一詞乃是表示某種「欠缺」（privation）。「過一種全然私人的生活，最主要的就是說被剝

1　本章所引用的鄂蘭作品及其所寫如下：BPF代表*Between Past and Future*（1968），CR代表*Crises of the Republiz*（1972），HC代表*The Human Condition*（1958），OT代表*The Origins of Totalitarianism*（1966），OT2代表*The Origins of Totalitarianism*的第二版（1956）。

奪了某些事物，從而不算是真正的人類生活」。私人生活所欠缺的
不僅是公眾領域中經由彼此見聞所肯定的真實性，它也欠缺公共
世界中客觀存在的人際關係網絡。當一個人把自己的關懷局限在
純私人的領域裡，我們就不可能期待有什麼比維生更重要、更偉
大的事情發生。對一個私人來講，「無論他做什麼，對別人都沒有
意義，也沒有影響；而他所在意的事情，在別人眼中也是無關緊
要」(*HC*：58)。私人領域是一個惟生計是問，不企求超越或永恆
事功的領域。

　　鄂蘭自稱其「公共／私人」領域的二分法可以追溯到古希臘
人對「城邦生活」與「家庭生活」的區分。在希臘時代，城邦政
治生活所代表的公眾領域與家庭自然血緣結合所代表的私人領
域，是兩個針鋒相對的生存秩序。城邦的建立原本是摧毀了親屬
社群結構而來，因此城邦的興起意味著「人在其私人生活之外又
獲得了第二種生活，那就是政治的生活」(*HC*：24)。在這兩種生
活之間存在著某些顯著的差異：首先，「所謂政治的──就是說生
活在城邦之中──乃是表示任何事情都應透過言語與說服來決
定，而不是用武力及暴力決定」，用暴力或強制力解決問題是「前
於政治」(prepolitical)的處理方式，只該存在於外邦蠻族，不是希
臘文明所認可的手法(*HC*：26-27, 30-31, *OR*：12)。相反地，家庭
領域的最主要特徵就是其中成員乃因需要相結合，在這裡生活的
需求籠罩一切。主人為了馴服奴隸以供驅策，必須憑藉暴力進行
統御，這是使自己不受困於謀生活動的惟一途徑。因此，公共領
域(城邦政治生活)的基本原則是自由，而私人領域則由需求所支
配(*HC*：30-31)。

　　其次，鄂蘭發現在城邦之中，人們彼此平等；而家庭則是極
不平等的中心，這也構成兩者的一大區別(*HC*：32)。其實這個對

比是順著前一對比而來的，因為「自由」乃表示既不受生活的需求支配或他人支配，同時也不去支配他人。這只有在城邦中以公民身分相對待才有可能實現；反之，在家庭中自由並不存在，因為主人必須統治他的奴隸。雖然主人就是依賴奴隸制度的不平等才得以進入城邦的公共生活，與他人平等交往，體現自由，但他在家庭中是不自由的(*HC*：32-33)。

　　鄂蘭把她的公共領域理論追溯到古希臘「城邦／家庭」二分的假定，而不是導自近代自由主義對公私問題的看法，事實上蘊含了一個重大的意義。現代自由主義者(如約翰・密爾)也認為公私領域必須區分。凡是行為舉止會牽涉到他人的，就構成公眾的關懷，政府或社會有權利在必要的時候加以干涉。反之，只要行為舉止只與個人利害有關，那麼政府或社會輿論是沒有置喙的餘地[2]。自由主義這個區分很顯然是為了保障私人權利免於國家的侵犯；但這不是鄂蘭區分公私領域的用意。鄂蘭想要保護的不是私人權利，而是只有在公眾領域中才能被實現的政治自由。我們甚至可以說，鄂蘭是有感於近代以降西方政治哲學太強調保障私權，已經危及公共空間的存續，所以才要大聲疾呼恢復公眾領域。她的關切跟自由主義是剛好相反的[3]。

　　正由於鄂蘭的思想泉源是希臘政治，不是自由主義政治，所以她對除了公私領域之外的第三個領域——社會領域——才會有

2　參見 Mill, 1978: 73-81.

3　在我看來，David Spitz就是忽視了這層含意，才會誤以為鄂蘭只是延續密爾的理論。公私領域是否可以明確劃分固然是一大問題，但是說鄂蘭只是在「發揚光大密爾錯誤及人為的區劃，徒然將二分法增加為政治／私人／社會的三分法」則是錯誤的理解。參見Spitz, 1959: 57-58.

近乎無情的批判。在鄂蘭的理論裡，社會是一個曖昧的現代空間概念。「社會領域既非私人領域也非公眾領域，其出現可說是相當晚近的現象，它與現代同時萌芽，而其展現的政治形態則是民族國家」（HC：28）。隨著社會的出現，傳統對公私領域的區分乃逐漸消失。因為社會也者，其實是私人利益披上了公眾的外衣，是私人領域過度膨脹，侵入公眾領域的結果。換言之，現代人開始以原來家庭領域的意象去看待公眾的政治事務，結果得到的是一個「龐大的、全國性的家事行政組織」。與此發展相關的學術思想也不再是政治學，而是「國民經濟學」或「社會經濟學」；明白地講，就是某種「集體的家政學」（collective housekeeping）（HC：28-29）。因此在當代世界裡，政治已經被徹底地功能化，它只是滿足社會需要的一種工具，我們不再能夠辨識政治與社會的真正差別（HC：33）。

鄂蘭對私人領域的擴張引以為憂，對社會領域的膨脹則是大加撻伐。在她的心目中，社會是一個抹煞個體差異，崇尚順從一致的恐怖領域。「社會無所不用其極地排除行動的可能性……，它製造種種的規矩，希望它的成員遵循這些規範，表現一致的行為，從而扼殺所有自發性的行動以及非凡的成就」（HC：38-40）。當一個社會越來越自以為平等，它其實是一步一步走上同化。把行為的同化當成平等而自詡為進步，那只是證明了社會終於完全取代了公共領域（HC：40-41）。對鄂蘭來講，馬克斯所企盼的「人的社會化」一點也不值得高興，因為這標示了人性與文明的終結（HC：72）。

我們說公私領域的區分是鄂蘭行動理論的基礎，這是因為政治行動必須體現在公共領域。基於這個理由，她不得不明白指出私人領域與社會領域的擴張會如何危害政治行動的落實。但是她

也很清楚私人與社會的生活秩序有它們內在的價值。譬如說，她固然主張「過一種純然私人的生活，不能算是人類的生活」。但是她承認如果一個人「把生命完全花在公共事務上，把自己完全投入公眾領域裡，生命將會變得淺薄」（*HC*：71）。這等於說私人領域是不可或缺的。事實上，私人領域除了前述「欠缺」的涵義之外，它在正面的意義上則是為我們提供了一個可以防止公共生活過度侵擾的安全區域：「家庭的四面牆壁，可使我們不受外在世界以及公共生活的侵犯，它們圍成了一塊安樂土地，沒有它人類不可能生存」；「我們的世界不能沒有這種私人領域，而且它必須受到適當保護，不要對外界暴露」（*BPF*：186）[4]。進一步講，私人領域也是提供人類參與公共事務的活水泉源，近代以來公眾領域所以會崩潰，就是由於「私人所有」已經被資本主義的發展所剝削；沒有了私人領域的安全感與庇護，公共生活也不可能存在（*HC*：257）。因此，我們可以推論出鄂蘭對公私領域的態度原本是持平的，關鍵在於她認為兩者各有定位，政治生活應展現於公眾領域，而愛情、安全感等則應妥善保存於家庭。她的著作既然是在討論政治問題，當然會強調公眾領域的重要性，這點我們應該諒解。[5]更何況在她的判斷裡，現代人的生活已經太強調私人權利的保護與私人關懷的實現，相對地大家對公眾事務越來越不關心，對人

4　另參Arendt, 1977: 106-108.

5　在另外一個地方，鄂蘭明白表示公私領域基本上是「兩種不同的存在秩序」。不管犧牲其中那一種去追求另外一種，都是過於極端並且不對的（Arendt, 1977: 104）。就我所知，Leroy A. Cooper是少數看出鄂蘭無意完全貶抑私人領域的學者之一。相反地，N.K. O'Sullivan對鄂蘭在這個問題的處理上，就抱持了一個極為偏差的看法。參見Cooper, 1976: 155-57；O'Sullivan, 1973: 186.

際關係網絡的意義也越看越淡。這樣下去，只會造成人與世界的疏離，完全忘記人的存在還有比滿足一己享受更重要的目的。此所以她必須嚴格區分公眾領域與私人領域或社會領域，並力求此空間之重振。

二、論政治行動的特質

講完了公私領域的劃分，我們現在可以開始討論政治行動概念本身。不過，就像公眾領域的特性必須藉由與其他領域的比較才能適切掌握，行動的特質也必須透過與其他人類活動形態的對比，才能清楚地呈現出來。基本上，鄂蘭把人類活動的形態區分為三大類：勞動、製造、與行動(labor, work, action)。她認為這三種活動是最基本的，「因為它們分別相應於三個基本的條件，而人類就是在這些條件下才獲得其地球上的生命」(*HC*：7)。就此而言，人類活動及其生存條件之間的存在上關聯(existential correspondence)乃是我們瞭解任何一種活動所必須先予掌握的。

鄂蘭說：「勞動是指與人體生物性過程有關的活動」。勞動提供人類新陳代謝所必需的物質，是人類為了維持生命機能所從事的活動。因此，「促使人類去勞動的條件就是生命本身」(*HC*：7)。

其次，「製造是指與人類存在的非自然層面(the unnaturalness)有關的活動」。透過製造所得的成品，人類創造了一個人為的世界，以示與自然環境截然有別。我們居息於這個人為的世界，而其歷史顯然比我們任何個體的生命都還要長久。它可以使我們產生一種安定感與歸屬感，所以我們說，「促成製造的人類條件就是人間性(worldliness)」(*HC*：7)。

再來就是行動。鄂蘭界定行動為「開創新局的能力」(the

capacity of beginning something anew）；她說這是惟一直接發生在人與人之間，不必物質世界充當媒介的活動。不像勞動或製造——這兩者都可以由人孤獨進行——行動必須產生於人際之間，由人們言行的交換來構成。因此，它所對應的人類條件是「多元性」（plurality）。多元性表示生活在地球上的乃是許許多多，各各不同的人；而不是只有單獨一個人，或是許多彷彿由同一個模子複製出來的人（*HC*：7）。

　　除了上述三種人類條件之外，與人類活動息息相關的還有兩個普遍性的條件，那就是生和死；或者說，「生生不息」（natality）與「終必一死」（mortality）（*HC*：8）。鄂蘭認為前述三種人類活動的形態與這兩個普遍性條件都有關係，但是其中「行動」與「生生不息」這個條件，卻有著一種特別密切的關係。因為「出生」本身就蘊含著一種開創的原素，這只有透過行動才能完全彰顯出來（*HC*：9）。就這個意義來講，行動可以說是最能落實人類「存在」意義的活動形態，我們回頭再來詳細解釋他們的關聯。

　　鄂蘭認為，勞動、製造、與行動各有他們內在的價值，三者在一個健全的生命中不可偏廢。但如果就政治生活的層面來考慮，行動顯然居於最崇高的地位。行動人的信念是：人生最偉大的成就在於透過非凡的言行，將自己呈現於眾人之前；「這些言行雖然不見得帶來什麼物質利益，但是它們自有一種永恆的特質，會創造不朽的回憶」（*HC*：207-208）。與此相對地，勞動者的想法是「謀生第一」；製造者的想法是「成品至上」。他們都不能想像人的活動可以超越物質需要，臻於美善或永恆。如果用他們的眼光來看待政治事務，要嘛就是只計較生活能不能過得更舒服，要嘛就只管利益會不會累積得更大。兩者都不會考慮到言行的壯盛與榮耀才是真正可貴的東西；兩者也都不會知道人際互動的無

形網絡其實比所有可見的結果更重要。在意義上，這兩者都是非政治的。而且在某些情況下，甚至還會是反政治的。鄂蘭認爲政治學不能奠基在他們的想法上，只能建立在行動人的理念上[6]。

既然行動是政治活動最正當的表現方式，我們有必要進一步瞭解它的特質。我們尤其需要知道鄂蘭如何主張只有行動才能同時肩負「呈現一己特性」與「平等與人溝通」的雙重任務。爲了看清楚這點，讓我們從行動與人類條件的關係再討論起。

在前面的敘述裡，我們已經知道行動事實上是由兩項人類條件激引而起，其一是多元性，其二是生生不息。生生不息點出了行動本體論上的基礎；多元性則指出了其政治性格。兩者缺一不可，都是瞭解行動概念的關鍵。

鄂蘭說：「行動，依其最普遍的意義而言，就是肇端，開展，或啓動某種事物。」(*HC*：177)這種開創新局的能力是源自於我們出生時，隨著出生這個事實就蘊含著的一種創造性。如同她援引聖奧古斯丁的說法所做的解釋：「因爲人是新生命，是由於誕生而被稱爲新降臨者或新開創者，因此他們積極進取，發爲行動。」(*HC*：177)憑著這分天賦的行動能力，人類將自己投入世界；就像一個最不可能的奇蹟發生了一樣，他們的行動「打破了日常生活無止盡的循環過程，從週而復始的自然法則中掙脫出來，創下一個特例」。這種創造奇蹟的行動能力，就本體上的意義來講，是根植於「生生不息」這個簡單的事實(*HC*：246-47)。生命誕生激引了行動的能力，而行動的能力則構成人類存在的本質。除了行動與言語之外，沒有任何其他東西(包括理性或意識)能夠更清楚

6　讀者可以參考Parekh的闡釋以進一步瞭解鄂蘭主張行動比勞動及製造重要的論據，見Parekh, 1981: 120-21.

地把人類與其他動物區分開來（*CR*：179）。固然一般的動物也是有生有死，從而具有行為能力；但是動物的生命是以群為計，不像人能夠在隸屬於族群之外還保有個體性。而且動物的行為完全依循自然法則的規定，有一定的模式可觀察；人的行動則收發自如，其動向無法完全預測。行動是人類獨有之天賦。

另一方面，我們要注意鄂蘭的行動概念並不是一個無聲的舉止，它是有言之行（speech-act）。這點可以解釋為什麼行動與另外一個人類條件——多元性——息息相關。鄂蘭說：行動，嚴格來講，包括言談與行動兩個層面。如果說把行動視為開端的能力是呼應於生生不息這個事實，那麼言談就對應於「人的獨特性」這個事實；換言之，也就是對應於多元性這個人類條件。多元性是指人類既為平等的個體，而同時又有獨特的差異性。有言之行所要體現的就是這個平等的差異性。正如鄂蘭試圖說明的，如果人的天賦不是約略平等，他們不可能瞭解彼此的意向或乃至祖先及後代的需要。但是如果人沒有獨特性，他們的生命又何異於禽獸的群居生活，他們又何必要藉言行創造歷史以臻於不朽？多元性因此可以說是構成人類政治生活的重要條件，是使人不得不成為（某種）政治動物的原因（*HC*：175-78）。

鄂蘭認為，透過言談與行動，人類把自己之所以為人的特質完全展露出來。一方面，言行會使一個人的特性以他自己不完全意識得到，或控制得住的方式流露給他人。另方面，它也可以幫助一個人有意識地去與人溝通，使人與人之間的互動共同構成一個公共空間，實現政治這個概念最原始同時也最可貴的涵義。就「顯示一己特性」來講，言行所顯示的「我」並不是「我是什麼」（what I am），而是「我是誰」（who I am）。在行為者的一言一行之中，他會流露出自己獨有的一切特質，包括他的才能、稟賦、

素養、缺陷、以及所有他刻意表現或隱瞞的東西。別人對此可以
看得清清楚楚,惟獨他本人無法知道自己展現出來的是「誰」。雖
然如此,他還是要鼓起勇氣,冒險去展現自己是誰(*HC*:179-80)。

　　就「平等與人溝通」這一點來講,言行的運用預設了行爲者
有意願把他人當成平等的客體——否則獨夫式的暴力就足以申張
他的意志了。政治生活的可貴,正在於行爲者彼此願意給對方說
話、表示的權利或地位。政治人進行對談溝通,不只因爲大家相
信政治的場域是一個充滿意見的世界,不能任意以真理爲名阻遏
意見的表達;而且也因爲表述意見本身就是一種政治性的行爲,
不論意見的內容如何,表述溝通會使得公眾領域維持不墜。當人
們不再意識到言談的這層深意,轉而深居簡出,不問世事,那麼
政治生活就真的一去不可復得了。

　　綜觀上面所述,我們可以知道鄂蘭深信亞里斯多德對人的描
述至少是部分正確的。對他們兩人來說,人是一種政治性的動物,
其政治性不在嗜權好鬥,而是在於說話表現的能力。這種本能亞
里斯多德視爲天經地義,而鄂蘭則援引聖奧古斯丁的哲學,將它
解釋成與「生」俱來的稟賦。同時,她也把這個能力與「多元存
在」這個現象聯結在一起,使行動不只帶有人文性,也富有政治
性。鄂蘭談行動,於是不像社會學家那樣易於把它視爲可歸類可
觀察可預測的範疇,而是強調其創發性、自主性、與不可預測性。
行動與政治行動其實是同樣的意義,而政治參與也必須在這樣一
個寬廣的基礎上,才能夠談起。

三、對代議民主制度的批判

　　我們以上所討論的,可以說是鄂蘭政治思想中比較理論性的

部分，接下來我們就要分析她的行動理論如何轉化成對實際政治
制度的主張和批判。我們在這一節先處理她對代議制度的批評，
下一節再分析她所提倡的「協議制度」（council system）。

　　如前所述，鄂蘭追隨亞里斯多德的傳統，認爲人天生就有政
治方面的傾向。爲了落實這個傾向，人應當發爲行動，參與政治。
因此政治參與並不像近代民主理論家所說的，只是一種保障私權
或民權的必要手段；而是根本來自天性，是人對自我存在的一種
實踐與肯定。據此，所有政治制度中最能符合這個要求的，就只
有共和制度了。

　　共和制度又可稱爲參與式民主（participatory democracy）。它
之所以是落實政治行動的最佳選擇，乃是因爲它能夠「賦予每個
公民去成爲『政府事務的參與者』之權利，去行動以被觀看的權
利」（the right to become a participator in the government of affairs,
the right to be seen in action）（*OR*：130, 218）。共和政體是專制
（tyranny）的死對頭，同時也是民主政治中代議制度的替代制度。
在專制政體中，統治者壟斷了行動的權利，使臣民喪失公共領域，
只能埋首於一己的私業。鄂蘭認爲專制未必使人民福利減少，但
是它必然剝奪公民參與政治事務的自由，以及因爲參與而能經驗
到的公共快樂（public happiness）（*OR*：130）。至於代議制度，雖然
不像專制那樣集政權於一身，可是它也不見得會賦予公民太多參
與的權利。就歷史發展的軌跡來看，代議制度確實曾經爲想要參
政、同時有能力參政的人打開一扇通往政治之門，幫助人們結束
了專制或君主制度。但是在今天，代議制度的「參與性」已經日
益退化，不足以符應時代的需要了。事實上，鄂蘭認爲代議制度
目前正處於重大的危機時刻，其原因可以歸納爲兩方面：第一，
由於政黨政治的興起與中介，代議制與人民直接參與的理想已經

越離越遠。第二，由於官僚體系的擴張，人民聲音似乎越來越微弱(*CR*：89)。這些問題，我們可以做進一步的分析。

鄂蘭對政黨政治的態度曾經有過一個不小的轉變。當她在1940年代末期寫作《極權主義的根源》時，她認爲英美的兩黨制度比較起歐陸的多黨制，可說是一種極優良的制度。對她來講，兩黨制不只可以避免一黨獨大的危險，又可以保障開放的政治空間，因爲「公民透過政黨的組織，可以合法地贏得權力，感覺他們自己是國家的主人翁」(*OT*：252-56)。在這段時期，她認爲政治行動不只和政黨政治不衝突，而且還需要和政黨政治相配合。

可是，在她親身見識過美國的政黨政治之後，她就不再對政黨抱有幻想了。她的確還是相信英美的兩黨制優於歐陸的多黨制，但是她開始理解：「政黨不可能是人民的組織──因爲政黨壟斷了提名過程」。事實上，政黨是控制人民權力或阻絕人民運用權力的有效工具。政黨最多只可能提供人民一個比較合理的方式，去監督他們選出來的代表；可是它從來不會真的鼓勵大家踴躍參政。歷史上所謂治與被治的區別，在今天的政黨政治中還是保存了下來。政治行動「自我展現」與「相互溝通」的機會，仍然只有少數人才能享受(*OR*：267-69)。

鄂蘭對政黨政治提出如此苛刻的批評，是因爲她深知政黨制度在代議民主中所扮演的角色。護衛代議民主的人多半認爲政治的目的在於增進人民的福祉，只要這個目標能夠藉由代議制度達成，普遍參與是沒有必要的。在這個邏輯下，他們甚至會辯說政治參與只是一種必要的惡，是能免就免的負擔。政黨的出現坐實了他們的假定。一方面，政黨提拔一小部分政客出任政府要職，替人民料理利益分配的問題；另方面，它也能夠在初選或其他制度的名義下，替政府披上一件「人民主權」的外衣。沒有政黨，

代議民主勢必寸步難行。可是，鄂蘭的想法和上述這套邏輯正好相反。在她的理論裡，政治行動是人類存在的一個不可或缺的面向。行動是一種樂趣，不是負擔。如果代議民主的基設成立的話，人與其他動物的差別就看不出來了。因爲兩者都會以安全、舒適、溫飽爲生命的目的，沒有更高更有意義的追尋。爲了顯出人的獨特價值，積極參與必須得到大力鼓吹，而代議制度以及支撐此制度的政黨制，則應予貶抑。

代議政府的另一個大問題，如前所述，是官僚組織日益膨脹。在鄂蘭的解釋裡，官僚之治既非法治也非人治，而是無人之治（a rule of nobody）。就像古典自由主義經濟學假定市場機能可以由一隻看不見的手操縱、調節一樣，官僚制度中「無人統治」的怪異景象也正是現代政治特有的現象。官僚組織的出現與擴張，象徵了社會領域取代政治領域的過程，因爲官僚體系一般被認爲是處理私利或福利問題最有效的設計。隨著政治的目的由追求自由轉成增進福利，官僚行政也就名正言順地取代了政治辯論，成爲當代政治學注目的焦點。

在鄂蘭看來，官僚組織的泛濫絕不是一個行政管理上良性的發展，而是卡夫卡式的夢魘成真[7]。她說：「在一個發展完備的官僚體系裡，我們找不到任何一個人可與之討論、抗議、或施以（人民）權力的壓力」。在無人統治的官僚裡，責任的歸屬成了一大問題。當我們的抱怨一律被回敬以不聞不問，我們會覺得自己快要瘋掉。就這個意義來講，官僚體系剝奪了人們的政治自由，因爲它剝奪了人們對話與行動的權力。鄂蘭因此宣稱：官僚也者，乃是「無專制者的專制制度」，是人類歷史上所出現過最冷酷無情的

7　詳見Arendt, 1944: 416.

政府形式（*CR*：137-38,178；*HC*：40）[8]。進一步講，也就因為代議制中的政黨成功地「消滅了公民的聲音」，政黨的官僚組織化尤其該為人們的政治疏離負責。當人們不再覺得言詞辯論有管道可以表達，他們就易於訴諸暴力，以宣洩其不滿情緒（*CR*：178-79）。因此，政黨制度與官僚體系是造成人們無法成為「政治動物」的原因，也是今天代議民主制挑戰重重、危機不斷的根源所在。

四、協議制度與政治參與

　　既然代議民主不能確保人民政治行動的權利，不能提供充分的政治參與空間，鄂蘭乃轉而尋求更理想的政治制度。結果她發現：在近代以來許多革命起義的過程中，都出現過一種自發性的人民組織。它們或者稱為協會，或者稱為公社，在有些地方叫做蘇維埃（soviet），在別的地方則以議會為名。鄂蘭把它們集合起來統稱為「協議制度」（council system），稱讚它們是真正「行動的組織」，是現代社會中惟一能夠落實自由與參與的政治組成形態（*OR*：256；*CR*：233）。依鄂蘭的說法，協議制度在歷史上比較重要的實例包括1871年普法戰爭之後的巴黎公社，1905年、1917年俄國革命時的工人蘇維埃，1918年德國戰敗後出現的「工人與軍人協會」（Arbeiter und Soldatenrate），1919年慕尼黑的「巴伐利亞議會共和」（Bavarian Raterepublik），以及1916年秋天匈牙利革命

8　就「政府官僚化」這個角度來看，鄂蘭認為資本主義與社會主義不過是戴著不同帽子的孿生兄弟。資本主義開始了財產剝削的過程，社會主義則加速這個過程。但由於社會主義必須依靠一個更龐大的國家官僚體系來進行這個工作，因此所謂「社會主義的天堂」如果實現，將會變成人所不能忍受的地獄。見*CR*：211-15及Arendt, 1979：335.

所出現的各種協會（*OR*：262）[9]。如果鄂蘭今天還健在，她或許會把1989年天安門民主運動的學生組織，以及最近東歐共產政權崩潰過程中出現的自發性民間團體，列到協議制度的名單裡去。

這些各式各樣的協議制度有一個明顯而重要的共同處，就是它們都展示了一種無從預測的自發性（spontaneity）。「它不是有意識的革命傳統或理論所帶來的結果，而純粹是自動自發地產生。每當它出現時，都宛如是史無前例的。由是觀之，協議制度似乎是直接對應於、也直接根源於政治行動的經驗」（*CR*：231-32）[10]。這種革命情境中出現的行動組織完全不像理論家們所說的那樣，是有心人長期擘畫的結果。相反的，它是人類行動本能的一種爆發。它們也不像另外一些人所詆毀的，說是混亂、暴力、非理性的結合。事實上它的成員多半能在和平、講理的聚會中提出他們的主張；而且在許多時候，都能贏得人民的信任，使其組織以迅雷不及掩耳的速度擴散及於全國各地（*OR*：262, *OT2*：496-97）。當這類組織剛出現時，它們總是被所謂的「職業革命家」譏抨為「某種烏托邦情懷的暫時呈現」。但是當它們的影響力迅速擴散，職業革命家就會知道大勢不妙，馬上運用一切手段來鎮壓這種人民組織（*OR*：263）。

鄂蘭發現：這些隨革命情勢而出現的協議制度總是不能長存，「摧毀它的要不是民族國家的官僚體制，就是政黨機關」（*CR*：231）。誠然，職業革命家的敵意是協議制失敗的一項重要因素，

9　另參見*OT2*：497。

10　關於協議制度的討論，除了*OR*一書外，還可參見〈政治與革命的反省〉（Thoughts on Politics and Revolution）一文。該文為一訪問稿，收錄於*CR*之中；國內現有蔡英文的譯本（1986）。本文對該訪問稿之引用，多半參照蔡英文之譯文，特此註記。

但是，鄂蘭覺得協議制度本身也常犯一個致命的錯誤，那就是沒有分清楚「參與公眾事務」與「對公共利害的處理及行政工作」是兩回事。協議制度要體現的是參與的自由，不是政府行政的設計。它所能產生的人才當然是政治人才，但政治人才不一定能做好管理或行政的工作。由於協議制度沒有弄清楚兩者職權不同，因此常以政治方式去對付行政問題，結果總不免自誤（*OR*：273-74）。鄂蘭這種政治與行政二分的想法，當然與她前述「政治領域」與「社會領域」的畫分，以及「行動」與「製造」的區別有關。至於這種想法是否在現代政治分析中仍屬恰當，我們留待下節再詳細討論。

雖然協議制度迄今仍未有成功的案例，鄂蘭還是相當堅持這個制度是現行代議民主制度的「惟一替代選擇」（*CR*：231, *OT2*：499）。對她來講，協議制度本身就是一個自由的空間，它們的目的是要建立「真正的共和」，也就是奠基於無數基層共和制的新政治體（*OR*：264, 267）。它們與政黨政治是針鋒相對的：政黨政治以代議為原則，協議制度則強調行動與參與。協議制的目的不在增強中央政府的權能，而是在鼓勵每個公民就其能力範圍以內，積極運用權力，參與政府的決策。參與是這個制度的首要目標，所以鄂蘭才說要把國家分成許許多多的基層共和，使每個人都能經由這種制度上的設計，感覺到「他確確實實是一個能天天參與政府事務的人，而不只是每年投票那天才能管到公家事情的選民」（*OR*：254, 264, 267）。鄂蘭有一段話，對協議制度的精義是十分重要的說明，我把它整段抄錄如下：

　　參與協商聚會的人說：我們需要參與，我們需要辯論，我
　們希望自己的聲音在公眾領域裡被其他人聽見，我們要求有

機會來決定自己國家的政治事務。一個國家實在是太廣闊，
使我們無法群聚一塊，共同決定我們的命運。因此，我們要
求在國家之內有無數的公共空間。當選舉的時候才讓我們在
投票所圈一張選票，這實在是微不足道，因為投票所的圈票
房只能容納一個人而已。同時，政黨也是完全不適當的；在
政黨裡頭，我們大部分人只不過是受操縱的選民罷了。但是
只要我們之中有十個人能圍著一張圓桌坐定，各人表達其意
見，並且傾聽別人的意見，那麼透過意見的交換，必定可以
理性地形成一種意見。同時，在此過程當中，也可以清楚看
出那一個人最適合代表我們全體，在另一更高層的協商會議
中表達我們的意見。在那裡，我們的觀點再度透過別人的影
響、修正或否定，而必將獲得澄清。（*CR*：232-33）

　　因此協議制度的建構方式是這樣的：從基層共和制（譬如社
區）開始，每一層級的成員都在討論之後選出他們的代表，代表進
入上一層級，與該級其他代表一起討論，再共同選出此層級之代
表以進入更上一層級，依此類推而達於全國性的議會層級[11]。這
種層級結構當然會呈現金字塔的型態，但是在一般權威式政府
中，權威是由上而下地分布；在協議制度裡面，權威並不發自上

11　鄂蘭說這種協議制度可以容許最大程度的組織彈性，除了「一定數目
　　的人群在固定的基礎上，相聚而一起行動」之外，沒有什麼特別的條
　　件。如此，想像中便可以有基於地理關係而形成的鄰里協議組織，也
　　可以有因為工作或職業關係而結合在一起的協議組織，如作家協會、
　　青少年學生協會、軍人協會、公務員協會、工人協會……等等。參見
　　OT2：500。民主政治中「一人一票，每票等值」的原則似乎不在鄂
　　蘭的考量之中。

層或下層，而是來自每一層級本身。換言之，代表的權威並不是
上級指定，而是來自同儕的信任，用鄂蘭的話來說：「他們是自己
選出來的」（they had selected themselves）（*OR*：278）。

這些自己選出來的精英可以說是標準的政治精英，因為同儕
所以願意選他，完全是以政治的判準來考慮，這包括他的人格特
質、被信任與否、判斷的能力、以及勇氣等（*OR*：274）。他們不
是傳統意義下的精英貴族，而是純粹政治意義上的精英[12]。由於
這些政治才能並非人人天生具有，因此「並不是每個人都會想關
心公共事務或必須關心公共事務，並不是每個人都必須成為各級
協議制度中的一員」；「那些不關心公共事務的人是自己願意不參
與公務之決定，但是，基本上每個人都應該保有參與公共事務的
機會」（*CR*：233）[13]。

進一步講，在這種「新貴族形式」的政府體制下，鄂蘭認為
所謂「普選權」將告終結，因為只有那些關懷公眾事務甚於一己
幸福的人，才有權利要求自己的意見在公共領域裡充分表達
（*OR*：279）。不過我們要注意這種排除（exclusion）並不是恣意強制
的排斥，因為「如果那些參與公共事務的人是自己選擇的
（self-chosen），那麼這些不參與公共事務的人也應該是自我排除的
（self-excluded）」。鄂蘭認為這種寧願置身於政治事務之外的自

12　關於鄂蘭所謂純粹政治精英與傳統寡頭政治中貴族精英的區別，可詳
　　見Canovan, 1978：17-18.

13　在另外一個地方，鄂蘭也明言：「政治方面的驅動力──像是勇氣、
　　追逐公共快樂、喜好公共自由、力求超越群倫……等──或許不如我
　　們想像地稀有，……但不管在那種情況下，它們都不會是尋常的」
　　（*OR*：275-76）。事實上，鄂蘭的政治理論傾向某種自然貴族制（natural
　　aristocracy），是無庸置疑的。參見*HC*：5.

由，雖然不見於古希臘羅馬，卻是中世紀最重要的文化遺產，是「我們現代人所享有最重要的消極自由之一」(*OR*：279-80)。在這裡，我們看到鄂蘭試圖把世人所習知的消極自由與積極自由結合在一起，試圖把康士坦(Constant)所說「古代人的自由」與「現代人的自由」冶於一爐。這是一種奇妙的嘗試，但是它所體現的原則是否能與鄂蘭自己的行動理論相配合，則是一個大問題。

對於協議制度的細節，鄂蘭並不願多做討論。就像傑佛遜(Jafferson)對社區制度(ward system)的態度一樣,鄂蘭認為只要實地去做，制度本身自然會顯現出種種優點(*OR*：279)。倒是我們從上述鄂蘭對政治與行政的區分可以推知，協議制的主要工作應該是去討論所有公眾事務的原則，「交換意見而不一定要達成結論」(*OR*：243)。由於社會經濟方面的事務不是鄂蘭感興趣的題材，因此協議制所討論的問題可能是具體如憲法條款的訂定，或抽象如自由平等原則。協議制度似乎最好是被理解成表演競技的政治舞台，而不是各種利益或意識型態相衝突相對決的戰場。

至於協議制度被實現的機會有多大呢？鄂蘭的回答恐怕是令人洩氣的。她說：「若非完全不可能，希望也是非常渺茫。」(*CR*：233)但是，如果成敗不該是評斷政治行動的主要標準，那麼協議制度是否能實現或生存，也就不必看得太嚴肅了。畢竟，鄂蘭的政治思想是一種高度美學化的思想，不是處處講求實際的政治思想。就如同她在談及學生運動的意義時所說的：「歷史上美好的事物通常都是一瞬即逝。然而它們對以後一段很長時間的事物仍然會有決定性的影響。舉例來說，古希臘時代那一段美好的古典時期不也是歷時短暫，可是至今我們還不是深受其惠嗎？」(*CR*：

204）[14]也許我們對協議制度也應該抱持同樣的態度。

五、鄂蘭政治參與理論的貢獻與局限

依筆者之見，鄂蘭對當代民主理論的主要貢獻，是在於她對
政治參與提供了一種既古典又現代的支持理論。她相信人是政治
的動物，而其政治性則在於人能夠透過言行，與他人互動。有言
之行(speech-act)構成人類活動生命形態中最高貴、最有價值的一
種表現方式，使人可以超越汲汲營生的自然限制，而臻於不朽。
就這個層面來講，鄂蘭確實可算是亞里斯多德的門徒。可是在另
一方面，由於她深受德國存在主義哲學的影響，她對行動意義的
詮釋，就不限囿於古典政治哲學的說法了。她認為政治行動的目
的不在於設計完美國家，或是維護人類道德理想，而是在於彰顯
一己的特性以及和平地與人溝通。「顯示真我」(the revelation of
authenticity)是來自海德格(M. Heidegger)的影響，「重視溝通」則
是雅斯培(K. Jaspers)的教訓。鄂蘭將她兩個老師的哲學要旨溶入
她對古典行動概念的理解，結果產生了一個嶄新的對政治參與基
本理趣的說法。

鄂蘭這種替政治參與辯護的新穎說法當然不是無為而發。她
是有鑑於現代人多半認定政治是權謀詭詐之學，認定政治行動就
是計算功效的策略性活動，而忘記政治原本不是這麼一回事，所
以她才追本溯源，詳加探究，以向世人昭示政治行動的真義，並

14　另參見 *BPF*：169：「在人類歷史上，自由的時期總是相當短促的」。
　　這些稀有的、充分體現政治自由的時刻，就像「大海中的孤島」或「荒
　　漠中的綠洲」一般。見 *OR*：275.

疾呼參與之重要性。鄂蘭以行動參與與直指政治本義的做法，在
當代政治哲學家之中是少見的。就像巴勃所評論的：「政治與行動
的扣連性原本是不言而喻，但是在自由主義的民主傳統裡卻有一
種想法，認爲政治只是某些事物、場所、或制度……，從而忽視
行動與積極參與的相關性。因此，當鄂蘭在《人之處境》一書中
界定政治爲積極的生命形態時，令人驚訝的倒不是這個界定本
身，而是她的同行對這個定義的反應，他們居然都把它視爲古典
理論對現代自由民主制度一種極端的批判，好像行動跟現代政治
毫無干係一樣」(Barber, 1984：122)。的確，在主流派自由民主理
論裡，鄂蘭的行動理論不容易有立足之地；但也就因爲這個強烈
的對比，我們才看得出鄂蘭的政治哲學對參與式民主（而非代議民
主）可以發揮多大的作用。

　　事實上，鄂蘭強烈主張政治行動必須被視爲人類生命中不可
或缺的一部分，這使政治參與得到一個十分有力的理由，正好可
藉以批評當前自由民主制度的不當。毋庸置疑，自由主義是當前
民主制度的理論基礎，但是自由主義者談政治參與從來有所保
留。他們固然鼓吹人人都該有參政權，但實地裡他們認爲一定程
度的政治冷漠是必要的。「參與爆炸，民主不存」似乎才是他們真
正的信念。自由主義者對參與的虛僞態度最近引起兩支不同的哲
學流派的強烈不滿：共和主義（republicanism）與社群主義
（communitarianism）。共和主義批評自由主義者根本不瞭解「公民」
及「公民身分」（citizenship）的深刻意義。因爲公民一詞，原本指
涉積極參與共和事務的人，但自由主義把它解釋成獨立存在的個
體，其參政只是爲了消極地保障一己權益。這麼一來，公民道德、
愛國心、犧牲奉獻等就都沒有根本的重要性；而這些東西，卻是

共和主義者認爲政治生活不可或缺的[15]。而另一方面，社群主義
批評自由主義者歪曲了政治生活的目的，說他們只知道強調權利
或功效，忽視了友情及團結的重要性；說他們視自我爲孤零的個
體，低估了社群關係及歷史背景對一個人建立認同的影響。爲了
阻止自由主義繼續腐蝕社群的共同理想與價值，社群論者乃力倡
參與社區事務，期盼人們能因爲共事的經驗而深切體認人際關係
的真義[16]。

　　或許是因爲鄂蘭長年以來就提倡積極行動，抨擊自由主義，
所以共和主義及社群主義都樂於援引她的理論，或承認她的貢獻
（Springborg, 1989：499-500, 523；Pocock, 1975：550；Sandel, 1984：
7, 11）。不過，儘管共和主義及社群主義都對政治參與的重要性再
三強調，但他們並未能像鄂蘭那樣，把行動及參與的正當性直接
奠立於「生生不息」這麼一個簡單而有力的事實之上。就這一點
來講，鄂蘭的哲學人類學確實是大大強化了亞里斯多德那個原始
而略顯武斷的定義。當共和主義者及社群論者還在討論人是政治
動物的含義時，鄂蘭已經運用她存在主義哲學的訓練，把參與的
問題直接推向生命降臨即賦有之潛力。也因此，她的參與理論可
以說是一種最追根究柢、最深刻激進（radical）的理論。

　　但是，鄂蘭討論政治行動與參與民主並非完美無瑕，事實上，
她的理論充滿了大大小小的問題。譬如，她借用古希臘人「城邦
／家庭」的二分法來分析現代社會，結果對近代市民社會的興起

15　關於共和主義的主張，詳見Skinner, 1990: 293-309. Pocock, 1975: 523,
　　1989: 80-147.

16　關於社群主義的文獻，比起共和主義來，只是有過之而無不及。有興
　　趣的讀者可參閱MacIntyre, 1984, 1988. Sandel, 1982. Walzer, 1983,
　　1990. Kymlicka, 1988.

就不太能賦予正面的評價。她說行動相應於「生生不息」及「多
元性」兩項條件，卻未充分討論「死亡」或其他條件對行動之可
能影響。她以存在哲學的角度去界定行動的本質是要「彰顯一己
真性」，否認策略性考慮的地位，結果把所有的社經問題排除於正
當的政治辯論之外。這麼一來，固然她設計了一種最具參與精神
的民主制度——協議制度，但其參與者卻只能空洞地談論政治原
則，無法觸及任何具體的關懷或利益。我認為，這些問題似乎主
要都來自一個根本的矛盾，那就是在鄂蘭的政治理論中，對「何
謂政治」有二種彼此衝突的定義。一方面，她把政治定義得太廣
泛，從而對一般人的政治性要求太高；另一方面，她又定義得太
窄，使得政治議論的內容無法落實。這個矛盾從她把「政治領域」
與「公共領域」劃上等號時就產生了；而其解決之道，也必須由
重新釐定政治的範圍著手。

　　我說鄂蘭對政治的界定有時太廣泛，因為她把所有發生於公
共領域的言行互動都當成潛在的政治現象。她先說公共領域是政
治行動「適當的場域」（the proper location），再反過來說只有政治
行動才能充分實現一個表象的空間。「公共性」（publicity）既然存
在於人際言行的互動，而言行又是使人之所以號稱為政治動物的
原因，因此「政治的」就可以與「公共的」輕易地等同起來。當
一群人共同開始行動，他們既體現了其政治本性，也創造了一個
公共的空間，這是一而二，二而一的事。

　　既然人生而具有政治本性，一個完全的人必當積極行動，否
則他的生命將「無異於死亡」或「不再算是人的生命」。在這麼一
種廣泛的政治觀之下，人人都該參與公共事務。沒有政治參與的
生活是沒有價值的生活——它既被剝奪了體驗公眾自由與公眾歡
愉的機會，也被否定了透過言行向世人呈現一己特性的權利。

可是，當鄂蘭比較實際地反省政治生活的意義時，她卻承認政治永遠是有限的——「政治不能涵蓋人與世界全部的存在經驗」這個時候她會說：一個全心全意投入政治參與的人會變得「淺薄」。她也說：「並非每個人都想關心公共事務或必須關心公共事務」；近代以來人們所爭取到的「不參與政治的自由」，對她來講，是西方中世紀最重要的遺產之一，也是她願意珍惜或尊重的公民權利（*BPF*：263；*HC*：71；*CR*：233；*OR*：280）。在這些地方鄂蘭聽起來就像一個典型的自由主義者，她既不再強調沒有參與人會無法顯示個性，也不再認爲這樣的生命會「無異於死亡」或欠缺公共自由與快樂[17]。照她這第二種理解來看，人不一定是政治的動物，也沒有必要是。這個想法當然比較切合實際的，可是這不也嚴重抵觸她對政治行動的獨特定義嗎？

我認爲上述兩種主張之間的矛盾，基本上是由於鄂蘭未能清楚、恰當地界定政治的範圍和屬性。當她以言行的呈現作用做爲政治的本質，她一方面過度擴大了政治現象的範圍，使其納入了許多不相干的人類經驗；另方面她又不必要地排斥功效考量與物質利益，使政治的內涵空洞化[18]。事實上，我認爲並非所有公共領域中「顯示性的行動」都該視爲政治的行動。政治其實有某些特定的對象，不只是由展示一己的風格問題所決定。比方說，在

---

17 值得玩味的是：即使鄂蘭本人，也選擇了非政治性的生活做爲她安身立命之道。她承認：「我不適合從事任何直接的政治工作……因爲這樣絕對會破壞我寫作的工作」（Young-Bruehl, 1982: 233, 392-93, 461）。如果鄂蘭本人都不奉行她自己對政治參與所提出的主張，又有誰會相信她的理論呢？

18 把政治界定得比一般人理解的還要廣泛，似乎是存在主義哲學的共同傾向。見White, 1990: 85.

一個教室裡，師生之間對某個數學問題的激烈討論，可能既能充分顯示他們的人格特性，也有促進溝通之效，但這並不算政治行動。其次，即使是在一個政治行動裡，「顯示一己特性」也只能算是該行動意義構成的一部分，我們沒有理由認定這個部分比其他部分——如該行動的動機與目的，該行動的策略性考慮等——重要。鄂蘭政治理論可貴之處在於點出了我們長期忽視的一個問題，就是行動的理趣必須包括「顯示」與「溝通」，可是她把這些面向當成行動的惟一本質，從而排除了其他因素，則是矯枉過正。別人批評她公私領域不可能清楚劃分，或是批評她政治對話空洞化，都與這個根本上的錯誤界定有關。

依我之見，要徹底解決鄂蘭理論自我矛盾之處，首先就必須認清「政治的」不等於「公共的」領域，而顯示性的言行也不是政治行動惟一合法的表現。基本上，政治牽涉某些特定的人類活動（如制憲、行使公權力、權力分配、決策等等），其範圍小於所有公共領域中事務的集合。可是在另方面，政治又應該寬廣到足以容納物質的、實際的事務，而不像鄂蘭所說的那樣，只是人類非物質面的表現。如果照鄂蘭的定義，政治行動會被迫擔當太多我們常識中認為不是政治的工作；而這些工作事實上大可分派給其他活動去實踐，像是社交生活或藝術表演。當我們依照上述的修正去重新檢視政治現象，我想就不至於有「凡事泛政治化」以及「政治空洞化」的弊病。而且，也只有在這個妥協的基礎上，存在哲學的洞見才能有意義地整合進自由主義的傳統，讓民主理論更強健可行。

釐清了這個觀念後，我們就可以進一步討論鄂蘭在實務主張方面的問題。稍早我們已經看出鄂蘭協議制度的設計，並不是一個徹底的參與式民主的設計。誠然，她強烈批評代議民主，鼓勵

直接參與。可是她也承認在一個現代社會中,並非每個人都必須
對政治事務感興趣。對於那些不愛過問世事的人,鄂蘭只能說:「隨
他們便,他們是自願放逐於政治之外的」。可是問題是鄂蘭如何能
在堅持人是政治動物的前提下,又採取如此自由主義式的讓步?
現在我們瞭解,除非鄂蘭放棄亞里斯多德的古典定義,放棄人人
都必須積極參與的主張,否則這個困境絕無化解之道[19]。換言之,
鄂蘭必須認清楚有些人天生比較有政治秉賦,喜歡參與公共事
務。有些人則沒有,或不太有這種天性,我們沒有理由非要他們
變成「政治動物」不可。這是現代多元主義自由民主社會下的事
實,也是鄂蘭自己說應該加以尊重的西方文明遺產。反過來講,
如果鄂蘭一意堅持人人都必須參與政治以顯現其特性,其結果勢
必產生某種強制民主(或強制參與),而與盧梭之「強制自由」主
張同樣可怕。

　　同理,我們認爲鄂蘭對代議制度的嚴厲批判也只是部分有理
罷了。當她批評說投票不是一個理想的政治參與方式,她是對的。
因爲公民意識以及共同體意識的養成,至少要求更多直接的面對
面溝通。但是,當她說意見及個性無法代表,因此每個人都必須
直接與人溝通,確保意見及個性不受誤解的完整性時,她顯然立
論過高,完全沒有實踐上的可能性。首先,要求一個制度要能夠
使其成員「充分討論,交換意見,而不必然做成決定」,根本就太
理想化,如果這種設計成真,則政治制度將毫無效率可言,恐怕
連存在下去都有問題。其次,我們發現即使鄂蘭的協議制度也採

19　羅爾斯(John Rawls)在最近的書中也以鄂蘭爲「公民人文主義」(civic
　　humanism)思想最有力的代言人,並批評說這種「人人皆具政治天性,
　　人人皆需參與」的假設是站不住腳的。見Rawls, 1993: 206.

取了層級代表的規劃，在這個制度裡面，意見必須由那些「最適合代表我們」的人，去到更高一層議會與他人溝通。如果死板板地堅持言行無法代議，必須由每個人自己無誤地表達給他人，那這跟時下哈伯瑪斯所倡議的「理想的言說情境」(ideal speech situation)恐怕沒有兩樣，都是空中樓閣式的期望。

我們現在所得到的結論似乎聽來令人沮喪。鄂蘭要重振公共領域的企圖，要聯結政治行動與人類本性的努力，以及她對代議民主的批評，似乎都是建立在頗有問題的假設之上；而在仔細討論之後，也都不像原先看起來那麼有意思。自由主義仍然保持了它做為現代政治支持理論的地位。人並不是天生的政治動物，政治學也不是諸學科中的首要之學。鄂蘭想要重振亞里斯多德學說的努力，證明是完全失敗了。

也許這整個事情應該從另一個角度來觀照。如同我們在討論中發現的，鄂蘭相當清楚自由主義是當代政治不可或缺的一股力量。自由主義所捍衛的消極自由(即「不參政的自由」)跟古典政治哲學所推崇的積極自由，其實具有同樣的重要性。不管共和主義及社群主義如何批評，這種選擇不過政治生活的自由，已經成為現代人的基本權利。鄂蘭政治理論的貢獻，與其說是要否定自由主義政治，不如說是替自由主義在政治參與這個問題上提供了一個更積極正面的解釋。她或許未能成功地證明政治參與是人生的必要，但是她確實很正確地指出，政治活動除了增進福祉之外，還有一層更深刻的意義。這一層精義——「呈現個性、與人溝通」——自來為政治學家所忽略，鄂蘭將它發掘出來，並且嵌進政治行動的構圖。她的影響其實不算小，也可能歷久不墜。

第九章
鄂蘭的政治判斷理論與現代審議式民主

一、政治罪行與思考判斷

　　漢娜‧鄂蘭在1951年出版《極權主義的根源》（*The Origins of Totalitarianism*），開始成為政治學界矚目的對象。其後《人之處境》（*The Human Condition*）、《過去與未來之間》（*Between Past and Future*）、以及《論革命》（*On Revolution*）接連付梓，更奠定了她在20世紀政治思想史的地位[1]。但是，1963年她把觀察艾克曼審判

1　本章所引述鄂蘭的主要著作及其縮寫如下：
　　BPT：*Between Past and Future: Eight Exercises in Political Though.* Enlarged edition（New York: Viking, 1968）.
　　EJ：*Eichmann in Jerusalem: A Report on the Banality of Evil.* Revised edition（New York: Penguin Books, 1977）.
　　HC：*The Human Condition*（Chicago: University of Chicago Press, 1958）.

（the Eichmann Trial)的心得發表之後，卻引起軒然大波，不僅嚴重斲傷她與許多猶太摯友的情誼，也令人懷疑她對政治惡行（political evil)的解釋是否得當。

艾克曼（Eichmann）是納粹時期替希特勒執行消滅猶太人政策的主要軍官之一，二次戰後逃離德國。1960年以色列情治人員在阿根廷綁架了艾克曼，將他遣送回國審判。鄂蘭自告奮勇擔任《紐約客》(*New Yorker*)的特派員，前往耶路撒冷採訪審判過程。她把這件事情定位為「自己對過去所應負起的責任」，希望藉由親眼目睹劊子手的受審與伏法，治療多年來心理上難以釋懷的被迫害創痛[2]。

然而，鄂蘭的報告除了指責艾克曼的罪行，也提到當年若干猶太團體自甘「配合」納粹的滅族計畫，以致希特勒的政策推行得更為順利。這種「矛頭對內」的批判當然激起許多猶太人的憤怒，使他們紛紛與鄂蘭斷絕來往。但是更嚴重的是，鄂蘭再三強調艾克曼看起來根本不是一個生性邪僻、無惡不作的魔頭，而只

LK：*Lectures on Kant's Political Philosophy*. Edited and with an Interpretive Essay by Ronald Beiner（Chicago: University of Chicago Press, 1982）.

LM1：*The Life of the Mind*. vol. 1, *Thinking*（New York: Harcourt Brace Jovanovich, 1978）.

LM2：*The Life of the Mind*. vol. 2, *Thinking*（New York: Harcourt Brace Jovanovich, 1978）.

OR：*On Revolution*. Revised edition（New York: Pelican Books, 1977）.

OT：*The Origins of Totalitarianism*. Third edition（New York: Harcourt Brace & World, 1966）.

2　參見Young-Bruehl Elisabeth, *Hannah Arendt*: *For Love of the World*（New Haven: Yale University Bress, 1982）, pp. 328-29.

是一個平凡無奇、近乎無趣的人。換句話說，艾克曼所犯下的罪行並不是出於什麼深刻的邪惡動機，而是他對自己所做的事根本未加思考。鄂蘭以「缺乏思考、麻木不仁」（thoughtlessness）來形容艾克曼的政治罪行，引起許多猶太人的不滿，因為他們認為類似種族滅絕這種大災難不可能不來自深刻的罪惡（radical evil），而鄂蘭竟然說這種罪行出於「平凡無奇」的人。

在艾克曼審判之後，鄂蘭覺得有必要深入探討政治罪惡的來源。她尤其想知道：人們內心的世界是如何運作？如何形成對政治事務的判斷？或者反過來說，人們內心是如何建立善惡行為的判準，從而對外在的政治行動形成一種規範的力量？

鄂蘭對這些問題的反省，使她寫成了〈思考與道德衡量〉（Thinking and Moral Considerations）一文。這篇文章發表於1973年秋天，稍後成為《心靈的生命》一書的基礎。在這篇文章裡，鄂蘭肯定「人是一種會思考的存在」，人有思考的傾向與需要，而思考並不等同於智識能力或認知，它是我們內心一種「無聲而孤獨的自我對話」，它所要問的是「意義」的問題。一個人如果失去思考的能力，就變得不會反省自己的行為，他根本不在意自己的內心有無衝突矛盾，也因此「不會在意犯下任何罪行」[3]。

等到鄂蘭撰寫《心靈的生命》時，她進一步把內心的活動區分成三種：思考、意志與判斷（thinking, willing and judging）。她說思考是一種遁離現象界，回歸內心深處的「二而一對話」（the two-in-one dialogue）。人在獨處靜思之時，會感受心靈內在有另一個自我，這個自我不斷與另一個自我討論白天所見所為事情的意

3　Hannah Arendt, "Thinking and Moral Considerations: A Lecture," *Social Research* 38(1971), pp. 421, 444-45.

義。如果一個自我把外在生活世界的價值觀帶進來，藉以合理化
當事人的行為，則另一個自我會不斷質疑檢討。只有當兩個自我
獲得和諧，賦予一個行為同樣的意義，我們才能心安理得地繼續
生活下去。反之，如果兩個自我發生嚴重衝突，那就代表我們對
自己的所作所為沒有堅定的信念，我們可能不知道該行為是否正
確，也可能明明知道行為不對，卻昧著良心去做。因此，「思考」
本身是一種具有強大「自我摧毀」作用的心靈活動，它不接受任
何既定的道德規範，只要求自我內在的和諧為一。用鄂蘭的話來
說：「它能將所有既存的準則、價值、善惡尺度等（簡言之，就是
我們倫理道德行為的習慣與規則）統統撼動、摧毀」（*LM1*：75, 88,
174-75）。

　　鄂蘭認為，雖然思考具有一種摧毀既有價值規範的作用，但
是放棄思考卻蘊含著更大的危險。當一個人對自己行為的意義不
加以深思，而完全接受社會通行的規範，日久必然變成「缺乏思
考、麻木不仁」，就像艾克曼在納粹政權下的情形一樣。表面上這
種人的行為符合自己所處社會的普遍規範，但是這些規範從來沒
有經過自我內在對話的嚴格究詰。因此當納粹掌權時，他們依納
粹的價值觀過日子；而當納粹垮台後，他們也可以不加思索地接
受盟國所宣導的新規矩。鄂蘭認為這種沒有思考的人生宛如行屍
走肉，是所有政治罪行之所以可能的前提（*LM1*：175-77）。

　　至此，我們可以看出鄂蘭在《心靈的生命》中，延續了她在
「艾克曼大審」時的看法。她仍然認為「欠缺思考」是惡人之所
以為惡的主要原因——惡人不顧自己內心的自我對話，不怕自己
遭受另一個自我的譴責，因此才會無所不為、了無悔意。可是，
思考既然只能消極地阻止一個人為非，那麼我們積極行動的心靈
依據又是什麼？固然在眾人皆醉、唯我獨醒的極端情境中，思考

所導致的「有所不爲」本身也可以視爲某種積極的行動，但這畢竟不是一個好答案。因爲在具體而特定的環境下，人們需要判斷政治行動是非的依據。由於思考關注的通常都是普遍性的概念，如「正義」、「善」、「自由」等等，它不見得能針對特定的情況告訴我們「這樣做符合正義」、「這樣做才是善行」。對於這種特定行動的決斷，我們必須仰賴另一個心靈活動的作用，那就是「判斷」。

　　關於「思考」與「判斷」的關係，鄂蘭曾經以「意識」（consciousness）與「良知」（conscience）加以形容。她說：「如果思考——亦即我們內在無聲的對話——體現了我們意識中同中有異，一分爲二的情境，從而產生了良知這個副產品；那麼判斷——所謂思考解放作用下的副產品——可以說實現了思考活動，使思考得以在現象世界中彰顯出來」。「思考」先以普遍概念的反省淘汰掉所有禁不起檢驗的意見，包括各種價值、教條、學說、或信念；然後再釋放出「判斷」的能力，使之針對特定具體的情境，幫助一個人做出正確的抉擇。

　　思考本身的政治性有限，它是透過判斷才得以讓我們感知它在現象世界的作用。而判斷則是十足的政治性心靈活動，它不像思考，不必引用任何普遍法則來決定特殊事例的意義，而可以直接成爲我們政治行動的依據（*LM1*：191-93）。歸根究底，思考最多只能阻止我們誤入歧途，使我們知道有所不爲；但是只有透過判斷，我們才能與他人積極互動，對政治行動的是非善惡形成明確的判準。

二、判斷活動的政治意義

　　《心靈的生命》第一卷討論「思考」，第二卷討論「意志」，

但是在第三卷「判斷」尚未動筆之前,鄂蘭就因心臟病發作而猝逝。研究鄂蘭思想的學者一致認為,這未能完成的「判斷」問題是鄂蘭思想體系極關鍵的一部分,由於缺了這個「結尾」,三種心靈活動之間的關係不易釐清,而行動與判斷之間的關係也變得撲朔迷離。但是論者也同意:鄂蘭晚年在新社會研究院(New School for Social Research)及芝加哥大學所講授的「康德政治哲學」基本上就是處理「判斷」的問題。雖然這份講稿並不足以表達鄂蘭對判斷問題的全部見解,更不能取代她原先可能寫成的書,但畢竟還是我們揣測鄂蘭思想最可靠的資料,本文以下即根據這份講稿來分析鄂蘭政治判斷的理論。

鄂蘭認為判斷力是人類極重要的一種心靈能力,但是思想史上處理這個問題的人卻很少,她之所以以康德為建構判斷力問題的主要憑藉,乃是因為「在西方的大哲學家中,康德是第一個、也是最後一個把判斷力當成基本的心靈能力來處理的人」(*LM1*:95)。鄂蘭自己預測她以《判斷力批判》來詮釋康德的政治思想,將會遭到兩個主要的質疑。首先,人家認為康德從來就沒寫過所謂政治哲學,而鄂蘭的取材又是他晚年的作品,這是否真的能代表康德思想,實在不無疑問。

再說,以《判斷力批判》(而不是以《實踐理性批判》或《道德形上學導論》)去詮釋康德的政治思想,恐怕有人會認為文不對題,因為《判斷力批判》基本上是關於美學欣賞及品味判斷的問題,並未涉及道德的是非善惡(*LK*:7-9)。

對於前一問題的答覆,鄂蘭指出,政治(或者說判斷)的問題始終是康德的主要關懷,他的前兩個批判(指《純粹理性批判》和《實踐理性批判》)甚至可看成是第三批判的舖路工作(*LK*:9-10)。至於後一個問題,鄂蘭認為政治判斷與美學或品味判斷都是

相通的，因為它們都是主觀意見的交換、溝通、說服，而不像科學真理那樣強迫人非接受不可；就此而言，它們的共同基礎是我們所擁有的客觀「世界」，以及人人對此世界的熱愛(*PF*：222-3)。

　　鄂蘭認為《判斷力批判》的主題——諸如「特殊的事物」(the particular)、「判斷能力」、以及「人的社會能力」(the sociability of men)等——都是極具有政治意義的課題，而且這些問題並不是實踐理性所能處理。「實踐理性只會推理，然後告訴我們什麼可以做，什麼不可以做；它與意志一致，就像意志會對我們發號施令，它也是以命令的方式對我們設定種種法則。然而判斷則不然，判斷是出於一種沉思的、無所作為的歡愉與喜悅」(*LK*：14-5)。由於鄂蘭認為政治基本上並不是訂定普遍法則的工作，而是針對特定情勢的衡量與決斷，因此政治與實踐理性無關，反而與美學判斷有高度的類似性。

　　政治判斷與美學判斷的第一種關連，就在於它們都是處理特殊性的事物。鄂蘭說：「人類的判斷既不是由歸納得出，也不是由演繹推得；簡單地說，他們與邏輯推演完全無關」(*LM1*：215)。我們在上文已經講過，由於思考處理的都是普遍性的對象，因此當它要落實到充滿特定事物的現象界時，就會發現必須仰賴判斷的幫助。換言之，連接理論與實踐之間的橋樑是判斷(*LK*：36)。但是「判斷」有兩種，一種是「斷言判斷」(determinant judgment)，一種是「反省判斷」(reflective judgment)。前者是以三段論式的模式將特定現象涵蓋於普遍律則之下，從而確認該現象之意義。譬如我們先有「桌子」的觀念或先驗圖示，然後見到一張桌子便能辨識其為桌子。這種判斷方式屬於邏輯演繹法的一種，不是鄂蘭心目中所認可的判斷活動。至於「反省判斷」，其運作方式與「斷言判斷」正好相反，是從特殊現象本身抽繹(derive)出足以說明自

己意義的規則。譬如我們看到一朵豔麗的玫瑰花，情不自禁的驚嘆「這是一朵美麗的花」，其美麗正是來自這朵花本身，而不必依靠任何先驗的「美」之觀念。在反省判斷中，「一個人確實是從特定事物本身直接掌握到某些普遍性的成分」(*LK*：83)，其運作方式與一般科學知識的累積法則完全不同。鄂蘭認為，不僅美學及品味的判斷屬於反省判斷，就是政治行動的是非善惡也是以這種「由特殊見其普遍」的方式來建立評量的標準。

　　政治判斷與美學判斷的第二種關連在於「想像力」的運用。鄂蘭認為：反省判斷要能夠運作，一個人必須先學會如何透過「想像力」以擴大自己的心胸。先前所謂反省判斷不需要先驗性的普遍規則，並不表示我們每個人都要堅持自己獨特的品味與意見，視之為唯一有效的判準。相反地，主觀的品味選擇必須先在內心歷經一番假想的討論，然後才能公諸於眾人之前。內心的假想討論可以降低我們主觀品味的任意性(arbitrariness)，使我們的品味宣稱獲得比較高的普遍性，從而對他人具有較多的說服力。鄂蘭發現判斷有點類似康德所倡導的「批判思考」(critical thinking)。康德曾經說，只有當我們擴大思考範圍，將其他人的想法也納入考量，所謂的「批判」(critigue)才有可能。

　　鄂蘭也認為一個公平的批判者必須儘量設身處地，從眾多不同意見者的立場來瞭解爭議中的問題，如此他才有可能接納原先自己沒有想到的意見，或確定自己意見高人一等之處。經過這種「擴大心胸、設身處地」的思考與反省後，儘管一個人最後並未接受他人之見，卻能使自己的判斷更近乎公正[4]。

4　但是鄂蘭也十分強調這種「開擴的胸襟」並不是一般所謂「神入」或「移情」(empathy)。對她來講，後者彷彿認為透過設身處地就可以

　　爲了達成「擴大心胸」的效果，判斷還要求一個人善用其「想像力」（imagination）。想像力能夠「使不在眼前的東西浮現於眼前，使客觀知覺的對象轉變成內在知覺所體驗的對象」（*LK*：42-43, 65）。如果能夠充分發揮想像力，那麼即使我們外表上是獨自在進行批判思考，實質上卻能神遊於眾人共處的空間，而達到康德所言「世界公民」的情境。由於我們透過假想的討論降低了主觀判斷的偏狹性，因此判斷可以獲得相當程度的「公正性」（impartiality）與「普遍性」（generality）。我們考慮的觀點越多，判斷的普遍性就越大，同時我們從一個特殊現象所要抽繹出來的規則也越有效力。

　　人們也許會質疑鄂蘭以美感判斷比擬政治判斷有所誤導，因爲政治固然講求不同意見的溝通與協調，但美感品味則極爲主觀，有時幾乎毫無討論餘地。鄂蘭認爲這是我們對美感品味的誤解。在她看來，品味絕非純任主觀、抗拒辯論。在選擇一種品味時，我們事實上經歷某種「以他人爲導向」（other-directedness）的心理過程，從而降低了品味選擇的唯我性或任意性。鄂蘭引述康德來證明這個論點，她說：

　　康德似乎很早就察覺到，在我們看似私密而主觀的感知裡，存在某種並不主觀的成分。他以如下方式表達這個發現：……「人如果不能與大家共同分享其感受，將不會對一

　　　　知道別人內心深處的想法，並且要求自己去同情或接受這個想法。但是鄂蘭認爲這樣只不過是以別人的成見來取代自己的成見，完全達不到啓蒙；而且批判思考是要求我們主動地檢視自己與別人的意見，並不是消極被動地（passively）接納各種不成熟的看法，因此「神入」或「移情」絕不是批判思考的心態，見*LK*：43。

個客體滿意」；「如果我們的品味竟然與大家不同，我們會感
到羞愧」；甚至更極端地，「在品味經驗中，自利主義(egoism)
可以被超越」；也就是說，我們會變得「善體人意」
(considerate)。我們必須克服自己特殊的主觀條件以遷就他
人。(*LK*：67)

　　鄂蘭稱此種「非主觀」的元素爲「相互主體性」
(intersubjectivity)，認爲它是促使我們在品味問題上得以公開討
論、說服、並獲致同意的重要保障。
　　根據鄂蘭的說法，品味之所以有「以他人爲導向」的性質，
主要是因爲我們除了視、聽、嗅、味、觸五種感官知覺(sense)之
外，還擁有第六種知覺——就是「共同知覺」或所謂「常識」
(common sense)。前五種感官知覺基本上是主觀而私密的經驗，
但是「共同知覺」(或「常識」)則是一種特殊的心理機制，可以
調節、轉化感官知覺以適應於一個我們與他人共享的世界，從而
奠立共同世界的非主觀性。在康德的用語裡，此一「共同知覺」
即等於「共同體意識」("community sense" or *sensus communis*)。
鄂蘭解釋道：「判斷所訴求於眾人的正是此『共同體意識』；唯有
透過此一訴求，判斷才獲得其特有之效度」。在美感品味判斷中，
我們不能「強迫」他人同意我們的見解，但是我們可以「追求」、
「博取」他人之同意。譬如我們不能光是要求別人同意這棟房子
蓋得很美，而必須透過某些解釋，以贏取別人的贊同。別人未必
因爲原本判斷與你不同，就堅持品味問題無法溝通討論。因爲在
眾多美感判斷的事例中，我們有時能成功地說服別人改變觀點，
有時則會欣然接受別人的意見。「常識」或「共同體意識」在此顯
然扮演了一個重要的角色。鄂蘭認爲，「追求」、「博取」所蘊含的

說服層面，足以使判斷成為「人類心靈活動中最具政治性的活動」，而「共同知覺」作為這種心靈活動運作的基礎，則是「最典型的政治性意識」（the political sense par excellence）。

由於判斷活動要求當事人具備「開擴的胸襟」，又預設每個人都擁有「共同知覺」，因此康德才會認為進行判斷的人宛如「世界公民」，其觀點乃是出乎普遍而無所偏袒。對於「世界公民」的概念，鄂蘭曾經有所保留，因為她不贊成全球政府的存在。但如果世界公民不是指涉一種法權身分，而是指「世界的旁觀者」（*Weltbetracher*, a world-spectator），則鄂蘭又欣然同意（*LK*：44）。事實上，鄂蘭所說三種「心靈活動」（思考、意志、判斷）都要求當事人從現象世界中遁離，在此意義上，它們都使人成為世界的旁觀者。但是，鄂蘭特別指出，判斷活動所預設的「遁離」與一般哲學思考活動的遁離並不相同。最重要的差別有二：第一：「（判斷）並沒有離開現象世界，而只是不積極介入這個世界，它要找到一個較有利的位置，以便觀照全局」。第二：哲學家在思考時，必須遠離所有朋友以及這些人的錯雜意見，這樣才能夠冷靜地沉思推理。然而，判斷則不然，雖然「判斷者」不介入實際的利害糾紛。但是，他必須就同一個事件與其他旁觀者交換意見、彼此溝通；換言之，他們胸中自有無數同仁，他們並不孤獨（*LM1*：94）。

對康德來講，下判斷的旁觀者比行動者更有資格論定整個人生舞台的意義，而且他這些擁有「開擴胸襟」的旁觀者乃是多人並存（exist in the plural），而不是黑格爾式的孤獨哲學家（*LM1*：95-6；*LK*：63）。

然則判斷活動的政治關聯性又是什麼呢？一個簡單的回答是：缺乏判斷能力以分辨特定行為的是非善惡，人們將失去行動的準繩，變得凡事無所不可。但是比較詳細的回答則必須包括前

述所有概念——開擴的胸襟、想像力、共同知覺、交換意見的旁觀者等等。這些因素使得判斷具備高度的政治性，而良好的政治行動必須出自良好的政治判斷。我們可以以艾克曼的罪行為例，再度反省心靈活動與政治行為的關係。原先鄂蘭強調艾克曼「平凡無奇的罪行」(the banality of evil)是由於「欠缺思考、麻木不仁」。但是，仔細分析之後，我們發現這不是唯一的原因。

　　鄂蘭說：「艾克曼性格中一個比較特定、也比較關鍵的缺點，是他幾乎完全無法從別人的觀點來看待事情」。也就是說，艾克曼是如此安全無憂地「被其侍衛保護著，完全看不到、聽不到他人的存在」，於是當他必須下判斷以決定其所掌控猶太人的命運時，他可以說是「獨自」(alone)做了他的決定(*EJ*：47-49)。並不是任何天性中的邪惡因素誘使艾克曼犯下史無前例的罪行，而純然因為他已喪失判斷的能力，失去「透過想像力與無數他人相互溝通」的能力。由於艾克曼不瞭解訴諸「共同知覺」的重要性，他才會變成一個只知道重覆陳腔濫調的「空洞」人物。艾克曼沒有養成獨立判斷的能力，使他在舉世滔滔的歷史洪流裡只能隨波逐流，最後當然唯希特勒的命令是從(*EJ*：294-95)。鄂蘭認為，整個猶太人滅族災難的故事(the Holocaust)正好見證了人類一旦放棄政治判斷的能力(與責任)後，所可能發生的悲劇。

三、政治判斷與審議式民主的關聯

　　最後我們要談一下「範例效度」(exemplary validity)。前面說過鄂蘭的判斷乃是一種「反省判斷」，當我們要對一個東西或一種現象下判斷時，我們根據的不是普遍性的概念或法則，而是根據此類事物中最足以為模範(exempler)的特定實例。換言之，判斷

既不是採用柏拉圖的理型或康德的圖式（schema）以衡量一切同類事物，也不是像歸納法那樣歷經無數個例才彙結出一個抽象、普遍的法則；而是直接以我們所知道最具特色，又最具代表性的特定實例來做範例，從而判定其他個例之高下。在這個過程中，範例本身仍然保有它的特殊性，同時，又能展現出足為眾物仿傚、比擬的普遍性。好比說，當希臘人要論定某人是否堪稱勇敢時，他們心中浮現出來的範例就是阿奇里斯（Achilles），而當中世紀的人要判斷一個人是否良善慈悲時，他們會想到耶穌或聖方濟（*LK*：77, 84）。

　　鄂蘭認為模範或範例（exemple）對判斷的重要性，就像康德的先驗圖式對認知的作用一樣，它能夠巧妙地結合普遍性與特殊性於一身（*LK*：84）。然而判斷的範例效度有多大則完全要看所選的範例是否允當，雖然，這種效度不像科學認知的經驗效度那樣絕對、普遍。但是，因為史學與政治學的概念多半具有這種「有限的性質」（restricted nature），因此，我們在研究政治現象時，還是要注意判斷所獨具的範例效度（*LK*：85）。鄂蘭說：「許多概念起源於某一特定的歷史事件，而我們把它們當成範例，使其效力不僅限於自身，也可以推廣到其他類似情境」。因此，範例效度的多寡完全要看我們所做的選擇得當或不得當（*LK*：84-85）。透過這個論證，鄂蘭使美感經驗與政治判斷熔為一爐，而通俗的道德規範則毫無決定作用。當我們回歸心靈深處以衡量什麼該做、什麼不該做之時，我們毋須求助於任何超越或抽象的法則，然而只要想像我們所敬仰的典範會如何對應此一情境。我們以範例為師，並將此意見，與實存或想像的人群交換討論，以確定我們的選擇是否正確、可欲。這是政治判斷形成的過程，也是政治行動的有效依據。

　　鄂蘭的政治思想具有美學色彩，已是許多學者公認的事實。
這種美學式政治思想的利弊得失，也有許多人撰文指出[5]。本文不
擬就此問題繼續深究，倒是願意指出鄂蘭關於政治判斷的美學式
思考，無意間與晚近流行的「審議式民主理論」(theory of
deliberative democracy)有許多呼應之處；而她一度詳細分析的「想
像力」、「開擴胸襟」、「常識」、「共同體意識」等概念，也可以填
充當前審議式民主理論學者所未及發展的空隙。

　　研究民主理論(特別是參與式民主)的人，很早就注意到鄂蘭
的思想是民主理論的重要泉源。譬如，巴勃在所著《強勢民主》
(*Strong Democracy*)一書中，推崇鄂蘭所繼承的亞里斯多德式哲學
人類學，是民主政治不可或缺的基設。亞里斯多德率先提出「人
天生是政治動物」的觀點，鼓勵人們透過參與公共事務以培養德
性，實踐人生幸福。鄂蘭在《人之處境》進一步發揚此種實踐哲
學，故爲巴勃所贊許[6]。巴勃曾經說：

　　　參與模式下的強民主試圖在缺乏獨立判準的情況中解決
　　衝突，其方式是透過一種持續進行、近似自我立法的參與過
　　程，以創造出一種政治共同體。在此過程中，依賴性的私人

5　參閱G. Kateb, *Hannah Arendt: Politics, Conscience, Evil* (Totowa, NJ:
　　Rowman and Allanheld, 1983). Dana R. Villa, *Politics, Philosophy,
　　Terror: Essays on the Thought of Hannah Arend.* (Princeton, NJ: Princeton
　　University Press, 1999), Yi-Huah Jiang, "Politics Aestheticized: An
　　Interpretation of Hannah Arendt's Theory of Political Action,"《人文及社
　　會科學集刊》，第6卷第1期(1993)。

6　Benjamin R. Barber, *Strong Democracy: Participatory Politics for a New
　　Age* (Berkeley: University of Berkeley Press, 1984).

身分將會轉化為自由的公民，而局部性的私人利益則會轉化
成公共利益。

　　巴勃強調在多元社會中，人們不能訴諸任何既存的道德規
範，而必須從民主討論的過程中直接產生具有拘束力的行為法
則。這種想法既有一點「後現代情境」的味道，也預告了「審議
式民主」溝通形式的來臨。有趣的是這兩點鄂蘭在《康德政治哲
學演講》中都多少提及，彷彿她更早就預見了1990年代政治審議
問題的可能發展！

　　鄂蘭認為處身於「過去與未來之間」的人，無法如傳統社會
一般訴諸既有的價值規範。他們必須獨立思考，在「願意與他人
共享一個世界」的前提下，設法建立政治行為的準繩。就其擺脫
傳統習俗規約、否定任何先驗原則來看，鄂蘭與巴勃一樣承認了
「後現代情境」的存在。但是不同於後現代主義者之拒斥理性，
鄂蘭仍然採用啟蒙批判的語彙，也相信論辯溝通的可能。在這個
層面上，她反而比較接近審議式民主理論家的想法。審議民主論
者認為現存代議式民主只注重投票以及派系利益的交換，日益遠
離民主政治鼓勵人們參與以改善政治生活的理想。因此他們主張
重新設想民主審議過程，假定人人擁有基本的自由與平等，在公
開、理性、追求共善的精神下，讓所有成員都能充分表達意見，
彼此溝通說服，最後則由較佳論證（better argument）脫穎而出，成
為眾人可以接受的共識或決議。審議式民主理論不預設任何先驗
的實質規範，但要求人人儘量超越一己私利，從公共利益或至少
試著從他人的角度反省一個問題。隨著溝通討論的展開，人人都
有機會以較具說服力的理由去改變別人的心意，但也都應該對外
在世界保持開放，準備修正自己原先不夠成熟的見解。經由這種

程序產生的結論，理論上具有最高的正當性，可以合理地要求參與審議者服從[7]。

鄂蘭在《康德政治哲學演講》中，當然沒有像目前審議民主論者那樣鉅細靡遺地討論政治溝通的過程。但是她所提出的「想像力」、「擴大胸襟」等概念，與上述審議活動若合符節。而她所分析的「共同知覺」（常識）、「共同體意識」、「世界的旁觀者」、「範例效度」等，迄未為審議民主論者發覺，其可能作用卻極為重大，值得關心民主政治的人留意。事實上，審議民主理論自興起以來，已有不少人懷疑其理性預設太強，無形中等於重蹈了啟蒙計畫理性中心論的覆轍。但是如果放棄理性基設，分判論證高下的標準又何從建立？決策共識又如何可能？在這些問題上，鄂蘭的美學式思惟正好可以發揮補救之作用。鄂蘭不以五種感官知覺為限，提出「常識」作為公共領域的基礎，實際上已超越啟蒙理性定義的範圍。接著，鄂蘭又以「世界旁觀者」作為論證效力的公正裁量，使原本抱持主觀意志或私人利益的競逐者面臨重大考驗，因為他們不僅需要打倒對手，還必須以最能為旁觀者贊同的方式贏得比賽，所以審議的過程獲得了起碼的公正性。最後，鄂蘭以「範

7　關於審議式民主，參見Joshua Cohen, "Deliberation and Democratic Legitimacy," in Alan Hamlin and Philip Pettit eds., *The Good Polity*: *Normative Analysis of the State* (Oxford: Basil Blackwell, 1989). Bernard Manin, "On Legitimacy and Political Deliberation," trans. by Elly Stein and Jane Mansbridge. *Political Theory* 15(3), 1987；Amy Gutmann and Dennis Thompson, *Democracy and Disagreement* (Cambridge, Mass.: Belknap Press, 1996)；James D. Fearon, "Deliberation as Discussion," in Jon Elster ed., *Deliberative Democracy* (New York: Cambridge University Press, 1998).

例效度」作為政治判斷的衡量指標，雖然仍有若干理論上的細節
等待補充，卻不失為後現代情境下回應「普遍與特殊」問題的一
種方法。過去的普遍標準常常是以犧牲特殊性為代價，循著一元
演繹系統或經驗歸納法加以建立。但是鄂蘭的範例卻是由特殊現
象體現普遍效力，其適用性固然會隨著時空轉換而變遷，但新範
例的提出卻說明了「共同知覺」也可以更新，而「共同體意識」
也可以重塑。這些連鎖關係保障了人類世界的穩定性，使民主審
議在多元價值並存的時代仍有實踐的可能。

　　在鄂蘭去世廿五年之後，政治學界將會發現她的思想啟示與
日俱增。不僅研究大眾文化批判的人談論她、研究民族認同的人
需要她、研究女性主義的人重新瞭解她、甚至研究基因工程的倫
理衝擊的人也會設法挖掘她的思想資產。本章以鄂蘭晚年作品的
關懷為例，說明她的哲學如何可能影響未來民主理論的發展。乍
看之下，這條從政治判斷到審議民主的路徑似乎頗為曲折，但是
在政治思想千迴百轉的世界裏，這種連繫既不是最遙遠的一種，
也不會是最後的一次。

第十章

麥可・瓦瑟論自由民主社會的國家認同

一、麥可・瓦瑟的定位

近代以來，西方學術思想的討論常常以各種「主義」的交鋒為其表述方式。18世紀「浪漫主義」與「保守主義」對抗「理性主義」，19世紀「社會主義」對抗「資本主義」，20世紀上半葉「法西斯主義」、「共產主義」與「自由民主主義」結合實實地打了一仗，到了下半葉則變成「自由主義」、「共和主義」、「社群主義」、「後現代主義」、「女性主義」、「後殖民主義」等百家爭鳴的局面。「主義」的標籤使參戰者易於辨清敵友，使旁觀者能判別勝負，因此在一定程度內，其指標作用是不容否認的。但是「主義」有時也會變成隨便亂扣的帽子，使某些混戰中的人莫名其妙地被歸為某黨某派。這時我們如果透過主義去瞭解一個人的思想內涵及政治立場，就難免會產生誤解曲解，對我們談論的人造成不公。

麥可・瓦瑟（Michael Walzer）似乎就是這樣一個飽受誤解的人物。在當前政治思想的分類中，瓦瑟總是被歸為「社群主義」的

健將之一,與沈岱爾(Michael Sandel)、麥金泰爾(Alasdair MacIntyre)、泰勒(Charles Taylor)等站在同一陣線,向自由主義者羅爾斯、德沃金等開砲[1]。這個歸類的理由是:瓦瑟主張我們對正義以及其他種種權利的伸張,必須放到我們所屬的特定社會中來看。而一個特定的社會必然有其歷史文化傳統,這些背景系絡(context)是個體不可能侈言排除或隨意更換的。只有尊敬特定社會文化傳統對事物意義的界定,才能知道什麼是這個社會真正的善惡、公正、美醜。因此政治社群本身就是一種「善」,而種種社會建制——如教會、學校、宗族、市場——則自成一完備之歷史存在,有其形塑個人存在意義的真實力量(Walzer, 1983:xiv-xv;1984:324-25)。由於瓦瑟這個立場意味著「良善」優先於「權利」(the good is prior to the right),「社群」優先於「個人」,因此許多人都認為他當然是個社群主義者。

但是,瓦瑟並不是一個社群主義者,充其量他只是一個有濃厚社群主義色彩的自由主義者。如果我們非得用二分法來區辨不可,瓦瑟的思想應該是自由主義而非社群主義。關於這一點,瓦瑟本人的話語是最直接的證據。他說:「自由主義是一種會自我顛覆的思想。因此,它確實需要社群主義不時加以矯正。但是,如果指控自由主義前後矛盾,或以為我們可以用某種現在還看不到的『前自由主義』或『反自由主義』的社群去取代它,那就不算是特別有用的矯正了」。

瓦瑟說「我們自由主義者」(他從來不說「我們社群主義者」)

1　參見石元康(1995a:95),林火旺(1995b:252),Mulhall and Swift(1992:vii),Friedman(1994:309)等,但是也有人清楚意識到瓦瑟是自由主義立場,例如Etzioni(1995:2-3)。

重視寬容、隱私、言論自由、職位開放、自由結社、政教分離，這些價值都是現代社會「不可免」的。社群主義對自由主義的批評與修正「頂多只能看成是對這些價值的選擇性增強」（1990a：13-15）。如果我們借用泰勒的術語來分析，那麼瓦瑟在「本體論」上像是個全體主義者（holist），因為他始終堅持人是一種歷史社會所構成的存在；但是在價值或政策的提倡方面，瓦瑟就像泰勒一樣，是個不折不扣的自由主義者[2]。

　　瓦瑟的自由主義思想，頗為複雜。他一方面主張所有的理論思惟，不能超越具體特定的時空脈絡；在另一方面，他又相信某種具有普遍性質的概念或價值，可以從諸多分殊現象中獲得。這種思惟在他早期的著作中（如《公正的各種領域》）並不易看出來。因為他在早期研究所談的「多元價值領域、多元分配正義」，是比較傾向特殊主義的一面。而在他晚近的作品中，這種「寓特殊主義於普遍主義」的思想特色，就越來越明顯了[3]。本章以瓦瑟討論

2　泰勒認為目前「自由主義／社群主義」的論爭存在一個混淆，就是未能區分「本體的問題」（ontological issues）與「促進的問題」（advocacy issues）。在「本體論」方面，爭執的兩造是「原子論者」（atomist）與「全體論者」（holist）；在「促進論」方面，衝突的立場是「強調個人權利與自由」與「強調社群的生命與集體價值」。由於有兩組問題、四個立場，所以理論上可以有「原子論─個體主義」（如Nozick）、「原子論─集體主義」（如B. F. Skinner）、「全體論─集體主義」（如Marx）、「全體論─個體主義」（如Humboldt）等四種組合。泰勒自己的立場比較接近「全體論─個體主義」。見Taylor（1995：181-86）。

3　瓦瑟的作品頗為龐雜，此處所謂早期晚期，約略以 *Spheres of Justice* 為分水嶺。在 *Spheres of Justice* 以及更早的作品中，瓦瑟關懷的問題包括「革命」、「戰爭」、「公民義務」、「正義」等等。在晚近十年的作品中，則以「普遍主義／特殊主義」、「文化／政治認同」為論述之主題。

自由民主社會的國家認同為題目，正是要充分揭示此一獨特思路。因為在這個問題上，瓦瑟既不同意社群主義極度強調特定族群歷史文化認同的作法，也不同意共和主義只管提倡國家認同，輕易抹煞族群心靈歸屬的強硬作風。瓦瑟的看法比較接近羅爾斯、德沃金等自由主義者，可是他又另闢蹊徑，指出政治認同與文化認同可以彼此支援、相互促進。他通常稱自己的立場為典型的自由主義，但有時為了表示區別，也會自我標榜為「政治觀點上的多元主義」(pluralism in political perspecive)。筆者相信：深切瞭解瓦瑟如何處理多元社會的認同問題，不僅可以使我們感受西方自由主義傳統的豐富想像力，並且也會有助於我們在當前台灣社會認同問題的泥淖中找到出路。

二、民族國家與多民族國家

瓦瑟討論自由民主社會的認同問題，是把它放在多元族群社會的脈絡下思考。而一旦涉及族群的問題，就不能不從人們最常提及的民族國家(nation-state)開始。通常政治學者心目中的國家乃是民族國家，所謂「一個民族構成一個國家」(one people, one state)似乎是天經地義的原理。如果一個民族還未能成立自己的國家，會被看成是處於殖民地位或半殖民地位的族群，是威爾遜(Woodrow Wilson)「民族自決」口號中等待解放的對象。反過來講，我們一般對國家的定義，也是常以「人民、土地、主權」為

目前討論瓦瑟政治思想的二手文獻，仍然集中於*Spheres of Justice*所引發的問題；至於本文所處理的問題，學術界似乎未曾注意過。參閱Galston(1989)以及Mulhall and Walzer(1995)。

主要構成要素。這三要素之中的「人民」並不是隨便拼湊的烏合
之眾，而是具備共同血緣、歷史傳統、文化習俗等基礎的同一民
族。就像另一要素的「土地」不能是極端畸零分散的領地，而必
須維持相當的完整性一樣。因此民族國家乃是由單一民族爲主所
構成的政治共同體，其組成成員的族群歸屬、文化認同與政治認
同是大致重疊的。

　　可是單一民族國家並不是族群與政治共同體結合上的唯一可
能。至少就理論來講，民族所代表的族群單元與國家所代表的政
治單元可以有四種不同的組合：（1）單一民族國家（nation-state）、
（2）多民族國家（state of many nations）、（3）同一民族成立不同
國家（one nation, many states），以及（4）眾多的多民族國家。後
兩種型態爲前兩種型態的延伸，除非爲了彰顯政治世界多元並存
的事實，可以不加討論[4]。就西方歷史的發展來看，希臘城邦時代
是「同一民族，不同國家」的典範，羅馬帝國是「多民族國家」
的一種特殊形式，而所謂的單一民族國家則是近代的產物，是在
英國、法國、德國、義大利陸續建立爲主權國家之後才出現的新
型態。由於近代的強權國家多半是單一民族國家，因此20世紀的
新興國家也都以「單一民族國家」爲其發展典範。不過在民族國
家的普及過程中，多民族國家並非銷聲匿跡。甚至在瓦瑟的看法
中，多民族國家雖然不是現實世界的主要潮流，卻是最值得政治
學家研究的對象，因爲維持這種國家的穩定事實上比維持單一民
族國家困難得多。

4　這裏所用的「國家」一詞乃是通俗用法，泛指一切最高最大的政治實
　　體，因此包括希臘的「城邦」、羅馬的「帝國」、近代的「民族國家」、
　　東方的「王朝」、以及非洲的「部落」（tribe）等等。筆者無意在此深
　　究「國家」一詞是否只能指涉近代的「民族國家」。

　　瓦瑟說：就民族與政治共同體的組合來看，西方歷史上曾出現三種理想類型，分別是「帝國」，「民族國家」與「移民社會」。帝國是以一中心族群為主，透過擴張、征服、購買、政治聯婚等種種方式而將其他不同文化、不同宗教的族群納入版圖。由於帝國所在意者為形式上的統一，因此常賦予屬國某種自治權來換取他們對宗主國霸權的承認。不過這種主從關係的確立不一定都是經由和平手段達成，有時候武力鎮壓或恫嚇是免不了的。因此帝國雖然是「多民族國家」的某種類型，其本質上是充滿暴力而不穩定的。此外，帝國領域內的各族群並非混雜而居，他們多半各自固守於祖先遺留的土地，奉行自己原來的宗教信仰與風俗。帝國統治者縱使有心打破其藩籬以進行同化，通常成效有限。

　　其次是民族國家。民族國家的產生或者經過長期的演化與鞏固（如法國、義大利），或者經過民族自決運動洗禮，以分離或解放的方式，自統治強權的枷鎖中掙脫出來（如中東各國）。由於這種國家在獨立建國過程中頗得力於民族主義，因此，建國後常繼續強調本身文化傳統的完整性與優越性。它們會制定單一國語、推廣同化教育、把持政治權力、確保獨立成果。對於境內仍然存在的少數民族，它們或許容忍、或許鎮壓。它們注意的是強勢族群本身的政治地位與文化認同，少數族群的各種需求不是它們施政的重點。

　　第三種型態是移民社會。移民社會顧名思義是由各種移民共同組成的社會。所以它也算是「多民族國家」的一種特殊型態。移民可能來自原本互無關係的母國，其移入的時間也先後有別。當第一批移民來到一個地方建立起新家園，他們很自然會把母國社會的政經制度與文化宗教信仰當成新世界的官定模式。然而隨著不同移民陸續遷入，新的政經制度與風俗習慣也不斷衝擊早期

移民所建立的模式。最後各移民族群不得不達成協議，讓國家在文化及宗教事務上越來越傾向中立，既不以公權力支持特定族群的信仰，也不以之打壓任一族群的發展。除非其中強勢族群蓄意以不公正手段排除其他族群——譬如禁止繼續移民或進行種族淨化——否則各族群終究要學習彼此容忍、相互尊重。在這種國家裏，統一的政治認同是存在的，但是各族群可以自由保持其文化認同，以滿足其成員之心靈需求（1995：181-82）。

　　瓦瑟認為古代帝國以武力維持屬國向心力的作法並不可取，因此剩下的問題是：(1)單一民族國家的強勢族群是否能以合理的方式對待其境內不成比例的少數民族，以及(2)多元族群社會的政治安定與文化寬容如何兼顧。就前一問題來講，瓦瑟認為關鍵在於這種國家能否適切瞭解「民族主義」（nationalism）的內涵，以善用其積極力量而避免其負面效果。就後一問題而言，瓦瑟認為某種寓多元於統一的思路與政策是解決認同難題的原則。我們現在先就第一種情形稍加解釋，回頭再詳細討論第二個問題。

　　單一民族國家的構成基礎是民族，對於「民族」（nation），瓦瑟提出了以下的定義：「民族是一種歷史性的族群，依附於一片對他們而言有意義的土地，經營某種特定生活方式，並與時修改之，他們追求政治或文化上的自決」（"A nation is a historic community, connected to a meaningful place, enacting and revising a way of life, aiming at political or cultural self-determination." 1990b：554）。由於一個民族長期生活在一起，最後總是比較容易產生共同的語言、宗教、歷史記憶、對土地的感情、特定的藝術與音樂、以至共同的曆法與節慶等等。這些文化遺產進一步形成了「民族性」（nationality）的主要內涵，決定該民族的是非善惡美醜標準，以及人際關係的基本理念。如果一個民族有幸在此共同基礎上建立一

個國家，瓦瑟願意稱許此民族國家為「自主原則」與「情感連繫」
的最高表現，是人類群體政治生活的一種結晶（1990b：538）。

不過就如前面所言，民族國家的創建過程中常訴諸民族主
義，而民族主義卻是一把雙刃劍，既可能協助一個民族體現其集
體自主性與情感連繫，也可能帶來人類政治生活的罪惡與浩劫。
其所以如此，是因為民族主義常常是一種「使命」性質的信仰。
一個被壓迫的民族在忍受壓迫時，唯一的「使命」是追求自由。
可是當自由一旦到手，這個新興的民族會馬上以其他使命作為其
民族主義的內容，這可能包括拯救其他受壓迫的民族、擴散文明
的成就、進行啟蒙運動、推展現代化、促進民主政治、或是建立
共產主義等等。當一個民族以此種使命為民族運動的進一步任
務，它就變成了瓦瑟所說的「帶著使命的民族」（a nation-with-a-
mission）。它們不管是對外擴張或對內鎮壓，不管是出於現實利益
或出於理想主義，基本上都是源自於對本身民族文化價值的過度
肯定（1990b：539-44）。誠如瓦瑟所講的：

> 民族主義的知識分子經常想證明一個強烈的論證，就是他
> 們的文化、道德與政治是唯一真正美好的——也就是說：真
> 實、具有歷史感、正統、有生機、忠誠、純潔無垢、萬世不
> 易，因此他們是優於其他民族那些個綜合的、不自然的、拼
> 湊的產物。在這點上，他們其實承襲了他們所反對過的普遍
> 主義原則，因為他們認定各種民族文化都可以用同一種尺度
> 去排比衡量。（1990b：545）

瓦瑟對這種自大狂的民族主義深不以為然，他始終相信各個
民族文化自有其存在及發展的合理基礎。當一個強大的民族想要

挾其勢力去改變其他民族的文化風俗與是非標準，就等於否定了
該弱小民族的自主性、創造性、及形塑生活方式的能力。這種壓
迫(不管是政治的或文化的)必然引起反彈，也必然使得政治世界
因民族主義之交戰而紛擾不安(1990b：543-46)。

　　可是民族主義之所以會造成這些負面影響，瓦瑟認為主要是
因為我們把它的信念以一種「涵蓋式法則」的方式普遍化了。所
謂「涵蓋式法則」的普遍化或「涵蓋法則式的普遍主義」
(covering-law universalism)，乃是指一種企圖將所有的人類活動、
社會建制與政治實踐都放在唯一一套原則下解釋，或以唯一的是
非善惡觀念加以羈縻的哲學信條。當我們以「涵蓋法則式的普遍
主義」去理解民族主義的使命，就很自然的會把各個民族的解放
當成是依循同一種民族自決邏輯的運動。例如：英國、美國會認
為民族解放必須以建立自由民主體制為終極使命，蘇聯、中共則
認為民族解放最終必須朝向無產階級專政。如果新解放的國家沒
有走上他們所期待的道路，他們會主動介入，以期民族主義運動
的使命能像涵蓋性法則一樣地普遍實現(1990b：533, 540-541)。

　　瓦瑟認為民族自決雖然可以看成是一個普遍性的合理主張，
但是其普遍性(或普及化)卻不應該以「涵蓋式法則」的方式去理
解，而應該以尊重各民族自行界定民族性、自行決定獨立方式以
及建國目標的原則加以理解。他稱這種思惟為「典則重現式的普
遍主義」(reiterative universalism)，並主張民族主義唯有以這種思
考去詮解，才能產生和平共存的政治世界。所謂「典則重現」，強
調的是某個主張的基本形式是大家共同追求或接受的，但是如何
具體實現則放任每一個個案去創造發明。譬如猶太民族的出埃及
記是民族自決的某種表現，但是其他民族可以依本身條件及特定
時空限制去決定表現民族解放的方式。在此意義下民族解放就是

那個形式上的典則，而如何解放則是各民族要重現此典則時必須
善用其智慧及創造力的一大考驗(1990b：518-20, 533)。

　　當民族主義以「典則重現的普遍主義」去理解，就不會有「涵
蓋法則式普遍主義」所帶來的霸權心態與擴張征服。典則重現的
普遍主義肯定了各民族對本身文化的喜愛與信心，但是反對自視
過高、驕縱狂妄。就實際的政策效果來講，法則涵蓋式的普遍主
義會採取「同化」、「融合」、「統一」，以求境內各族齊一，境外各
族歸附。而典則重現式的普遍主義則強調「調適」、「包容」、「溝
通」、「分權」，以確保境內各族多元並存，境外各族相安無事
(1990b：547, 555)。對單一民族國家中強弱族群相處之道，瓦瑟
固然認為典則重現式的普遍主義是化解民族主義負面效果最好的
對策；而在移民社會所形成的多民族國家中，他也相信此原則是
促進族群共存共榮的良方。只不過他不再使用「典則重現的普遍
主義」一詞，他用的是「政治觀點上的多元主義」，這是我們接下
來要談的問題。

三、多元主義的政治認同

　　多民族國家的可能呈現形式很多，譬如前述的古代帝國(奧圖
曼帝國、羅馬帝國)也可以看成是某種多民族國家，但是瓦瑟選擇
了由移民所構成的多民族國家為討論的範例，主要著眼於在這種
國家中最可以看出「多元主義」思惟的作用。由移民陸續遷入而
構成的國家有一個重要的特色，就是各個移民族群皆自有其文化
祖國，而他們所建立的新國家卻談不上是哪一個族群的母國。瓦
瑟以美國與以色列為例來說明這個特色，從而點出這種社會「認
同問題」的複雜性。

　　美國自第一批移民在17世紀遷入後，到18世紀獨立建國前，主要是盎格魯薩克遜裔爲主的社會。在建國之初，美國人或許還想依西歐之通例建立成一個單一民族國家，但是這個期望很快就被接續遷入的各種族裔所打消。當美國漸漸成爲德裔移民、義大利裔移民、愛爾蘭裔移民、猶太人、非洲裔及亞裔移民的共同國家時，要力保族群純淨以建立民族國家基本上是不可能的。在這過程中自然有人不死心，嘗試過排外、反移民、及同化政策（如1850年代的「本土化運動」），但是大勢所趨已無法逆轉，最後美國還是自然地成了一個多民族國家（1992：31-35, 57-61）。

　　然而，以色列的情況不盡相同，但有類似性。在1948年建國之後短短廿幾年內，以色列湧入了來自世界各地的猶太人，加上原來居息於巴勒斯坦的回教徒，以色列成了一個包含三種宗教（猶太教、回教、基督教）、兩大民族（猶太人、阿拉伯人）以及無數族裔的大雜燴。以色列人的祖國可以說是以色列，但也可以說是他們先前幾百年幾千年居息的地方——俄羅斯、歐洲、拉丁美洲、摩洛哥、衣索匹亞、美國等等。他們的膚色不同，宗教信仰不同，風俗習慣不同，在短期內是難以稱得上爲「單一民族國家」的（1995：183-84）。

　　但是美國與以色列畢竟都是一個國家，那麼他們怎麼解決多元族群所造成的政治認同與文化認同彼此衝突的難題呢？瓦瑟發現20世紀初美國文化界盛行過的多元主義提供了一個概念上處理這種難題的契機。「文化多元主義」（cultural pluralism）的健將包括Horace Kallen, Randolph Bourne, Louis Adamic 等，他們基本上反對共和主義思潮急欲抹煞各族群文化認同，以便建立一個統一的政治認同的作法。他們提出的對策是：（1）把政治認同與文化認同分開，政治認同可以統一，文化認同則視個人喜好呈多元並存之

局；(2)政治認同的重要性降低，文化認同的重要性提高，因爲前
者只是維持共同生活的必要條件，後者才能深入人類的心靈，滋
養一個人的精神生命；(3)以自由主義——而非共和主義——的精
神解讀美國人的公民身分，使每個美國公民都是具備文化族裔根
源的美國人，譬如德裔美國人（German-American）、愛爾蘭裔美國
人（Irish-American）、猶太裔美國人（Jewish-American）、亞裔美國
人（Asian-American）。公民身分的認定只限於連字符號的右端，這
表示他們接受同一套法律體系及政治制度的保障；但是連字符號
左端要怎麼做，政府基本上不能干涉。反過來講，連字符號左邊
的任何族群也不能將其利益加諸連字符號右端，企圖利用國家公
權力提高本身族群對其他族群的影響。換言之，國家必須是中立
的（1992：36-40, 62-64）。

　　Kallen等人的觀點是多元主義在認同問題上最早的一種表
述，但是在瓦瑟看來，這種表述有的地方失之簡陋，必須予以增
補。首先，文化多元主義對政治與文化領域的劃分抱持太過一刀
兩斷的態度，這不僅在事實上不可能，在認同問題的討論上也不
妥當。瓦瑟注意到文化多元主義深受19世紀浪漫主義思想的影
響，總假定人的最根本渴求是要靠歷史文化的共同歸屬感來滿
足。政治權威除了確保社群中多元文化族群的繁榮滋長，不能在
這個認同工作上發揮作用。可是事實上政治認同總是多少會影響
文化認同，而文化認同也會反過來增強政治認同，這是瓦瑟與他
們看法差異之一。第二，瓦瑟認爲文化多元論者假定單靠「個人
自由原則」就可以保障多元文化族群的生存與發展，這是過於樂
觀的想法。由於他們完全沒有注意到文化族群生命力長保旺盛的
條件，因此當後來國家角色日益膨脹，逐步取代族群社會原先扮
演的功能，文化族群就越來越不知何去何從了。譬如在早期各族

裔或宗教團體自己辦學校，可以確保下一代繼承同樣的規範與價值。但是等到國家公共教育大量擴張，具有族群特色的教學環境就無形萎縮了(1992：63-64, 68)。

或許是有鑑於上述發展的不利影響，後來的多元文化主義乃轉而要求國家必須對族群的生存提出保障，而其具體主張就是要求定額代表，以分享權力的方式對各種政策取得發言權。這種策略的細節目前還不清楚，但是瓦瑟懷疑這樣做等於是「統合主義」(corporatism)的作法，不僅困難重重，並且長期而言也不利於族群生存。他所持的理由是：一、要求定額代表介入政權，就必須先確定代表什麼族群，代表多少人口。這樣一來自由社會會變成以族群嚴格區分的社會，而族群政治也被制度化了。二、文化族群的生命力在於自發性的歸屬，如果必須靠法制力量確保，那無異否定了一個族群的自主能力，事實上宣告這個族群形同死亡(1992：68-73)。

瓦瑟自己的想法不同於此，他設想多元族群必須在自由競爭的環境中尋求認同。雖然自由競爭會使某些文化不敵敗北，以致政府可能還是要出面維持其形式上的存活(如目前北美印地安人的處境)，但是文化族群的活力主要得靠自己。瓦瑟想像各種文化族群的忠實信徒就像強弱不一的中心點，散布在政治社會中。他們必須以文化活動的吸引力來證明自己的生命力，當游離於邊緣的族群成員受其感召而樂於向中心聚集，這個文化族群就不虞消亡了。反之，若一個中心點萎縮不振，則邊緣成員當然也各自做鳥獸散。他們不一定完全消失，只是必須假以時日才能再起(1992：74-75)。

瓦瑟這種「中心─邊緣」(center-periphery)的理論在晚近的一篇文章中得到了進一步的詮釋。在1989年，瓦瑟發表了一篇題為

〈何謂美國人？〉的短文，當中不只重提文化族群生命力要靠自己的論調，並且詳細說明了他自己的「多元主義」觀點，而這個觀點與稍早Kallen等文化多元論者的講法是不盡相同的。

　　在〈何謂美國人？〉一文中，瓦瑟借用美國國璽上的文字與圖案來說明他的多元主義思想。美國國璽上刻鏤著一句名言：*E pluribus unum*，一般把它翻譯成「合眾為一」（From many, one）。這相當可以體現美國社會企圖融合各種族群、各種宗教人士的一個理想。美國是一個移民社會，大家各有文化上的祖國，但是為了維持國家的統一與強盛，人人應該以「美國人」的一致身分團結起來，而把族群的差異與多元暫置腦後，這樣才能真正變成一個熔爐。可是瓦瑟指出，除了文字之外，美國國璽上也有一隻老鷹以利爪握住一束箭的圖案。在這個握箭成束的象徵動作中，瓦瑟聯想到的不是融合式的「合眾為一」，而是保持各個單元原始存在的「寓多於一」（many-in-one）。因此，合眾國也者乃是合眾民族於一境之國也。美國就像Horaceff Kellen所說的，是「合眾民族」而不是「合眾國」（"a nation of many nationalities", not "united states"）。各族群的存在必須予以尊重，國家不應該試圖消融這些多元差異以求統一（1992：26-27）。

　　對瓦瑟來講，「合眾為一」與「寓多於一」都是美國人界定其公民身分的重要線索。但是如果我們採取第二種解釋，那就可以說「美國人」基本上是一個政治形容詞，它指涉的是自由主義多元觀所表露的價值：寬大、容忍、有活力、調和。美國人的公民身分因此不排除各個公民的文化認同，甚至它還要幫助這種文化上的差異滋長繁榮（1992：26）。根據這種新的理解，瓦瑟接著就發現文化多元主義先前所講的連字符號區隔理論是不妥當的。因為如果公民身分不預設文化族群的認同必須如何如何，那麼一個

人固然可以希望維持其連字符號左端的強烈族群認同，但是他也有權利刻意遺忘或放棄這種文化族群的認同。他可以選擇成為一個「無特定形容詞的美國人」（an anonymous American），就像別人高興當一個「有族裔歸屬的美國人」（a hyphenated American）一樣。這種選擇的自由是早期文化多元主義者無法想像的——因為浪漫主義的傳統不能接受個體有如此大的自由度，可是這正是瓦瑟多元主義的一大特色（1992：27-29）。

對瓦瑟來講，當一個人堅持其文化族群認同時，他就應當身體力行，以生命踐履此文化傳承之力量，而國家也該樂觀其成。反之，當一個人決定淡化自己的文化族群認同，而寧可強調自己的公民身分，則事實上某種新的文化認同就在悄悄形成了。以美國為例，如果一個公民只願強調他是個美國人，而不是猶太裔或亞裔美國人，他其實已經把政治認同方面的價值擴大至連字號左邊的文化認同，用瓦瑟的話來講，他是「美國裔美國人」（American-American）。這種人其實為數不少，而當他們人數多到一定程度，就無異表示美國在某個意義上已變成了一個民族（1992：41-42）。

瓦瑟的多元主義與Kellen的多元主義顯然有所不同。在Kellen的心目中，政治領域只是維持國家統一、社會安定的必要條件，至於人類生活的真正價值則必須往文化領域去尋求。因此政治領域的同化容或是可以接受的，而文化意識方面則必須力求多元並呈。在這種想法裏，美國本身絕無民族性可言，美國是一個「無共同族裔名稱的國家」（anonymous nation）。瓦瑟的看法不同，他認為政治認同與文化認同雖然分列於連字號的兩邊，但是一個人既可將其精神寄託交付給左邊的文化族群，也可以將之投射給右邊的政治國家。就所謂情感歸屬的承擔而言，國家與族群

的重要性是不非軒輊的。更有進者,族群的文化總是會受到美國
這個共和國文化的影響,而美國的政治生活——無論就實質內容
或表現風格來講——也都免不了各個族群文化的感染。這樣的理
解使連字號成爲重疊的兩條線,左邊的文化與右邊的政治來回影
響。當我們講某些人爲某族裔美國人時,這個稱呼既包含文化的
意義,也同時指涉了豐富的政治意涵(1992:45-46)。

準此,美國這個多民族國家也多少可以看成是一個民族國家
了。在第二代第三代移民後裔眼中,「美國」是他們先人居息的土
地,是他們本人生長的地方,這塊土地承載了他們共同的歷史回
憶,產生了獨特的文學、藝術、音樂和舞蹈。他們在此地有先人
的墳墓可掃,有世交的朋友可訪,如果這還不是一個民族,那是
什麼?當然,這個「民族國家」與歐洲其他的民族國家有一個重
大不同,就是別的單一民族國家強調自己民族的血統純潔一致,
美國卻以「多元寬容、尊重差異」爲其民族精神(1992:41-42)。
瓦瑟的多元主義替美國的民族性提供了一個最好的解釋,也因此
爲其認同問題提供了一個最好的解決方法,這種方法值得所有多
民族國家的政治學者參考。

四、多元政治社會的公民德性

瓦瑟固然在民族性的解釋上採取了「政治」「文化」齊頭並進
的作法,但是若專就政治認同這個問題而言,瓦瑟也不諱言一個
自奉爲「無族群意識牽絆的美國人」會比一個「強調族裔背景的
美國人」更能體會或實踐政治共同體的公民德性。美國的政治生
活固然受到族群文化的深刻影響(譬如英國清教徒的風俗、愛爾蘭
長老教會的決策方式、乃至義大利裔、波蘭裔的若干行爲準則影

響），但沒有任何一個族群文化壟斷了美國政治生活的風格；也就是說，美國的政治可以說是相對中立的。對於任何一個人有心要成為好公民的人來講，只要他信奉美國的立國精神，遵守憲法的規範，就不必顧慮自己的族裔背景會造成任何困擾。這是為什麼瓦瑟說「無族群意識牽絆的美國人」（anonymous American）比較可能呼應美國公民身分要求的原因（1992：29-31）。

　　所謂美國公民身分的要求，抽象而言是指信仰「自由、平等、共和體制」的政治意識形態，具體而言則是遵守憲法及法律的權利義務規定。除此之外，某些公民德性（civic virtues）也是鞏固自由民主體制的必要條件，在一個多民族國家中尤其要努力培養。這些德性包括寬容、尊重他人、善於調適、樂於溝通、以和平方式解決問題、服從多數人的決定等等。這些德性之中，瓦瑟特別強調寬容的重要性。他說：「寬容或許是我們所能實踐的德性中，最接近亞里斯多德所提出的『情誼』（friendship）了。亞里斯多德認為情誼是政治社群成員之間最重要的紐帶，我們現代社會則代之以寬容。因為情誼只有在幅員小而同質性高的城邦中才能發揮作用，而寬容則能無限延伸。某些情感或信仰的藩籬被打破之後，要寬容五百萬人就像寬容五百人一樣地容易」（1992：89-90）。瓦瑟對寬容的強調顯然呼應了當代大多數自由主義思想家的想法。按目前所謂社群主義者率多批評民主社會只有寬容而欠缺情誼，認為這是法紀不彰，人情澆薄的原因[5]。瓦瑟以時常被人指為社群主義者的身分挺身而出，指出現代社會不可能寄厚望於情誼，其

5　以「情誼」理論攻擊自由主義只重「公正」德性的說法，是大多數社群主義者的共同立場，參見Sandel（1982：179-83）. Bellah（1985：113-41）. MacIntyre（1984：155-56）. Taylor（1985：198-206）.

震撼力遠大於自由派人士成篇累牘的申辯。

　　與寬容常常被列在一起比較的公民德性是愛國心（patriotism），瓦瑟對愛國心的看法又如何呢？瓦瑟同意「愛國」「忠誠」也都是民主社會的公民德性，但是在像美國這樣的多民族國家，「愛國心」的意義是與歐陸各國不同的，而且我們也不能對人民應否表現這些德性期望太高。因爲原本「愛國心」是指國民對其「祖國」（la patrie）有發自肺腑的熱愛，在一個民族國家中，這種熱愛的對象往往就是承載歷史文化記憶以及一貫血緣的民族。可是美國人──一如先前已經分析過的──並無共同的祖國，也無共同可愛的民族。除非全部的美國人都同意美國就是自己的民族以及祖國（這在目前只有「無族群意識牽絆的美國人」才樂於接受），否則美國無法激發或訴諸一種深刻的熱愛祖國之情。美國人可以做得到的愛國情操毋寧是針對民主共和體制本身。當一個人認同於這個國家的憲政體制，在此地服兵役、納稅、投票、遊行，那麼當國家面臨外患威脅時，他挺身捍衛國家的基礎或許就是肯定這種政治生活的心情。但是危機不是年年都有，如果要求公民時時表現如何偉大的愛國情操，瓦瑟認爲是不切實際的（1992：82-89）。

　　瓦瑟很清楚他對自由寬容的提倡以及對愛國情操的淡化，勢必引來相當多的不滿與批評。譬如共和主義的支持者會指陳美國人的愛國心如何不及往昔，也會呼籲提倡「公忠體國」「爲國服務」的精神。如果美國人都像瓦瑟所說的那樣自由自在，美國就不可能繼續維持其泱泱大國的地位。瓦瑟對這種說法的答覆是很妙的，他說共和主義所標榜的先人典則要不是在干法亂紀的情況下才能實現（如「決鬥」之武德或地方性民兵之對抗中央政府），要不就是部分曲解歷史才有的故事（如一次大戰的入伍熱潮主要是

貧民別無其他選擇，而不是因爲愛國心或尙武精神）。美國歷史上
多的是反徵兵、反納稅的經驗，實在沒有理由說這一代人比古人
更不愛國（1992：81-85）。

　　同樣的，當社群主義者長聲悲歎美國的團結（solidarity）今不
如昔時，瓦瑟的看法是美國已經夠團結了。社群主義基本上對現
代化的方向是不滿的，他們認爲一個社會由於越來越縱容各種奇
言異行，使得共同的價值（shared values）日益不保。而現代個人主
義對權利、隱私、自主性等等的肯定，也加速了一個社會凝聚力
的消散，使人類文明慘遭浩劫[6]。瓦瑟認爲這是言過其實。因爲事
實上美國社會日益多元化，不管就族群、宗教、人種或語言等都
比過去複雜，而在這麼複雜的環境下美國靠著多元寬容的政策依
然屹立不搖，不能不說是相當了不起的成就。社群主義想像中的
社會如果要實現，除非是以壓制或威權主義的方式統治才行，可
是武力鎭壓或恫嚇根本違反民主社會的原則（1992：90-91）。

　　當然瓦瑟並非認爲自由寬容有百利而無一弊。事實上「寬容
放任、尊重他人」確實有一個不容否認的負作用，就是公民參與
政治的熱誠逐年下降。瓦瑟注意到在我們普遍稱之爲公民德性的
項目中，有兩大類別的德性多少存在一種緊張關係。一方面我們
希望公民會寬容異己、依法行事，另方面我們也希望公民勇於參
與政治，不因個人利益妨礙公共利益之達成。前一類德性與公民
的「文明性」（civility）有關，後一類德性則爲狹義的「公民道德」
（civic virtue）。當公民會被激勵起來而付諸政治行動時（特別是當
他們勇於冒險犯難或犧牲小我完成大我時），往往是由於群眾煽動
家或黨派動員的結果。而當公民文質彬彬，待人寬容之時，往往

6　這種說法最具代表性的人物是MacIntyre，見MacIntyre（1984）.

也表示他們心中沒有什麼特殊的政治熱誠。這兩種德性之間似乎存在一種相剋的微妙關係，雖然無法確切檢證，卻又使人不得不信其然(1992：91-95)。

如果這些德性果真無法兼得，那麼我們或許只能視時代背景之需要盡力求其平衡。瓦瑟的建議似乎就是如此：

> 我們並不需要斷然選擇某一種形式的政治生活。今天呈現在我們眼前的是各種政治生活之間的一種平衡，我相信將來也是如此。不過，這種平衡是與時推移的。我相信我們比以往的美國人更文明，但比較缺乏公民德性。目前這個新的平衡點是自由主義式的，可是毫無疑問它相當適合現代社會的規模與複雜性，也適合20世紀美國所發展出來的經濟結構。我們不能說這是什麼德性的衰微，因為這只是自由主義價值──個人主義、世俗化、寬容──所運作出來的情形(1992：96)。

也許在別的時代裏，共和主義或社群主義的價值會比較受到肯定，從而公民德性的內涵也就側重於政治參與與奉獻犧牲等等。但是目前不是，目前的美國社會存在多元差異、放任自由。如果一定要扭轉乾坤，提倡團結參與，恐怕非得訴諸國家的壓迫力量不可。但是與其如此，不如在自由主義公民德性的基礎上，斟酌如何鼓勵多一點公益道德(1992：95, 97)。

盧梭型的思想家顯然不會滿意於這種自由主義式的參與熱度，可是瓦瑟認為我們不能低估現存政治制度所能激發的公民德性。譬如說選舉投票，許多共和主義者認為這只能算是最低等級的政治參與，不能與主動積極地策劃一個示威遊行相比。但是瓦

瑟提醒我們：即使在這種「微不足道」的政治過程中，某種公民共享的價值或感情也會在無形中滋榮。想想看候選人總是得提出一些動聽的口號或綱領，而選民也會跟著思考哪個人的政見最符合公共利益。在競選過程中政敵們叫罵抹黑，可是選舉結果揭曉後勝利者鄭重其事宣誓就職，落選者坦然承認失敗而鞠躬下台。不管選舉時議題多麼具有分裂性，當最後勝負底定時，一切恩怨是非歸於沈寂，而全國民眾則宛如浴火鳳凰，更加堅定了自己對憲政民主體制的信心（1992：100）。自由民主國家所要求的政治認同並不太多，主要就是這種對體制本身的肯定與信仰。

瓦瑟甚至認爲藉由這類政治過程的薰陶，公民之間可以培養出一種特殊的情誼。亞里斯多德曾經主張政治社群必須有正義及情誼兩大要素，而最好的情誼則是彼此相知、互爲對方幸福著想的真摯感情。可是，亞里斯多德的理想放在現代社會，顯然毫無實現的可能。相較之下，瓦瑟的建議就務實多了。瓦瑟認爲在一個多民族國家裏，公民同胞之間感情不一定要多麼濃厚，也不定要多欣賞別人文化傳統的價值；重要的是，大家要平等對待，尊重對方所有的公民權，這樣自然會產生一些相互連帶的感覺（a sense of mutual attachment）。這種淡淡的感情隨著時間慢慢累積，最後也會變成相當堅實的公民情誼（1995：184）。而這一切，都是在以自由寬容爲首要德性的情況下逐步達成。寬容因此可以說是多元社會最重要的公民美德，也是多族群國家建立政治認同的不二法門。

五、自由主義認同觀的限制與超越

我希望上述的討論足以說明瓦瑟的自由主義立場，現在爲了

方便討論，我把它整理成以下數個重點：

第一，瓦瑟政治思想在根本原則上採取自由主義的價值，這些主張包括自由平等、多元寬容、國家中立、政教分離、公私區分、尊重隱私、市場經濟、開放競爭等等（1984：315-21；1990a：14；1992：9）。這裏面每一項主張都需要稍加解釋，但基本上瓦瑟是贊同它們的原則。比如國家中立，主要指涉的是政府施政不刻意偏袒任何特定文化族群，尤其不能維護強勢族群的利益。但是這不表示政府對於弱勢族群文化傳統之消亡應該坐視不顧。在徵得其他族群同意下，事實上政府可以以特區保護、免稅、補助鄉土教學等措施協助一個文化族群繼續生存。雖然這樣做也許不是尊重弱小族群自治能力的最好辦法（這得看各個族群如何看待這個問題），但是濟弱扶傾是多元寬容的積極表現，不算違反國家中立的原則（1992：75-76）。另外像市場經濟，這個自由主義的主張似乎與瓦瑟一貫的民主社會主義立場衝突。可是瓦瑟只是批判目前資本主義體系下財富力量侵入其他各種領域的蠻橫作風，對於市場機能本身他並不反對（1984：320-23）。

第二，自由主義一般被視爲具有普遍主義（universalism）色彩的意識型態，而瓦瑟願意承認他是站在普遍主義的陣營（1990b：509）。如我們前面所言，瓦瑟的普遍主義是一種頗爲獨特的普遍主義，他不認爲任何價值可以以一種涵蓋式法則的方式敘述，而應該理解爲基本原則可以不斷重現的普遍價值。這種寓特殊性於普遍性之中的想法，使他堅持所有的普遍性主張事實上都不是先驗存在，而是來自於特定經驗的累積。由於具有這種信念的人深知其主張之時空性，因此他們對自己的價值不會盲從到無視其他族群的的地步。他們固然深信在各個民族珍惜的價值中會有共通的原則或形式（譬如：尊重生命），但是他們願意把具體的詮釋權

交給各個民族，他們彼此是淡然相待而不干預對方的。瓦瑟認為惟有這樣去瞭解普遍主義，我們才能享有民族主義自立自強之利而避免其侵略擴張之害（1990b：515, 525, 547）。

　　第三，在國家認同這個問題上，瓦瑟無疑是個自由主義者。瓦瑟對「族裔─公民身分」的精采詮釋，使他的自由主義色彩明顯與共和主義或社群主義不同。按共和主義者喜歡強調「公民身分」這一端的重要性，認為族群文化或族裔認同有害於公民對國家認同的形成。因此政策上共和主義者總是鼓吹同化、愛國，深恐族群差異會妨礙國家公共利益之達成。瓦瑟理解他們的用心，可是他認為族群歸屬是多民族社會中公民的精神寄託之一，不應該在同化政策下被輕易抹煞。而且保持族裔文化之多元性，適足以證明共和體制之寬容美德，反而才能激發公民保衛這種國家的熱誠。另外一方面，瓦瑟認為社群主義由於太在意特定族群的文化價值與歷史完整性，有可能滋生一種「只管族群生存，不管國家利益」的偏激想法。在類似美國這樣的多民族國家中，如果每個族群都不願適度地接受共和精神的洗禮，國家勢必分裂為大大小小的社群。瓦瑟因此結論道：「在現存條件下，共和主義是海市蜃樓，而美國民族主義或社群主義也非可行的方案，他們都沒有真正觸及社會的複雜性所在」（1992：47）。

　　其實瓦瑟的認同理論不僅與共和主義或社群主義不同，他在自由主義陣營中也是獨樹一幟，值得我們留意。

　　自由主義者羅爾斯在政治認同議題上著墨不多，可是當他對此問題直接發表意見時，某種「典型」的自由主義立場清晰可見。羅爾斯基本上關懷的是一個公正的政治社會如何可能，就其晚近的作品來看，他提出的答案是這樣的：現代社會的基本事實是各種信念價值紛立並呈，這些信念若涉及人生觀、人性論、或理想

人際關係的主張，就稱爲「整全性信念」（comprehensive doctrines）。講理的整全性信念不排斥與其他整全性信念對話，但是彼此之間也許互不相容，終究各成體系，羅爾斯稱這種情形爲「合理多元主義的事實」（the fact of reasonable pluralism）。在這種多元主義基礎上建立的社會若想確保體系的穩定性，就必須找到各種整全性信念重疊部分的主張，或至少是各種信念都可以接受的共識，羅爾斯稱此共識爲「交疊共識」（overlapping consensus）。他認爲這種共識在自由民主社會中是存在的，並且依他的看法，這個共識就是「政治上的公正概念」（a political conception of justice），其內容包括人人擁有平等的公民自由、機會均等、相互尊重、經濟互利、尊重公共理性等等。所謂政治認同，就是指涉一個人對這些政治價值的接受與肯定（Rawls, 1993：xvi-xx, 11-14, 30, 139-42）。

我之所以稱羅爾斯的認同理論爲「典型」的自由主義表述，是因爲羅爾斯注意到現代社會價值多元的事實，同意在這個事實基礎上，以和平講理的方式進行一種「異中求同」的工作，進而主張國家中立、社會寬容。但是最值得注意的是，羅爾斯的基本思惟是將「政治」與「非政治」的價值區分，以政治價值作爲各種衝突的非政治價值之間的橋樑。因此他才會主張「政治認同」與「非政治認同」可以區分，而「非政治認同」的改變不會影響一個人「政治認同」的堅持（1993：30-32）。這種思路與我們先前談的文化多元主義極爲類似——亦即：一個社會中各個主體或族群可以堅持其文化認同，但是，這些認同不影響他們對國家社會共有的政治認同，不管這個政治認同薄弱如基本的公民身分（citizenship），或者，豐富如羅爾斯的公正兩原則（two principles of justice）。

　　瓦瑟的自由主義沒有文化多元主義或羅爾斯那麼「典型」。雖然在政治認同的內涵上瓦瑟的想法與他們相差不多，可是瓦瑟知道「政治認同」與「非政治認同」一刀兩斷、互不干涉的想法是不切實際的。首先，在經驗事實上羅爾斯的主張過分樂觀。羅爾斯以聖經中保羅皈依基督教的故事為例，主張「縱使在前往大馬士革的路上，塔色斯的掃羅變成了使徒保羅，但類似這種改信不意味我們對公共制度方面的認同有任何變遷」（1993：31）。羅爾斯可能忘了保羅從此對羅馬政權的觀感與服從與以前大不相同。政治身分、政治認同、乃至於一個人對政治制度方面的認定，都可能因「非政治」因素的改變而劇變。譬如一個自認為是龍的傳人的公民原本可能極端反對台獨建國，或是台灣民眾以公民投票方式決定國家前途；但是在某種文化上的認同劇變之後，可能變成一個支持台灣獨立，或至少同意以公民投票決定統獨問題的人。「非政治認同」對「政治認同」必然存在的影響，瓦瑟是瞭然於胸的。

　　其次，瓦瑟不僅認為「政治認同」與「文化認同」會相互影響，他甚至覺得這種相互影響未必不好。以美國為例，瓦瑟認為光靠憲政制度，或是公民德性去吸引美國人的政治認同，雖然不失為可行的作法。但是，總不如讓政治認同多少反映族群團體的政治行為風格有趣。在歷史的演進過程中，各個族群都替美國政治過程添加了一些特色，只要這些特色能被其他族群慷慨接受，實在沒有理由去除殆盡。事實上，每個國家的政治認同也正因為多少反映該國族群的民族風格，才能有世界上多采多姿的愛國情操表現法。就這一點而言，瓦瑟的想法十足彰顯了其「特殊主義」、「社群主義」的一面，但這原本是「典則重現式普遍主義」的必然結果。

　　瓦瑟跟德沃金的理論也有所不同。德沃金認為自由主義可以
構成一個社群，而其社群的生命在於代表社群機制的所有活動。
他說：「政治社群的集體生命包括其官方所有的政治行為：立法、
司法、強制執行、以及政府行政部門的其他功能。……就自由主
義的立場來看，整個社群的正規政治行為(formal political acts)應
該就是一個政治體社群生命的全部，我們不必再添加任何東西」
(Dworkin, 1992：212, 217)。如果社群的生命指涉的就是政府的行
政、立法、司法行為，那麼一個人對政治社群的認同也就應該局
限於對前述行為的認同。「當一國之公民視其身處之社群有社群生
命，而且，承認個人生命的成敗在倫理意義上依附於社群生命的
成敗，那麼他們就認同了這個政治社群」(1992：217)。德沃金的
「政治認同」概念是極其法制化的概念，他使公民對國家的認同
集中於憲政制度及政府施政行為。如果一個政府能對所有公民「平
等的尊重與關懷」(equal respect and concern)，就是一個值得認同
的政治共同體。而「平等的尊重與關懷」，正是德沃金心目中自由
主義哲學的核心原則(1985：183-191)。

　　由於德沃金認為政治認同的要點在於憲政制度與政府施政，
因此他十分堅持國家中立的自由主義原則。對他而言，民主政治
之所以可貴，在於提供一個容許各種價值、各種主張自由競爭的
基本架構。政府是這個競爭架構的維持者，當然不能偏袒任何一
種價值學說。只有這樣，所有參與競爭的行為者才會接受政府的
角色，承認他們對該政治社群有認同感。其實這種論調瓦瑟大體
上也同意，不過他可能不贊成「政治認同只及於行政、立法、司
法活動」的講法，並且也不敢斷言民主政治中的政府角色是絕對
中立。我們先講前者。德沃金承認他自己的社群生命論確實是涵
蓋面相當有限的一種說法，不過他相信奠立在這種有限說法之上

的認同概念「未必就是滲水淡化的概念」（1992：217）。這一點瓦瑟可不敢苟同。瓦瑟傾向於認爲「政治認同」涉及某些理念，譬如多元寬容、平等尊重。這些理念不僅要體現在政府的正規行爲，也必須成爲政治共同體的共同價值。光是以政府正規的政治行爲爲認同標的，固然在某些時候會與上述政治價值吻合，但是也可能產生衝突，嚴重傷害公民對國家表達認同的基礎。就觀念上來講，要求一個人因爲體認到政府施政代表某種集體生命，並且因爲體認這種生命與個人生命榮枯有關，從而就付出其政治認同，顯然只是一種重形式的、膚淺的講法。政治認同勢必涉及公民對國家施政好壞的判定，也涉及共同體的政治文化能否被接受的問題。健全的政治認同，不是因爲政府做了多少影響我生命的決策，而是因爲我認不認爲國家實踐了多元寬容、平等尊重的原則。德沃金的理論在許多地方幾乎就要承認這才是正確的想法，可惜他的「國家中立」論使他畢竟不敢明白說出，這一點又讓我們看到瓦瑟自由主義的另一個問題：政府到底要不要中立？

　　從原則上來看，瓦瑟跟羅爾斯、德沃金一樣都主張國家必須中立，也就是說，政府的施政不能特別偏袒某一個族群或宗教派系等等。可是瓦瑟很清楚「國家中立」這個觀念本身是一個有立場的敘述，它所反映的立場是西方近代自由主義民主政治的基本價值。瓦瑟說：「民主政治有一種實質的性格，它不是中立的程序，它是一種生活的方式」。自由民主體制的實質性格表現在多元寬容、平等尊重。爲了確保這種生活方式穩定無虞，通常會對所有公民施以某種實質性的公民教育。而既然有基本價值要透過公民教育來傳遞給下一代，當然就不必諱言國家畢竟無法完全中立（1995：185, 187）。瓦瑟明白承認中立論述的局限性，同樣與他著重人類觀念的時空特殊性有關。如果所有的善惡觀念都必須發源

於特定的人類社會，如果價值的好壞要看行爲者所處的社會系絡
方才有意義，那麼自由主義的主張一樣有其限制性。不管我們這
一代人多麼相信（或期待）它可以成爲普遍性的原則，我們都必須
誠實面對其特殊性。這是一般自由主義者所不能輕易釋懷的地
方，卻是瓦瑟可以坦然面對的問題，瓦瑟的自由主義認同觀因此
超越了其他自由主義者的限制。

在當代自由主義的陣營裏，瓦瑟是一位特立獨行的人物。他
對歷史特殊性的堅持，常使人誤以爲他是保守主義者；他對普遍
法則的排斥，更使人懷疑他是社群主義者。其實他從靈魂的深處
就信奉自由主義。他承認現代社會多元分化的現象，不會試圖倒
轉時光恢復古代的道德秩序。他肯定政教分離，以及自由主義使
各個領域都越來越有自律規則的發展，不認爲這對人類生存環境
造成不利影響。他主張在自由民主體制中，政府應力保中立，不
可成爲強勢族群——無論文化、經濟或宗教——的統治工具。他
伸張多元寬容、平等尊重的政治價值，認爲這是多元社會長治久
安最重要的條件。他所受到的誤解，是到了該被釐清的時候了。

如果我們明瞭瓦瑟的哲學立場，就不難理解他在政治認同上
爲何常自稱是一個「自由主義式」、「多元主義式」的觀點。瓦瑟
認爲民族主義並不是一個特別值得提倡的信仰，因爲它固然有助
於民族意識的覺醒，卻容易轉化成侵犯他族的狂熱使命。不管是
單一民族國家或多民族國家，他都認爲以某種溫和的多元主義自
我期勉會是更好的發展策略。多元主義使族群社會中的成員瞭解
文化認同與政治認同都是人生意義的重要部分，而兩者不必然互
斥。文化認同可以幫助較具族群感的人找到心靈的歸宿，但是瓦
瑟希望它不要演變成狹隘的部族主義(tribalism)。政治認同是任何
國家存在的基本條件，但是我們不必以積極的同化政策威脅弱勢

文化族群的生存，我們事實上可以讓文化認同與政治認同並存，並且讓它們產生良性的互動與滋長。瓦瑟自由主義認同觀的最高期盼不是民族主義或共和主義，而是讓每一個人自在地與他人共同生活在同一社群之中——讓喜歡強調族群意識的人去辦他的文化活動，讓不愛強調族群意識的人可以安然以其公民身分為最佳身分。這樣一個尊重多元發展的多元社會最後會不會變成一個具備某種民族國家特色的多民族國家，瓦瑟審慎期待但不強求。

　　瓦瑟的認同理論對台灣社會應該是有啟示的。近些年來，台灣人民的國家認同深受幾種說法的左右。有人主張台灣原本是中國的一部分，台灣民族文化嚴格而言並不存在，因此中國（或中華）文化勢必成為將來兩岸復合的重要憑藉。有人相對地主張台灣民族已存在三百多年，儘管與中國大陸分分合合，但今後理當進一步發揚台灣民族主義，以達成最後的、完全的獨立。這兩種論述似乎都刻意否定對方論述的正當性，或乾脆漠視對方的存在。可是偏於一方的民族主義論述（不管是中國或台灣民族主義）如何能讓社會中存在的不同族群坦然接受，以之做為政治認同的基礎？以瓦瑟的意見為參考，則我們可以預期任何試圖從「民族主義」的角度來討論台灣政治認同的作法，恐怕都不能獲得有效的解決方案。另外一方面，當人們厭倦民族主義的說詞時，又出現了一種試圖超越族群、凝聚共識，只管政治經濟生活現實的主張，那就是強調「不分族群大小與來台先後，大家都是新台灣人，大家共同為這塊土地打拼」的呼籲。如果這樣的呼籲只是排解族群衝突的權宜之計，我們沒有理由懷疑它的作用。但是如果瓦瑟的判斷沒錯，族群的差異總是存在的，我們既不能假定它有一天會自然消失，也不能純粹為了政治目的希望大家早日同化成一種人。在可預見的未來，我們仍將以不同族群認同的身分共同生活在島

上，我們需要的可能不是消除差異，而是尊重這些差異。只有在
尊重差異的前提下，才可能想到我們自己文化認同的有限性，並
且在這個有限性上尋求多元族群社會的政治認同。

第四部分
台灣

第十一章

台灣自由主義思想的發展與困境

一、自由主義的基本主張

自由主義是半世紀來台灣知識分子最珍貴的思想資產。雖然它基本上是個舶來品，可是與本土知識分子有著微妙的親近性。因爲在歷史傳統裡，士人的典範不是趨炎附勢的朝臣胥吏，而是威武貧賤不移其志的諤諤之士。當傳統士人經過近代社會變遷的洗禮而化身爲現代知識分子，其堅持獨立批判、以知識道德改革社會的理想性格依舊不變。這種人格一旦正面接觸到同樣標榜自立自主、抗拒專制的西方自由主義，自然聲氣相通，引爲奧援。近百年來，不斷以道德力量喚醒民眾、抨擊當道者，若非宿儒耆德，便是接受了自由主義洗禮的知識分子。以戰後台灣知識分子與執政當局的互動來看，從1949年《自由中國》創刊以迄1997年學術界對朝野兩大黨修憲的反彈，自由主義始終是影響台灣政治發展的重要因素——雖然它並不能主導政局，卻是評斷政治實踐正當與否的道德力量。因此，研究台灣自由主義思想的傳承與變

遷，有助於我們理解台灣政治發展的得失與成敗。

　　然而就方法上言，除非我們先界定「自由主義」的意義，否則無從判斷台灣究竟有無自由主義，或辨識台灣自由主義運動的軌跡。上文提及知識分子「獨立判斷」、「抗拒專制」、「改造社會」等性格，固然與自由主義的外在氣質相通，但這些特質都只是泛泛的描述，稱不上自由主義的核心意義。否則任何一個勇於批判現狀的異議人士便都算是自由主義者，而符合這個條件的人也將遍佈古今中外，包括蘇格拉底、孔子、馬克思、黃宗羲等思想立場迥異的人[1]。爲了避免過度聯想，「自由主義」一詞必須有比較明確、比較限定的意義。它不能泛指「廣博、文雅、開放」的心態（如 "liberal education" 一詞所示），而必須指涉某種以個人自由爲核心，綜合若干社會主張的觀念系統或意識形態。進一步講，如果我們接受西方學界對自由主義的主要界說，則這種意識形態大體上萌芽於17世紀英國的憲政革命，發展於18世紀的啓蒙運動，而茁壯於19世紀的資本主義社會。其基本特性有四：（一）個人主義，（二）平等主義，（三）普遍主義，（四）改良主義。其具體主張則包括提倡宗教寬容、維護思想言論自由、肯定私有財產、尊重市場機能、主張政府分權制衡、堅持法律程序正義等等（Gray, 1986）。筆者曾就邏輯的關聯性將自由主義的重要主張整理成一個理念體系，其中包含六項基本原則，或許可以做爲我們討論台灣自由主義運動的起點（江宜樺，1998c：104-106）：

1. **個人權利：** 自由主義明確主張人人擁有若干基本的自由權

1　關於中國思想史上有無自由主義，以及此種自由主義與近代西方自由主義異同之詮釋，參見狄百瑞（1983）。

利──人身自由、行動遷徙自由、思想言論自由、信仰自由、集會結社自由、政治參與自由、以及在法律保障範圍內選擇自己所愛、實現自己人生計劃的自由。

2. **多元寬容**：自由主義所預設的社會是一種多元開放的社會。對於多元社會裏的人際關係，自由主義主張只要一個人的自由不妨礙其他人享有同樣的自由，他的思想言行就應該得到尊重。換言之，社會對於標新立異、不同於主流價值的種種異常言行應當寬容。除非這些言行對他人造成傷害，否則社會不能以多數的壓力禁止之或譴責之。

3. **立憲政府**：自由主義傾向於把政府當成必要之惡，它是人們為了確保自由與福祉，經由投票表達同意而成立的權威性組織。為了防止這個大權在握的政治組織變質為難以駕馭的怪獸，必須以種種方法減少其濫權的機會。方法之一是以憲法為根本規範，將前述種種自由列為不可侵犯的基本人權，此即法律主治傳統的確立；方法之二是分散權力的執掌單位，以避免政治權力的專擅，此即分權制衡的設計。

4. **國家中立**：自從宗教戰爭以後，西方人從歷史經驗中覺悟到政教必須分離，也就是說政府不能干涉教會內部或教派與教派之間的衝突，而教會也不能染指世俗事務或利用政府權力打擊異端。這個原則後來進一步世俗化並擴大其運用範圍，結果發展成「國家不得成為任何特定族群、宗教、階級、黨派等所壟斷之統治工具」，我們一般稱此為國家中立原則或法律之前人人平等的原則。

5. **私有財產**：自由主義者認為保有私產是人類自利天性的反映，而財產私有也比較能夠鼓勵人們勤奮工作，增進社會繁榮。因此對許多自由主義者而言，私有財產具有與生命、自

由同等崇高的神聖性。「私產神聖」的觀念落實在(一)未經人民代表同意,政府不得任意徵稅或將私產充公;(二)私人財產可以自由買賣、利用、遺贈,而繼承人應該擁有繼承權。因此自由主義的經濟制度要求國家保障人民的私有財產,不得任意將生產工具收歸國有或採嚴格的配給制度。

6. **市場經濟**:這個原則要求的是以自由開放競爭的方式,由買賣雙方決定商品的價格以及市場供需的平衡。自由主義的市場原則反對不必要的政府干涉、管制,並且相信(有時近乎迷信)無形的力量自然會導致最佳的資源配置狀況。由於市場經濟代表的是「競爭、效率、均衡」,因此許多自由主義者相信不只商品買賣可以透過市場機制加以調節,就是人才甄用或教育資源分配也應該採取自由競爭之方式。

　　這六項基本原則所構成的信念體系乃是一種「理念型」(ideal type),其作用在幫助我們辨識或比較實際社會中某種現象的明顯程度。我們的目的並非依據此一理念型的標準,判定某人「是不是」自由主義者;而是提供一個具有歷史根據的觀念架構,藉以衡量某人某事符合自由主義典型的程度。由於歷史仍將不斷發展,因此上述自由主義的理念型只是目前為止最能反映歷史經驗的一種描述方式。如果自由主義持續演變下去,則典範描繪的改變並不是不可想像之事。20世紀以來,西方自由主義就已經由於福利經濟學的衝擊,而日益由堅持私產神聖轉向實踐社會正義。此一轉變不僅造成當代自由主義(liberalism)與古典放任型自由主義(libertarianism)的區隔,也埋下了台灣自由主義運動的斷裂因素。自由主義的核心主張究竟容不容許類似這種根本性的轉變,以及這種轉變究竟有多大的彈性空間,都是值得深入思索的問

題。筆者對此問題採取開放的態度，只願強調典範局部變遷的過程正在進行。因此，本章以下即根據此理念型定義之原旨與可能變化，分析半世紀來台灣自由主義思想的呈現方式、其持續與變遷、以及未來可能的發展。

二、台灣自由主義運動的主要階段

我們在上一節粗略勾勒了自由主義的基本信念，是爲了辨識台灣自由主義運動的軌跡。但台灣究竟有無自由主義的傳統，向來眾說紛紜。有人以比較嚴格的標準審視，認爲台灣從來缺乏體系嚴謹、論證深入的作品闡揚自由主義、也缺乏支撐自由民主理念發展的社會文化基礎，談不上有真正的自由主義運動，最多只有某些標榜批判改革的自由派人士。但也有人認爲自由主義在台灣雖然未臻成熟，然而數十年來不斷有人以追求自由主義的理想自期，並陸續引介、宣揚自由主義的基本觀念，總不能說半點努力的成果也不被承認。筆者認爲我們不宜採取過度嚴苛的標準，完全否定過去知識分子及民主運動人士的貢獻。如果依照上述自由主義六項基本理念來觀察，戰後台灣社會確實斷斷續續出現過不少符合自由主義理念的言論與活動。更何況有些人明白宣稱自己是爲了自由主義而奮鬥，我們縱然可以質疑他們對自由主義的理解有誤或言行不一，卻不能質疑他們促進自由主義的心意。

關於台灣自由主義思想的展現，一般皆以《自由中國》雜誌爲其發軔，而後繼之以《文星》、《大學雜誌》等刊物(瞿海源，1993；南方朔，1994：115)。自由主義之所以會以文人刊物、而不是以個別人物的作品爲辨識基礎及分水嶺，確實反映了頗特殊的歷史情境。在我們討論西方自由主義的思想傳統時，重要思想家的著

作往往是體現該一時代自由主義精神的媒介,所以洛克的《政府
二論》、盧梭的《社約論》、孟德斯鳩的《法意》、亞當・斯密的《國
富論》、康德的《道德形上學導論》、密爾的《自由論》等會成爲
膾炙人口的經典。但在台灣自由主義思想的發展歷程裏,經典性
作品卻極爲少見(張佛泉的《自由與人權》比較可能成爲經典),
反而是雜誌文章、報紙專欄扮演了啓蒙批判的角色。這一方面或
許由於戒嚴時期對書籍的檢查比報刊嚴密,另一方面也許是知識
分子常常有感於時事而撰文,無法潛心探究思想理論之複雜脈
絡。無論原委如何,目前我們所見之自由主義文字資料確實以雜
誌文章爲主。雜誌文章依時期先後又可約略分成幾個階段,分別
是1950年代的《自由中國》,1960年代的《文星》,1970年代初期
的《大學雜誌》,1970年代後期至1980年代的《中國論壇》。到了
1990年代以後,已經沒有任何一個雜誌以宣揚自由主義爲宗旨,
只有論政團體「澄社」依然標榜自由主義的信仰。本文即以這些
刊物同仁及澄社社員的言論爲代表,試圖對台灣自由主義的發展
進行初步的分析。前述刊物之外,當然仍有不少知識分子以個別
方式直接間接地散布自由主義的理念,本文基於篇幅限制,只能
暫存不論。

(一)《自由中國》時期

台灣在日本殖民時期雖有左派運動及本土文化運動,但與自
由主義這種意識形態沒有多大關係。光復後,由於二二八事件的
影響,倖存的本省籍知識分子實際上處於噤聲狀態,不可能有批
判討論重大公共議題的空間。因此戰後自由主義思想的萌現,乃
是1949年國民政府遷台之後,大陸各省籍知識分子所帶來的傳
統。這個傳統大體上可以看成民初「五四傳統」的遺緒,其代表

人物有胡適及傅斯年等人。但是，真正使這個舊傳統更新生命並植根於台灣的，則是創辦了《自由中國》半月刊的雷震，以及經常撰稿的殷海光、夏道平、戴杜衡、瞿荊洲、徐道鄰、傅正等人。當時他們並不見得十分瞭解西方自由主義的歷史傳統，但基於延續五四所揭櫫的「民主、科學」精神，以及貫徹自由憲政以對抗共產專政的原則，最終還是形成了一種自由主義式的批判傳統。

　　《自由中國》創刊於1949年11月，最初與國民黨政府維持相互支持的合作關係，因為刊物的宗旨乃在「宣揚自由與民主的真實價值」，以結合所有反共力量對抗蘇聯與中共的專制極權；而國民政府則透過教育部對《自由中國》的補助，以及黨政要人的居間協調，使《自由中國》成為蔣介石政權對美國表示開明改革的一面。但是雙方的蜜月期維持不到兩年，就因為國民政府對言論自由的限制而開始發生磨擦。基本上國民黨並不相信「自由、民主」這一套政治語言，它始終不脫列寧式威權政黨的本質。因此當《自由中國》認真討論起經濟管制的過當、言論出版自由的重要，或是主張軍隊國家化、救國團退出學校等等議題時，雙方的衝突就日益加劇。自1956年的「祝壽專號」及1957年的「今日的問題」系列社論之後，《自由中國》對國民黨的批判已經使雙方的關係完全破裂。《自由中國》不僅反對言論出版檢查制度，也批評國民政府「反攻大陸」政策的虛偽性，並主張成立反對黨以落實民主政治。這些論述都直接危及國民黨在台灣維持一黨獨大的既得利益，因此《自由中國》遭受嚴重打壓，而雷震等人則被抹黑為陰謀叛亂分子，隨時有被特務拘捕或暗殺的危險。

　　真正導致《自由中國》結束生命的事件，可能是1959年《自由中國》對蔣介石企圖三連任的反對。當時眾多御用文人不斷表態勸進，並設法以修改臨時條款及大法官釋憲來排除蔣連任的法

律障礙，唯獨《自由中國》為主的知識分子仍不斷抨擊當權者之
戀棧權位。經此事件後，國民黨決意除去《自由中國》，隨後登場
的組黨事件，則成為當局逮捕雷震的導火線。事實上，地方選舉
原本是國民黨不得不忍受之自治門面，而《自由中國》試圖組織
「中國民主黨」以結合知識分子與本土政治人物，雖不至於動搖
國民黨對中央政權的壟斷，卻開始挑戰它的政治控制力。1960年
雷震被捕，《自由中國》停刊，反對黨胎死腹中，台灣第一波的自
由主義運動宣告結束（薛化元，1996：53-176；張忠棟，1998：
171-89）。

　　綜觀《自由中國》十一年間的論述大要，我們有理由將之看
成自由主義在台灣社會的初步展現。因為在伸張「個人權利」方
面，《自由中國》的主筆群毫不猶豫地批判出版法的無理箝制，要
求人民享有真正的思想言論自由，並大膽呼籲撤銷警備總部，以
保障人民的通信自由及人身自由。尤其在1954年張佛泉出版了《自
由與人權》之後，殷海光等人深受「諸自由即諸權利」說法之影
響，對於各種基本人權的宣揚更是不遺餘力。另外，在「多元寬
容」項下，《自由中國》關於胡適〈容忍與自由〉一文的討論更是
眾人皆知的雅聞。雖然胡適、毛子水的說法與洛克或密爾鼓吹寬
容的理路南轅北轍（此亦所以殷海光的質疑能夠振振有詞的原
因），但是他們呼籲人人應該以開闊的胸襟來包容異己，以及人人
必須抱持「自己的看法不一定正確」的態度，卻大體上符合自由
主義主張多元寬容的立場（參見張忠棟，1998：42-48；林毓生，
1989：3-73）。關於「立憲政府」與「國家中立」，《自由中國》在
這兩方面的言論之多簡直不勝枚舉。它不僅要求建立責任內閣、
痛批司法弊案、反對軍隊及學校教育由政黨操控，更勇敢披露選
舉舞弊事件、主張成立反對黨。如果我們吹毛求疵一點，則或許

可以指出《自由中國》畢竟未能貫徹憲政原則，正視當時中央民
意代表應否改選的問題；同時也不太理解「法治」的真正義蘊，
時而混淆「嚴刑峻法」與「法律主治」兩個概念；或甚至對於它
未能反省自由主義政治秩序理論的缺失表示遺憾（薛化元，1996：
233-36；翁松燃，1990；錢永祥，1988：57-99）。但是這些缺失都
不足以影響《自由中國》在憲政理念方面的鉅大貢獻。最後，在
「私有財產」與「市場經濟」方面，《自由中國》除了早期幾篇略
帶社會主義色彩的文章之外，大部分都堅守自由經濟的道路。在
這方面，夏道平對國營事業的抨擊，以及殷海光對海耶克（Friedrich
von Hayek）《到奴役之路》的翻譯顯然都有相當關鍵性的影響。
由於《自由中國》排除了管制經濟的作法，它對「社會正義」的
訴求便不像後來的自由主義知識分子那般心儀。關於這個問題，
下文會有進一步的討論。

（二）《文星》時期

在組黨運動失敗、《自由中國》停刊後，台灣知識界進入政治
氣壓低沉的1960年代。此時期唯一能夠延續早期自由主義理想的
刊物是《文星》雜誌，但它在理論深度及政治關懷的廣度上皆無
法與《自由中國》相提並論。事實上，《文星》早在1957年即已創
刊，原先屬於一種以文藝生活為重心的文學雜誌。當時發起人是
葉明勳，社長蕭孟能，主要編輯有何凡（夏承楹）、林海音、陳立
峰等人。從第25期（1960年）開始，雜誌的宗旨加入「思想」一項，
逐漸增加文化方面問題的討論。1962年李敖等青年加入後，編輯
重心明顯轉變成思想及政治社會問題的討論。李敖曾自詡：「李敖
出現，文星改觀。……『文星』生命的起算，不始於第一年，而
始於第五年」（李敖，1997：194-95）。此言證諸《文星》內容與

風格之變化，大體可信。在《文星》前後八年二個月的生命裏，
第1期至第48期主要爲西方文學藝術之介紹。第49期刊出李敖的
「老年人與棒子」，然後是「給談中西文化的人看看病」，隨即引
發著名的「中西文化論戰」。此後文星日益由文學性雜誌轉向思想
問題討論，再由思想探討進一步轉向政治社會批判。轉型之後的
《文星》由蕭孟能身兼發行人及社長，李敖、陸嘯釗、李聲庭等
爲編輯及撰稿人，而雜誌的精神領袖則是《自由中國》的遺老殷
海光。從49期以後一直到1965年12月被迫停刊爲止，《文星》才是
本文所謂台灣自由主義運動第二階段的推動者[2]。

　　《文星》之所以稱得上台灣自由主義運動的一環，主要是由
於它與早期自由主義刊物一樣標榜五四精神，一樣提倡全面西化
與現代化。在這個原則下，《文星》的作者們持續鼓吹自由、民主
與人權的價值，不斷對社會中存在的司法、教育、財稅、色情查
禁等問題提出批判。如果說李敖的貢獻在於掀起中西文化論戰，
使自由民主科學究竟能不能、應不應與中華固有文化相容，再度
成爲一個熱烈的話題；那麼陸嘯釗、李聲庭等則是真正落實自由
主義、嘗試使民主理念制度化的健將。《文星》的政治社會批判主
題從醫師法、租稅法、考試法，一直到墮胎法、非法逮捕、被告
人權、禁書等問題。其基本預設是認爲傳統文化思想(尤其是儒家
思想)對現代化已形成莫大阻礙，必須徹底否定，而後社會才有進
步的希望(陳正然，1985：88-92)。這種激烈的反傳統態度使得《文
星》不僅成爲國民黨鎮壓的對象，也導致衛道之士(如胡秋源、徐

2　《文星》從1957年11月至1965年12月，共發行98期。1986年9月復刊，
　　出版復刊號99期，但兩年後即因雜誌本身經營問題而再度停刊，時爲
　　1988年6月。《文星》前後出刊共120期，不過一般討論《文星》時代

復觀)對它群起圍攻。在本土自由主義的發展史上，類似《文星》
這樣由於推崇西方現代文明價值，以至於與傳統文化發生決裂對
立的情況，似乎並不少見。而這種全面對峙的鬥爭究竟說明了自
由主義「只能以『潛在的敵意』存在於社會，……是社會發展中
的不幸遲滯」(劉若緹、趙書琴，1997：25)，還是西方自由民主
價值向非西方社會傳佈的過程中所必然付出的代價，值得深思。

(三)《大學雜誌》時期

　　《文星》查禁之後，經營新潮書籍的文星書店也被迫終止營
業。李敖則在1970年因彭明敏案之牽連而遭軟禁、逮捕。因此1960
年代末期的台灣無論就文藝思想或社會批判而言，都是乏善可
陳。在沉悶的氣氛維持若干年以後，自由主義的力量終於再度浮
現，其集結點是改組後的《大學雜誌》。《大學雜誌》與《文星》
有類似的出身背景，原來只是一種介紹文化思想藝術等內容的刊
物。到了1970年代初期，由於台灣內有工業化社會變遷所興起的
中產階級參政壓力，外有一連串國際外交上的挫敗，再加上蔣經
國接班的權力鬥爭需要，於是因緣際會促成國民黨與自由派知識
分子的再度結合。關中、魏鏞、丘宏達、楊國樞、陳鼓應、許信
良等「青年才俊」在國民黨及青商會的居間協調下，先後加入原
先由鄧維楨、陳少廷、郭正昭、王曉波等人創辦的《大學雜誌》，
此即1971年大學雜誌社的改組。改組之後的《大學雜誌》以革新
保台為基調，大力呼籲當局廣開言路，並積極檢討各種現實的政
治社會問題。革新保台的背景是由於1970年發生釣魚台事件、1971
年台灣喪失聯合國代表權；廣開言路的範圍則包括「保障基本人

意義的文章，多半以前一階段(特別是49至98期)為內容。

權」、「檢討人事制度」、「促進經濟發展」、「實施社會福利」、「提
倡教育革新」、「健全地方自治」……等洋洋灑灑的「國事九論」(李
筱峰,1987:89-104;南方朔,1994:115-40;秦鳳英,1992:1-32)。
其中較值得注意的是「中央民意代表全面改選」以及「照顧工農
福利」兩大訴求,因為這兩項議題都明顯超越《自由中國》與《文
星》時期知識分子對此問題的思考,是台灣自由主義運動的另一
突破點。

關於「中央民意代表全面改選」問題,在《大學雜誌》最團
結鼎盛的時期(1971年1月至1972年12月),共刊出廿篇文章。相較
於以前《自由中國》及其他報刊零星的論述,《大學雜誌》對全面
改選問題之呼籲可謂綿密熾烈。尤其當時社長陳少廷發表「中央
民代的改選問題」一文後,引起輿論界及校園學生的熱烈反應。
台大法代會進而出面邀請陳少廷與周道濟進行辯論,聽眾達數千
人,可見當時民眾對萬年國會及法統理論已相當不滿(秦鳳英,
1992:74-76;廖達琪、秦鳳英,1992:52-53)。早期《自由中國》
或許尚未感受到大陸籍民意代表終將凋零的問題,或許出於省籍
情感不能面對此問題之不公正性,總之並無文章探討全面改選的
問題。《文星》基於政治批判的空間比《自由中國》狹窄,也未能
正視此一法統問題。《大學雜誌》內有知識菁英急於分享政治權
力,外有蔣經國欲借力使力掃除國民黨保守派,因此機運難逢地
獲得了搖旗吶喊的機會,使台灣自由主義在憲政民主的主張上又
向前邁進了一大步。

至於「照顧工農福利」,論者也曾比較《自由中國》與《大學
雜誌》在這個問題上刊登專文的次數,結果發現《自由中國》似
乎比較關心與知識分子有關的職業(軍、公、教人員),少有觸及
農、工生活福祉的文章。相反地,《大學雜誌》在「國事九論」中

不僅呼籲政府發展農民福利事業以縮短貧富差距、實施農民健保
以改善窮人之困境，並且要求政府設法保障農產品價格、照顧勞
工(尤其是礦工)的傷殘問題、以及允許勞工成立自主的工會。包
青天(包奕洪)所撰「台灣社會力的分析」更引起廣泛注意，連當
時任職農復會的李登輝也曾參加為此問題所舉辦的座談會(秦鳳
英，1992：45-50，77-80)。《大學雜誌》對工農福利的重視，一則
反映社委中本土派菁英的切身感受，另外也可以看出「社會正義」
已逐漸成為台灣知識分子逐漸接受的觀念。這個新觀念的出現並
沒有多少理論性的文字為之註解，因此它就和「自由經濟」或「經
濟發展」含混地共處一室。等到後來越來越多自由派知識分子受
到社會主義思潮的影響，左右矛盾的困境才逐漸浮現出來。

　　《大學雜誌》的自由主義運動在1972年達到高峰，蔣經國接
掌行政院後，果然推動增額中央民意代表的選舉。此舉雖然無法
與全面改選相提並論，但至少證明《大學雜誌》發揮了若干影響。
而且蔣經國對本省籍菁英的拔擢、對工農問題的關注，也顯示《大
學雜誌》不像《自由中國》或《文星》那樣凡事忠言逆耳。不過，
自1973年起，大學雜誌集團即開始發生內部分裂。分裂的原因及
過程極為複雜，大體上由於「土」「洋」知識分子意見及態度有別，
再加上《大學雜誌》鼓起學生運動並介入選舉，使國民黨開始撤
回它對雜誌社的支持。自1973年之後，《大學雜誌》歷經多次分裂
改組，已經不復當年風光。但是由《大學雜誌》集團出走的知識
分子，除了若干向國民黨靠攏並為之重用者外，其餘分化為幾股
不同的力量，包括《人與社會》、《思與言》、《台灣政論》、《這一
代》、《夏潮》等等，其政治理念亦呈現了由左到右、由統到獨的
歧異(南方朔，1994：151-76；秦鳳英，1992：91-115)。這多少說
明了自由主義已經不足以涵蓋台灣新興的政治思想，它仍然可以

扮演一個顯著的角色，但不再是唯一具有道德正當性的角色。其他的思潮（如社會主義、民族主義）重新取得發言位置，在1970年代末期以後日益發揮影響。

（四）《中國論壇》時期

　　由《大學雜誌》分化出來的各股勢力中，比較信奉自由主義理念的人物後來陸續轉進《中國論壇》，而《中國論壇》也因此成為自由派學者集結的大本營，繼續擔任宣揚自由民主理念的傳媒。《中國論壇》創刊於1975年10月，是由聯合報系支持的刊物，有人懷疑它的成立主要是為了抵制《台灣政論》在本土化方面的影響力，因此視之為保守派的雜誌。但是《中國論壇》本身卻號稱以宣揚自由主義為己任，發行人楊選堂說：「如果要為《中國論壇》定位，大體的說，可以說《中國論壇》是一分自由主義的刊物，是知識分子參與國家社會事務的一種『書生報國』表達方式，它的言論立場，就是知識分子為民主憲政而倡導、而批判的立場」（楊選堂，1992：6）。當然這個自我定位並不排除它在當時政治背景下，設法抗衡黃信介、張俊宏等所辦《台灣政論》的可能性[3]。不過就其出版內容分析，大致上可以確定它是想在遵循「基本國策」（亦即反共、統一）的立場下，結合海內外知識分子以言論報國，促進中華民國的民主政治、自由經濟及多元社會之發展。換言之，這是一分標榜自由主義與國家現代化的政論性刊物。

3　《台灣政論》發行人黃信介，社長康寧祥，總編輯張俊宏，創刊於1975年8月，同年12月即停刊。就時間上講，並不是一份影響廣泛的雜誌，但它是大學雜誌集團分裂之後，本土化及民主派人士延續《大學雜誌》精神的努力之一。它對後來黨外民主運動的形成有深遠影響，也是黨外政論雜誌的先聲，因此發行時間雖短，意義卻頗為重大。

　　《中國論壇》從1975至1990年為半月刊型態，編委會召集人依序為尉天聰、袁頌西、李鴻禧、韋政通等四人，他們先後延攬的自由派知識分子包括楊國樞、胡佛、孫震、文崇一、張忠棟、黃光國、葉啓政、蕭新煌、林俊義、李永熾等等，這些人大多曾經留學海外，所受的西方學術訓練遠在《自由中國》及《大學雜誌》大部分作者之上，因此對於憲政民主的觀念瞭解較為深刻，對於現代化國家所必備的法律制度與公共政策也較能提出中肯的要求。譬如呼籲修訂選舉罷免法、廢除違警罰法、改進公務員懲戒制度、推動審檢分隸、進行獄政改革、推廣法治人權教育等等。由於《中國論壇》的基本立場是不正面挑戰執政黨的統治權威，因此它在若干議題上反而不如先前的自由主義者開放（例如不敢鼓勵成立反對黨），或比同時期的其他政論雜誌畏縮（如較少批評三民主義教育、蔣經國本人或政商勾結）。它的論政成就既是廣泛的，也是先天受到限制的。誠如論者指出，在1970年代末到1980年代初的政論雜誌中，只有《中華雜誌》與《中國論壇》發行時間超過四十年以上。其他各種黨外雜誌往往出一期被禁一期，形成接力賽跑的情況。因此刊物「經營的時間似乎與挑戰政權言論尺度的強度成反比」（蔡智賢，1998：22）。《中國論壇》之所以得天獨厚地辦了十幾年，跟它的「溫和批判」立場有莫大關係。

　　1980年代是戒嚴體制由緊到鬆、終至完全解除的時代。《中國論壇》在此一背景下持續敦促政府加速自由化與民主化的步調，對台灣社會的發展貢獻頗大。尤其在黨外人士醞釀成立新政黨、而執政黨仍堅持黨禁之時，自由派學者更是兩頭奔波，唯恐美麗島事件重演。當1986年民進黨不顧政府威脅強行闖關成立，胡佛、李鴻禧、楊國樞、張忠棟等四人透過陶百川向蔣經國說項，局勢終於化險為夷。這些自由派學者都與《中國論壇》有淵源，他們

協助民進黨平安成立的努力，可以看成此一時期自由主義運動的
成績。

　　不過《中國論壇》固然在一個意義上延續了自由主義的香火，
但是它的先天限制也不少。首先，它畢竟不脫「文人論政」的傳
統，作者群全都是高學位知識分子，擅長於剖析民主憲政理念，
卻較少深入瞭解台灣民間社會的日常生活問題，也無法從民間的
經驗觀察反過來檢討自由主義理念的實踐性。因此它對「現代化」
大業的推進成效較大，但對於自由主義與現代化的關聯，以及現
代化流弊如何挑戰了自由主義的原則，欠缺比較深刻的反省批
判。其次，「中國論壇派」在組成上就像早年的《自由中國》一樣，
是以外省籍菁英為主。在前後卅位編委之中，本省籍者只有七位
（蔡智賢，1998：28）。雖然省籍差別並不是當時編委會組成上的
考慮因素，但隨著1980年代台灣社會省籍矛盾之浮現，以及（不幸）
與之相應而籠統化約的統獨情結之形成，「中國論壇派」的成員似
乎也不能免除整個大環境兩極對立磨擦的影響。這個發展挑戰了
自由主義容納族群矛盾及國家認同分歧的能耐，其結果則證明自
由主義不堪一擊。具體地講，論壇派知識分子原本是以溫和理性
的批判者自居，他們相信追求自由民主與國家現代化的共識將可
以容納其他種種次要的歧見。然而隨著1980年代末期反對運動台
獨主張的日益明確化，《中國論壇》筆陣也隨之產生省籍／統獨情
結而無法自解。1990年5月，李登輝總統提名郝柏村為行政院長人
選，激起知識界巨大反彈。楊國樞召集了「知識界反對軍人組閣
行動」聯盟，抗議《聯合報》對同年「五二〇遊行」報導不公平，
並進而衍生「知識界呼籲社會各界抵制聯合報聲明」，但同時《中
國論壇》編委會成員亦有支持郝柏村及聯合報之處理者。此種內
部衝突造成編委會無法再順利運作，聯合報系乃決定以財務困難

爲由，將原來的《中國論壇》改成月刊發行，編輯工作則交由編輯部全權處理。至此《中國論壇》形同瓦解，月刊雖然勉強支撐了兩年，終於還是在1992年10月停擺，而《中國論壇》所代表的自由主義運動則正式走入歷史。

（五）「澄社」時期

　　早在《中國論壇》結束的前三年，楊國樞、胡佛、李鴻禧等廿幾位自由派學者即決定成立「澄社」，以「提供第三種聲音(而不是第三種勢力)供民眾判斷兩黨說詞或作爲是否得當的參考」。澄社強調「第三種聲音」，表示民進黨已經羽翼豐滿，可以直接與國民黨交涉而不需要自由派學者居間協調，因此不擬黨派化的學者必須重新自我定位，以確保知識分子獨立批判的立場。基於這個考慮，「澄社」決定標榜「論政而不參政」。一方面它要延續《自由中國》以來的理想，以社會批判促進自由民主體制的實現；另方面則要求所有出任黨政職務的社員皆須自動退社，以確保超然獨立的立場。澄社是一個相當菁英主義取向的論政團體，它以「學術成就」及「批判精神」作爲吸收社員的必要條件，因此社中確實頗多一時之選。從創社理念上來看，澄社與先前《中國論壇》的宗旨並無多大差別，兩者一樣追求「自由、公平、民主、多元及均富的現代社會」，一樣相信人類社會可以經由自由主義式的改革措施而帶來進步。因此，澄社的特色不在它標舉了什麼理想，而是它如何以行動證明自己的自由主義立場。

　　澄社並未發行類似《自由中國》或《大學雜誌》的同仁刊物，其批判言論大多由個別成員以專欄或評論文章投稿於各大報紙，事後再集結成《澄社報導》、《澄社文存》等系列文集。另外，澄社也數度發表立法委員評鑑，並參與各種社運及學運團體所發起

的示威活動。就社會參與度而言，澄社比先前的自由主義團體都
更爲積極有力，但是澄社的立場卻遠非自由主義一詞所能形容。
它的成員固然有理解並信仰自由主義者，然而也有些人對自由主
義不甚瞭解，或甚至帶著反對自由主義的左翼色彩。這種情形從
一開頭似乎就可以預見，因爲在解釋「澄社」宗旨的宣言中，社
長楊國樞寫道：

> 我們認為，各種基本人權與自由，是人類追求幸福生活的
> 基本條件。只有在這些條件下，人們才能在自由抉擇的環境
> 中發展自己的個性，實現自己的潛能，好好把自己活了出
> 來。當然，我們也深知自由主義在經濟層面所可能遭遇的困
> 難。為了防止經濟的壟斷與特權，確保社會的公平與正義，
> 有些溫和而有效的社會主義措施，必須認眞加以採行。……
>
> 身為知識分子，我們對費邊社的歷史盛事，多年來一直心
> 嚮往之。澄社的成立，未嘗不是見賢思齊的結果。但澄社的
> 意識型態與組織運作卻截然不同於費邊社。
>
> 在意識型態方面，費邊社所倡導的是一種溫和的社會主
> 義，他們意圖以漸進的方式在英國建立民主的社會主義國
> 家。澄社所倡導的則是一種現代的自由主義，與費邊社的宗
> 旨頗不相同，自不宜以費邊社在英國的功過，轉而期望於澄
> 社。不過澄社與費邊社倒是有一共同的最終目的，那就是追
> 求「最大多數人的最大幸福」。(楊國樞，1989：28，30)

澄社一方面要促進自由主義，另方面又追求「社會正義」的
理想；一方面說不採取費邊社的溫和社會主義，另方面又說某些
溫和有效的社會主義措施必須認眞採行，可見其左右意識形態並

存的情形十分明顯。如果澄社真的自認為延續著《自由中國》以來的自由主義理念，則「政治民主」與「經濟自由」當是無可置疑的目標。可是澄社並不完全相信「自由經濟」，反而認為「社會正義」比經濟自由更具有優先性，這是它為什麼要認真採行某些社會主義措施的原因。為了實現社會正義，當然就不能放任市場經濟自由運作，而必須適度要求公有化以及政府管制。這種管制政策曾被海耶克批評為社會主義的迷惘，也是殷海光翻譯《到奴役之路》時苦口婆心勸阻的作法。但是大部分澄社社員幾乎毫無困難地就接受了這種社會主義式的轉型，使自由主義產生了重要的質變。同時也由於澄社未經深思即同時吸納「自由經濟」與「社會正義」兩大訴求，因此它的成員一旦開始討論現實政策的得失，兩種不同意識形態的力量就會產生對抗與拉扯。

　　左右意識形態不一的情形在「廢除臨時條款」、「反對軍人干政」、「抗議獨台會案」、「解構黨國資本主義」等運動時猶能團結無事，可是碰到「社會福利政策」、「黨政軍退出三台」等議題時，社會學背景的成員與經濟學訓練的人就難以意見一致，而經濟學者與傳播學者也立場相反（瞿海源，1999：60-71）。譬如說經濟學背景的澄社社員多半相信「自由經濟」這一套典範，包括私有財產、市場法則、資源有效配置、國家減少管制等等。相對地，社會學訓練的人比較服膺「社會正義」的理念，主張擴大公共支出、建立完善的福利體系、縮小所得差距、支持工會運動等等。就理念層次言，兩種典範都相當吸引人，但是在具體的政策辯論上（如老人年金應否發放？勞資法該往那個方向修改？國營事業應否加速民營化？外籍勞工是否引進、如何管理？等等），不同信念立場的學者往往有針鋒相對的發言。甚至在「校園民主」這種無關社會正義的議題上，澄社社員也有分歧。他們之中既有主張「透過

民主普選以提高學術機構的自主性」者，也有「反對把校園民主辦成『大家樂』式校長普選」的聲音(吳聰敏，1999：137-47)。總之，澄社社員的論政理念並不只依循「自由主義」一種意識形態而已。他們的爭執反應的是現代學術多元發展下的門戶之見，以及各種意識形態在20世紀末百花齊放的奇景。自由主義這塊招牌曾經幫助澄社輕易建立社會上的可信度，但是招牌已日益失色，無法掩飾社員心中另有懷抱的實情。社內意見的衝突固然可以多元化一詞輕輕帶過，但是澄社畢竟無法釐清它所要促進的是那一種自由主義，甚至也無法確定它自己是不是要以自由主義為根本信仰。

　　困擾著「澄社」的不只有左右意識形態的衝突，還有1990年代台灣社會最強悍的區隔標籤——統獨問題。前文曾探討《中國論壇》編委會解體的原因，同樣的因素自然也挑戰著澄社的自由主義者。在1990年的閣揆提名風波之後，李登輝主導的國是會議正式上演。當時澄社的核心成員——胡佛、楊國樞、李鴻禧等——皆在邀請之列，他們多年來對憲政改革的意見也終於有了一個訴諸實踐的機會。但是兩黨協商的格局很快就粉碎了自由派學者的期待，而「回歸憲法／制訂基本法」之爭更分化了胡佛與李鴻禧的長年友情(Huang, 1999)。後來胡、李、楊等人陸續退出國是會議，甚至進一步淡出澄社，直到1997年修憲「內閣制／總統制」之爭再起時，胡、李二人始終無法恢復交情。這還只是澄社早期遭受統獨議題間接衝擊的事例，後來澄社新進社員也有人在台獨運動及台灣民族建構的看法及作法上彼此不甚欣賞，為此問題離社者亦時有所聞。由此可見，自由主義與民族意識兩者間如何安頓，也是考驗台灣自由主義的一大難題。

　　平心而論，澄社創立之初確實有過一段意氣風發的歲月，充

分發揮了影響政局的力量。但是,當憲政改革陸續底定,民進黨
逐漸世俗化之後,澄社能夠揮灑的空間就越來越小。加上若干議
題在社內凝聚共識不易,澄社近來已疲態漸露,趨於消沉。當此
同時,台灣社會本身的急速多元化,也使得自由主義不再是唯一
具有論述正當性的綱領。激進女性主義、後殖民主義、族群認同
政治等,以不同方式吸走了知識分子與青年學生的注意力,自由
主義論政團體只是諸多社會力量之一,而且可能是實踐能量較低
的一種。許多新興的團體都有發行刊物的能力(如《台灣社會研究
季刊》、《島嶼邊緣》、《騷動》、《當代》等等),反而自由派知識分
子不再有類似的講台,其聲勢自然相形見絀。往好處想,這也許
正是自由主義者多年來奮鬥追求的理想之實現——多元社會已經
形成;但自由主義本身若淪落到對社會大眾喪失吸引力,是不是
又只能以「功成身退」自嘲呢?台灣的自由主義者大概還未能充
分解釋自己的處境,而他們面臨的挑戰顯然也不下於先前的任一
時期。

三、自由主義信念的傳承與變遷

以上我們將台灣自由主義運動的發展分成五個時期,簡單描
述了各個時期的代表人物、出版刊物、活動型態及社會批判重點。
我們可以發現在歷史發展過程中,台灣自由主義多少有承前啟後
的味道。如胡適、殷海光之影響於《文星》,或者像楊國樞的角色
貫串了《大學雜誌》、《中國論壇》與「澄社」。就此連貫面觀察,
台灣自由主義者始終清楚地將自己定位為五四傳統的繼承者,以
弘揚民主憲政、破除迷信專斷、促進社會進步繁榮為基本宗旨。
但是,就個別階段所面臨的現實問題以及他們所提出的對應方案

來看，台灣自由主義的「傳統」並不能算是一個系統一致或問題
意識連貫的傳統。事實上，除了追求民主憲政這一點堪稱各階段
共同努力的焦點外，他們在經濟制度、社會福利政策、國家認同、
傳統文化角色等問題上都沒有真正的共識，更不用講在基本觀念
上（如自由、民主、正義、法治等），始終缺乏深刻細膩的討論。
這種理論系統的紊亂與貧乏反映出台灣自由主義知識分子只是習
慣在「自由主義」的旗幟下進行社會批判，卻未必深入探討自由
主義哲學的內涵，同時也解釋了為什麼許多人寧可說台灣只有「自
由派」卻沒有自由主義傳統（瞿海源等，1993）。以下筆者試圖以
議題領域為分野，逐一說明台灣自由主義運動在信念上的一致與
不一致處。

　　首先讓我們反省自由主義者對民主憲政的主張。如前所述，
這個部分毫無疑問是各階段自由主義知識分子共識最高的地方。
在《自由中國》時期，雷震、殷海光等人力主言論出版自由、人
身保障權利、司法程序正義、選舉公平、反對黨化教育、反對強
人違法連任、鼓吹成立反對黨。《文星》的性質比較雜，但社會批
判的立場同樣是主張言論自由、人權保障、反抗專制政權的違憲
作為。《大學雜誌》進一步提出中央民意代表全面改選、校園民主。
《中國論壇》在前三者的基礎上繼續要求廢除違警罰法、妥善修
訂選罷法、推動審檢分隸、檢討考試用人制度。其開創性或許不
如《自由中國》與《大學雜誌》，但胡佛、楊國樞等人不斷呼籲廢
除戒嚴體制，並透過陶百川向國民黨協商，幫助民進黨成立時免
於遭受政府鎮壓，在政黨政治的發展史上仍有不可忽視的貢獻。
「澄社」成立之後，適逢台灣民間社會運動蓬勃興起，因此與社
會各界聯合，在「廢除臨時條款」、「中央民代全面改選」、「反對
軍人出任閣揆」、「民間監督修憲」等事件上出力甚多。總地來講，

建立憲政民主體制乃是戰後台灣自由主義最主要的訴求，而在這方面，他們的成就也比較顯著。雖然目前民主政治的運作仍有極多值得繼續努力的地方（如議會素質之惡化、賄選與暴力橫行、中央憲政體制權責失調），但黨禁報禁已除、白色恐怖不再、民代全面改選、司法日益獨立，這證明了自由主義者過去的努力並沒有白費。

　　在經濟制度及社會福利政策方面，台灣自由主義就比較缺乏一貫的立場。《自由中國》的雷震與殷海光早期曾嚮往費邊社「政治民主、經濟平等」的主張，但是1951年起，殷海光由於與張佛泉、徐道鄰、周德偉等共同研讀海耶克著作，深受古典自由主義影響，乃斷然拋棄「經濟平等」的念頭。他接受了海耶克的論證，認為社會主義如果要貫徹，就必然走上極權專制的奴役之路，因此「經濟平等」或「社會主義」都是虛妄的觀念，與自由民主體制存在著根本的矛盾。至於《自由中國》的另一位主筆夏道平，由於學術訓練背景及親身經歷管制政策之謬誤，更是自始即反對經濟管制，主張尊重市場機能（張忠棟，1998：25-33，91-121；吳惠林，1992：300-304；1996：110-19）。

　　《自由中國》對「經濟自由」的堅持，到了《大學雜誌》時期，開始被自由派知識分子所修正。在1972年所發表的「國事九論」中，大學集團一方面主張台灣應該繼續開發新輸出產品，以確保經濟成長與提高國民所得；另方面也主張政府必須加強對農民的福利照顧，並積極規劃社會福利基金及失業保險制度。換言之，他們認為「經濟發展與社會發展必須均衡推進」，而不能輕易放棄「社會正義」或「經濟平等」的理想（李筱峰，1987：101-102）。這種重視農村社會力問題及社會正義的看法，主要是來自《大學雜誌》中「土」的一系，他們基本上也是後來鼓動校園民主運動

或投入地方選舉的一群(南方朔，1994：153-62)。從思想史的角度觀察，《大學雜誌》對「自由經濟」的修正並不是經過有意識的反省，也就是說，並不是針對早期《自由中國》的經濟思想加以檢討的結果。因此他們雖然都自奉爲自由主義者或自由派，在思想傳承上卻是斷裂的。同時，也正因爲這種重大的轉變並沒有從根本處予以哲學性的辨析，所以台灣的自由主義內部喪失了一次理念澄清、辯證發展的機會。

由於《中國論壇》的主力來自大學集團的自由派學者，因此他們兼採「經濟發展」與「社會福利」的觀念也原封不動地搬到了《中國論壇》。當然，就基本方針言，《中國論壇》由於標舉「現代化」之大纛，在經濟理念上是比較偏向自由市場。不過編委會中的社會學者多少仍發揮了一些牽制自由經濟的作用，使《中國論壇》在談論經濟秩序與匯率制度之餘，也不斷出現「社會工作」、「消費者保護運動」、「就業指導」、「礦工安全」等社會福利導向的專題。

「澄社」的情形更爲特殊，創社社長楊國樞一方面指出澄社社員「都是富有自由主義色彩的學界人士」，並號稱「自由主義乃成爲這個社團的基本取向」；另方面卻又強調澄社與社會主義的費邊社「有一個共同的最終目的」，就是要「追求最大多數人的最大幸福」。正因爲自由主義與社會主義的理想可以如此輕易並列，所以澄社才能同時嚮往「公平社會、民主政治、均富經濟及精緻文化」而不自覺有任何理論上必須先行安頓的問題(楊國樞，1989)。事實上，澄社成員除了極少數例外(如張忠棟、錢永祥等)，大多對早期《自由中國》的奮鬥史不甚瞭解，也不太會注意到澄社所追求的「社會公平」曾經是殷海光、夏道平極力駁斥的概念。當澄社創立時，由於頗多社員嚮往費邊社的理想，夏道平即曾爲文

提醒他們費邊社的目標不可取。他說：

> 社會主義之嚮往這個危機，近年來隱隱約約在台灣出現，這是海耶克所說的缺乏「經濟勢力」之瞭解的問題。……
>
> 財產私有，是萌芽於人性而長成的經濟秩序的中樞。這與語言文字是長成的文化秩序的中樞沒有兩樣。財產私有權之「權」雖然來自法律的規範、是屬於做成的秩序，它對長成的秩序是加以維護而非侵害的。如果用另一個做成的秩序以侵害財產私有權，則是對長成的秩序中的經濟秩序一大致命傷。但是，激於道德熱情的社會主義者以及追求個人自由、民主、法治而又嚮往社會主義的學者們在這最重要的關節，卻沒有嚴肅地深思。他們似乎未意識到：私有財產是經濟自由的根基，經濟自由雖非個人自由的充分條件，但卻是必要條件。民主法治都是為保障個人自由而限制政府權力的手段，但是社會正義的實施，卻要仰賴政府權力的擴張，而這種權力又正是危害個人自由之根基的權力。這不是與他們自己追求的目標正面衝突嗎？
>
> 激於道德熱情的社會主義者不瞭解「經濟勢力」，無寧說是當然的。因為他們滿懷正義，富有崇高的社會理想。他們很可能把經濟學看成俗庸的東西，不屑一顧。或者他們偶而翻閱到經濟學課本的許多圖形和方程式，與物理學的課本類似，嗅不出一點「人」的味道。或者，他們所接觸到的經濟學者在談話中總離不開成本與效益的經濟計算，對於有關人道或社會正義的問題，漠不關心。於是他們就覺得經濟與道德不相干，甚至有抵觸；於是他們就皈依於道德色彩濃厚而經濟法則被扭曲的社會主義，這是可以諒解的，而且，我也

> 有幾分同情。但我也不得不鄭重指出：這是錯誤的。這是對
> 海耶克所代表的自由主義經濟學家所探研出來的社會理論
> 太生疏而犯下的錯誤。（夏道平，1999：250-52）

　　夏道平所根據的是海耶克關於「長成的秩序vs.做成的秩序」
的理論區分，直指社會正義所要求的政府干預乃是「做成的秩
序」，勢必扭曲自由經濟的「長成的秩序」。這個提醒十分重要，
至少需要適切的回應。遺憾的是許多自由主義者一方面相信社會
的「自發性秩序」，另方面又主張政府必須介入經濟活動、國民儲
蓄、或教育改革，卻完全不認為夏道平的質疑是一個值得回答的
問題。因此夏道平的提醒歸提醒，以澄社所發起的社會批判活動
來看，仍然有許多是充分反映社會主義理想的做法。筆者認為這
裡所牽涉到的問題已不僅是「澄社」的自由主義者究竟願不願意
繼承《自由中國》的自由主義者關於「自由經濟」的想法，而是
澄社自由派的西方典範早就不再是海耶克、米塞斯（Ludwig von
Mises）等古典自由主義經濟學者，而是羅爾斯、哈伯瑪斯等具有
左翼色彩的自由主義者。甚至在某些社員的學術訓練中，恐怕更
左翼基進的思想（如Chantal Mouffe, Alain Touraine）才是澄社應該
汲取的資源。但是在這種普遍社會主義化的氛圍中，澄社的經濟
學者仍然對自由市場經濟有較多的偏好，無怪乎當國民年金或公
共電視等問題搬上檯面時，澄社內部始終無法有一致的共識。如
果我們再從思想史的角度反省這個分歧矛盾，則幾乎可以斷言除
非澄社先弄清楚羅爾斯為什麼反對「最大多數人的最大幸福」，或
者好好評斷海耶克、傅立曼究竟要在他們的思想體系中扮演什麼
角色，否則澄社永遠也免不了「左右失衡、前後失據」之譏（楊照、
顏厥安，1999）。

　　除了「民主憲政」與「經濟社會平等」這兩個問題領域外，國家認同的糾葛也是台灣自由主義始終擺脫不掉的夢魘。在《自由中國》時期，自由派知識分子不會懷疑自己的中國人身分。他們固然譏刺蔣政權以「反攻大陸」來欺騙人民，卻不表示他們要放棄自己的認同或放棄未來中國再統一的希望。其中雷震雖然在出獄之後提出「中華台灣民主國」的建議，但是他的目的卻不是鼓吹台獨，而是試圖以「兩個中國」保全台灣(薛化元，1999)。不過，從籌組「中國民主黨」過程中所遭遇的質疑來看，省籍問題以及基於省籍而發展出來的政治不信任感，確實很早就埋藏於廣義的自由民主運動之中。《大學雜誌》由於土、洋分裂而瓦解、《中國論壇》由於「台灣意識」與「中國意識」之磨擦而曲終人散、「澄社」成立不到一年即由於統獨對立情結而導致部分創社成員離開，這似乎說明自由主義憲政民主本身無法解決國家認同問題。台灣的自由主義者就像過去一百多年來的中國自由主義者一樣，理智上雖然伸張個體自由以反抗國家主義的勢力，心裡頭卻很難完全擺脫國家民族認同的影響。當一個自由派學者發現自己畢竟熱愛中華民族甚於西方先進國家，或是發現自己熱愛台灣以致必須抗拒中國大陸，他們就不自覺地以感性的民族認同為優先，寧可與「同族」的專制者站在一起，也不願再去理會同樣伸張憲政民主理念的「外族」。於是，我們會看到統派的自由主義學者在科索沃事件中大力譴責美帝的侵略行為，而絕口不提中共對西藏與新疆民族主義運動的強硬鎮壓。我們也會看到獨派的自由主義學者對當權的本土政治人物歌功頌德，完全不再拿過去批評蔣家政權的標準來月旦當今的政壇領袖。「自由民主／專制威權」的區隔既然敵不過「本省／外省」或「統／獨」的分野，則台灣知識分子中能夠堅持自由主義精神的當然也就寥寥無幾了。

最後，我們應該簡單討論一下台灣自由主義者關於「傳統文化」與「自由民主制度」兩者關係的看法。這個問題在目前並非熱門課題，但是它在非西方國家的自由主義思想發展上，卻是一個普遍存在又困擾不斷的問題。台灣的自由主義者由於接續的是民初的五四傳統，因此從一開始就不太懷疑全盤西化或全面現代化的必要性。譬如1950年代中期發生於殷海光與徐復觀之間的論戰，以及1960年代《文星》雜誌所引發的中西文化論戰，其本質都與「西方自由民主制度究竟能不能直接移植過來，要不要與本土傳統文化接榫？」有關。《自由中國》曾針鋒相對地批評過《民主評論》所代表的新儒家思想，認為他們是導致中國落伍失敗的「復古主義」；而徐復觀則回敬殷海光以「文化暴徒」一詞(黎漢基，1999：51-52)。這表示當時《自由中國》對傳統道德文化並無好感，或至少認為它有礙於國人對西方自由民主制度的學習與採用。但是1960年代以後，殷海光對於中國文化的態度有了重大轉變，開始思考東西道德整合的必要性。他試圖以「孔仁孟義」、「佛家慈悲」、「基督博愛」去與「民主及科學」相調整，從而期盼某種「道德重整」的出現(殷海光，1988)。可惜殷海光英年早逝，我們無法看到他對東方文化傳統與西方民主制度會通的進一步解釋。

在《自由中國》之後的自由主義運動中，《文星》批判傳統文化不遺餘力，《大學雜誌》較少談論傳統與西化的問題，只有《中國論壇》對中國傳統文化比較有點敬意，比較肯定儒家道德體系銜接西方自由民主制度的可能性——雖然「內聖外王」的進路基本上已被排除。但到了「澄社」階段，傳統文化似乎又成了多餘或有害的殘留質。譬如在1997年5月10日所發表的「反對心靈改革運動」聲明中，瞿海源、錢永祥、顧忠華等三位澄社學者指出：

在我們的文化裏，大家多少都持有一種想法，就是認為社會、政治秩序的改善，靠的是先改善個人——主政者個人、或者構成社會的每一個人——的道德品質。……在中國傳統裏，「國者人之積，人者心之器」之類的說詞，充分的表達這套想法。……我們認為這套想法是錯誤的。……個人的道德品質其實和社會、政治秩序的治亂良窳，僅有間接、次要的關係。換言之，社會秩序受到個人心靈品質影響的程度，遠遠次於各種制度的作用。……與其奢望改善個人的德行，以期藉此改善社會秩序，不如假定人性本惡（或者至少私心多過公德），然後按照這個假定建立制度、因勢利導，使得惡人不願意為惡、使得追求私利的行為產生對公利有益的結果、使得較具有侵略性的勢力相互制衡無法猖狂。

基於這個論證，他們大聲疾呼「政府沒有權利、沒有能力、也沒有必要干預個人的心靈」（瞿海源、錢永祥、顧忠華，1997）。我們應該注意到，「反對心靈改革」是在「有限政府」及「國家中立」等自由主義原則下推導出來的結果，因為自由主義的公私領域劃分要求政府只能掌管法令規章方面的問題，至於私人的道德修養或價值追求則屬於每個人的私領域，不容公共權威妄加指點。澄社的學者們認為心靈改革反映了儒家傳統「聖王德治、修齊治平」的觀念，而這套想法基本上與自由多元社會扞格不入，因此必須斷然拒絕。

不過儒家傳統是否應該如此解釋？自由社會是否不容許政府發揮增進人民德行的功能？這些問題都值得再三斟酌。在「反對心靈改革」聲明發表後，另一位研究自由主義哲學（但不是澄社社員）的學者回應道：

　　事實上為了使自由社會的人民尊重他人的自由選擇權，政
府所扮演的角色不只是公共規範或法令的監督者，而且也是
公共精神、公共心靈的塑造者。……政府當然不應該管人民
的思想，但是對於培養人民守法、思辨反省、理性溝通、尊
種不同意見的德行和能力，政府則責無旁貸。(林火旺，1997)[4]

　　那麼，究竟自由社會中的道德價值應該如何形成呢？「國家
中立」究竟要求政府在道德信仰事務上一概維持中立緘默呢，還
是允許政府為了民主文化之養成而積極規範公民教育的方向？進
一步講，這些公民道德究竟必然與傳統文化水火不容呢？還是可
能找到銜接的地方？殷海光晚年苦思的「道德重整」問題也許就
是未來台灣自由主義者必須妥當回應的挑戰。

四、台灣自由主義的未來

　　自1990年代以後，自由主義在台灣社會的影響力呈現急遽下
降的趨勢。造成這種情形的主要原因有三：(1) 台灣自由主義向
來以憲政民主為首要訴求，而1986年反對黨成立、1987年解除戒
嚴、開放黨禁報禁、1988年蔣氏政權結束、1991年廢除臨時條款、
1992年中央民意代表全面改選、1996年總統副總統直接民選、2000
年政黨輪替成功……，這一切發展都顯示民主憲政已逐步落實，
自由主義半世紀來的階段性目標大致達成，因此除非自由主義另
外提出新階段的綱領性目標，否則就只能功成身退。(2) 過去自

4　關於新儒家學者對澄社「反對心靈改革」聲明的回應，另參林安梧，
　　1997。

由主義幾乎是台灣改革派知識分子唯一崇尚的信念體系，但1980
年代中期以後，各種歐美新興思潮經由返國學人陸續引進，包括
女性主義、後殖民主義、解構主義、社群主義、多元文化主義等
等，它們分別吸引了部分學術工作者及社會大眾，使得自由主義
一支獨秀的勝景不再，只能成為眾聲喧嘩中的一種吶喊。更重要
的是，新興思潮通常有其針對的社會現象或人口，如女性主義之
於婦女運動及性解放運動，生態主義之於環境保護運動，多元文
化主義之於原住民運動，基進民主之於工運、學運或無殼蝸牛運
動……。但是自由主義卻越來越難以找到訴求的特定對象，使它
顯得只像是學院內高級知識分子的癖好。(3) 如前文所指出，台
灣自由主義運動的理論資源往往是每一代都從西方橫向移植過
來，通常未深入瞭解西方自由主義發展的來龍去脈，而只以新潮
為尚。其結果是殷海光那一輩自由主義者心儀海耶克，而澄社社
員只知道羅爾斯，至於海耶克在西方為何逐漸為羅爾斯所取代卻
少有人去探究。同樣地，正因為台灣自由主義者習慣直接向西方
顯學取經，所以對於本土自由主義的發展歷程關注不夠，彷彿每
一代人都是另起爐灶。其結果是本土的自由主義論述也無法形成
一個有批判性傳承意義的系統，無法真正理解前人努力的意義與
有待深入的地方。這種「先天不良、後天失調」的發展模式自然
無法豐富本土自由主義的內涵，使之日益蒼白貧乏。

　　如果筆者的分析不無道理，則台灣自由主義未來能否繼續主
導(或影響)政治社會的發展，端視如下數點：

　　第一，本土的自由主義者必須潛心研究西方自由主義的淵
源、發展與變化，必須詳盡地瞭解自由主義做為一種近代西方特
殊的社會現實與意識形態，其預設的條件與蘊涵的限制是什麼。
任何一個有心促進自由主義的人，都必須釐清自由主義所代表的

價值(如個體自主性、民主法治、市場機制等),以及其真正的力量與潛藏的問題何在,並比較其他意識形態所彰顯的價值(經濟平等、社會正義、族群尊嚴、或顛覆解放),弄清楚那些價值可以兼容並蓄、那些必須斷然排拒,如此才可能在哲學層次上替自由主義奠立一個論辯的基礎,否則隨著各種新興思潮起舞,自由主義將不知伊於胡底。

第二,台灣的自由主義者必須瞭解過去本土自由主義者奮鬥的歷史,以及他們的理念如何反映或挑戰所屬時代的社會現實。由於1990年代以來媒體力量(特別是影像媒體的力量)深刻地影響了社會大眾對現實處境的認知,因此許多實踐活動皆隨之轉為「媒體取向、議題取向」,只求如何能在晚間新聞中播出一兩分鐘,而不問事情的複雜真相與妥當的對策。自由主義者必須抗拒這種「媒體造勢」的誘惑,堅持探求各種政治社會問題的病根與改善之道。這種「深入問題」的理解要求一個人回溯過去、展望未來,使自己的努力與前後世代的奮鬥連成一氣,清楚界定自身階段所能完成、所應完成的工作。譬如以憲政改革為例,1950、1960年代的自由主義者只能奢望言論自由受到保障、政黨不要把軍隊、學校、法院當成統治的工具,1970、1980年代的自由主義者則可以較具體地談公平選舉、廢除戒嚴、開放黨禁,1990年代以後憲政改革雖然形式上已經完成,自由主義者卻可以進一步批判政商勾結、黑道漂白、賄選文化,更不用說中央政府體制本身還存在著任意修憲所衍生的諸多問題。自由主義者絕對不能為求曝光而完全採取議題導向的短線操作,也不能放棄歷史視野而讓自己隨波逐流,他們必須認清楚自己奮鬥的意義與方向何在。

第三,在一個思想趨於百家爭鳴的時代,自由主義不能再自以為高人一等,試圖壟斷所有社會批判的道德正當性。事實上百

家爭鳴本是自由主義過去努力爭取實踐的局面，因此各種思潮的爭奇鬥妍正足以說明自由主義在這個工作上的成果。以目前台灣社會力解放的情勢看來，自由主義事實上不可能成為所有社會運動的代言人。環保團體、婦女運動、原住民運動、動物解放組織、宗教性的道德重整運動——這些社會新興力量各有其實踐哲學與策略目標，自由主義可以選擇性地與部分團體結盟，但不能奢望出面領導。反而自由主義者必須認真思考的是自己的立場與定位是什麼，自己所能貢獻於台灣社會的又是什麼。以澄社部分成員晚近所推動的「教育改革」和「社區大學」為例，這都算是自由主義在「營造公民社會」綱領下的嶄新嘗試。它們既可在不背離自由主義的精神下標示出這個世代自由主義者與先前世代的區別，又能表明知識分子願意接近一般大眾、與人民共同營造理想社會的基礎，因此可說是比較成功的實踐例子。

　　總而言之，台灣自由主義的發展雖然充滿崎嶇挫折的經驗，而且未來處境也不見得比較光明，但是如果奉行自由主義哲學的人對自己的判斷有信心，自由主義不會沒有未來。源自西方近代啟蒙運動的這股思潮，雖然不能如它原先預期地成為全人類共同的信仰，但是它的影響與貢獻仍然不容忽視。它曾經攫獲了五四時期中國知識分子的心靈，也渡海來台奠立了本土改革派菁英的思想根底，將來它能不能進一步深入台灣人民的心中，使台灣的自由民主體制有一個文化基礎，要看這一代自由主義者的表現。

第十二章
台灣民主意識的變遷與挑戰

一、台灣民主意識的三個階段

過去五十年來，台灣政治社會最重要的發展是民主制度的建立。無論我們對當前民主政治的評價如何，此一制度的建立確實是台灣人民政治生活的重大轉變，也是中華文化圈內史無前例的創舉。就跨世紀的台灣文化發展來看，如果我們忽略了民主制度與民主文化的層面，將無法理解半世紀來台灣集體政治生活的變遷，也無法洞察未來社會文化發展中可能面臨的挑戰。因此，本章試圖以「民主意識」為焦點，鳥瞰戰後台灣的政治文化發展，並指出民主制度的實踐蘊含了那些亟待克服的危機。

處理此一主題，基本上有三種不同的研究途徑。其一是狹義思想史的途徑，我們可以就過去留傳下來的典籍文獻（特別是知識精英及政治社會領袖的論述），考察每一時代前瞻性的人物替平民大眾苦心擘畫的民主前景。此種方法所探及的民主意識可能較成系統，較富哲理，但未必為一般民眾所共享。第二種途徑是實証取向的政治文化研究，我們可以就民意調查及問卷訪談之結果，詮釋整體性的民眾心態與信仰價值。其優點是立論較有經驗證據

支持，缺點則是問卷資料有限，無法適用於1970年代以前的研究。第三，我們也可以採取一般文化史的做法，廣泛運用所有涉及研究主題的歷史素材，包括書籍報刊、文書實錄、私人日記、流行文化媒介（如廣播、電視、音樂、戲劇等），不分精英群眾或上層下層，靈活組合拼湊以重現人們的民主觀念。此一途徑應該是研究本文主題的最適當方法，可惜限於能力，筆者尚無法以此方式呈現本章所關心的問題。因此下文基本上仍以思想史方法爲主，只有少數地方運用實證資料及大眾文化素材。如果將來有機會，希望能夠結合各種途徑以進行鉅型研究。

　　大體上，筆者認爲戰後台灣民主意識的變遷可以分成三個階段。自1945以迄1977年黨外反對勢力形成之前，爲威權政體有效統治的階段。此時期前半段有《自由中國》雜誌的啓蒙式民主理念摸索，後半段則有中央民意代表增額選舉所帶動的間歇性民主運動熱潮。其共同特色是堅定反共、要求公平選舉及成立反對黨。第二個階段約略從1977到1986年，是黨外運動興起以迄民進黨創立的年代。此一期間內，自由派知識分子透過《中國論壇》及主要報紙的專欄撰述，替反對運動提供重要的理論資源並協助其應付執政黨的壓力。知識分子與黨外人士的互動，間接完成了自由主義憲政民主的觀念體系，使民主轉型無論在學理上或實務上都獲得突破性、奠基性的進展。然而，就在1986至1990年台灣政治格局劇變之際，民間社會的新興抗議活動也熱烈登場。新社會運動固然與政治反對運動時相呼應合作，但其基進性格終於發展出一套不同於後者的意識形態，並進而批判包括反對黨在內的所有政治勢力。基進人士稱呼此種社會運動爲人民民主，試圖以後現代主義爲其思想利器，揭露自由民主憲政的虛僞陳腐。因此1986年以來的第三階段民主發展，確實顯現了一種截然不同於選舉民

主或憲政民主的民主意識。其特色是呼籲所有被壓迫者的團結、反抗，以草根式運動擴大民眾關於民主政治生活的想像；但是其後現代性格卻也嘲弄、顛覆了程序正義及理性溝通的可能性，替政治生活注入了混亂虛無的因子。

　　本章自第二節起，即以上述架構分析台灣民主意識的變遷與挑戰。由於每一個階段的民主發展都留下若干尚未解決的問題，因此我們所面對的挑戰事實上綜合了不同民主理念所必須克服的危機。這些問題包括：伴隨選舉而來的賄選與黑道介入、本土化所造成的統獨爭議、憲政失控所形成的民粹政治、以及後現代思潮所鼓吹的價值相對主義等。我們如何應對這些民主發展所帶來的問題，將關係著未來台灣社會文化的風貌。

二、民主轉型前的民主意識

　　關於台灣民主政治的發展，政治學者一般認為可以分成「威權政治—民主轉型—民主鞏固」三個階段。其中最關鍵的當然是「民主轉型」(democratic transition)或「民主化」(democratization)這個環節。所謂民主轉型或民主化，學理上的定義是指一個國家貫徹人民主權原則，使其所有成年公民獲得實質公民權的過程。公民權的行使以平等的參政權為核心，而為了落實平等的參政權，國家必須擴大普選的範圍、容許政黨的成立與競爭、並維持公平合理的選舉制度。因此，衡量一個國家是否開始實踐民主制度，其主要指標包括普及的選舉權、合法反對黨的出現、以及所有職位定期而公平的改選等等。

　　台灣的民主轉型究竟從什麼時候開始，政治學家有不同的判定。如果我們以上述標準逐一檢視，則選舉權自1950年實施地方

自治即為民眾所有，不過中央層級的國會全面改選遲至1992年才正式開始。反對運動歷史久遠，但直到1986年民進黨才在蔣經國的容忍下成立。解除戒嚴發生於1987年，臨時條款廢止於1991年，而1996年台灣人民第一次直接選舉總統、副總統。如此看來，1986年至1996年似乎是台灣民主轉型最關鍵的年代，而1986年也因此常被人們視為台灣民主轉型的開始（田弘茂，1997：246；高隸民，1997：293）。這個看法相當有代表性，同時符合比較嚴格的學理定義。但是，有鑒於台灣的政治反對運動事實上在台灣經常被視為民主運動的象徵，因此也有人比較重視反對運動形成的年代，以之為民主化的開端。在1977年的五項公職人員選舉中，全省黨外參選人士發展出全島性的串聯，並在黃信介、康寧祥的巡迴助講下大量當選。選舉期間「中壢事件」的爆發，更暴露出執政黨即使舞弊也難抵民意的弱點。經過這次選舉，黨外不再是過去少數異議分子的孤軍奮鬥，而逐漸形成「政團」的雛形（李筱峰，1987：122-27；胡佛等，1997：482-83）。因此，1977年可以說是台灣民主運動發展關鍵的一年，也可以視為廣義的民主化肇始的時刻，本章所謂「民主轉型前的階段」，就是指戰後至1977年的漫長歲月而言。

在廣義的民主化之前，台灣確實已出現若干重要的民主觀念，只不過這些理念擴散的範圍有限，多半局限在知識精英以及熱心政治運動的人士身上。至於一般民眾則習慣威權政府的宣傳，對民主政治既缺乏正確的認知，也無追求公民權利的熱誠。我們姑且以影響較大的《自由中國》、《大學雜誌》為例，指出知識分子所理解的民主，並對比當時少數民意調查研究所呈現出來的大眾政治態度，來說明這種威權體制下貧困的民主意識。

《自由中國》創刊於1949年11月，在「發刊詞」中宣告它的

宗旨是要「向全國國民宣傳自由與民主的真實價值」，並以中共與蘇聯爲人類公敵，呼籲世人「斥極權而信民主」。胡適替創刊號所寫的第一篇文章題目是〈民主與極權的衝突〉，可見當時的民主理念完全環繞在「反共」、「反極權主義」之上，至於民主政治本身的意義與價值爲何，《自由中國》的主筆群鮮少有精確詳細的解釋。從邏輯上講，共產主義與極權主義剝奪了人民的自由與安全，因此民主政治似乎就是以宣揚自由、保障人民自由爲主旨。無怪乎薛化元仔細分析過《自由中國》的內容後，發現它的民主理念是以言論自由爲主軸，從而展開它向政府爭取「寬容」，乃至最後要求成立反對黨的主張。「但是，純就理論層面而言，《自由中國》並不注重民主政治的關鍵因素——定期改選由民意決定執政者，與民主政治的理念存在相當大的差異」（薛化元，1996：235）。

我們如果以《自由中國》最重要的一位主筆—殷海光—爲例，也可以看出當時民主理念的單純與訛誤。殷海光在1950年代堅決相信民主政治就是「政治的自由主義」，是「極權的反面」，其主要精神在於保障人民的自由與權利。爲了貫徹基本人權的保障，政府必須尊重每一個人的尊嚴，容許反對意見、不搞個人崇拜（翁松燃，1990：231-33）。這些論點固然掌握到自由主義民主觀的基本要點，但是並未觸及普選權利以及中央民代是否應該定期改選的問題。更不幸的是，殷海光一度誤以爲法治就是依法治理，從而認爲極權國家也有法治，因此「法治與民主政治並非有必然的血緣」。殷海光的弟子林毓生後來指出，極權國家所講的「法治」只是「依法而治」（rule by law），不是「法律主治」（rule of law）。這兩個概念的混淆使得殷海光無法真正理解近代西方民主政治的實質意涵，可以說是早期民主觀念的典型限制（林毓生，1990：217-19：翁松燃，1990：241-43）。

　　從後來1970年代民主理論的發展來看，殷海光素樸的民主觀念固然欠缺嚴格意義下的「人民主權」及「法律主治」等重要成分，而從更晚一些（1980年代至1990年代）台灣社會所將湧現的社會運動熱潮來反省比較，殷海光的民主理念更是顯得消極有限。錢永祥曾經指出，殷海光到了撰寫《中國文化的展望》時（該書於1966年出版），已經認識到民主與自由的區別。也就是說，他已經瞭解民主的敵人是專制，自由的對反是極權，而「極權民主」在現實上是可能的。但是也正由於殷海光明白了民主體制只是達成自由人權保障的方法或途徑，因此他將民主的內容降至最低，只取其形式的特色（「一部像樣的紙上憲法」以及「選舉多數決」），而認為反抗鎮制、追求自主參與等等是外於民主程序的價值。錢永祥稱這種民主觀念為「消極的民主」，以之對比西方政治傳統中以政治參與為民主內涵的「積極的民主」。錢永祥認為積極的民主可以「賦予民主這個概念較積極的內容和較正面的評價」能夠「讓民主這個概念，隨著反抗鎮制、分享權力、追求自主、以及參與決策這四項要求在近代社會裡發展出來的較寬廣含義，取得新的發展可能」，但可惜殷海光所處的時空環境，使他不可能從這個角度去思考民主政治的意義（錢永祥，1990：115-21）。事實上，積極的民主一直要到1980年代末期以後，才隨著民間社會論述之興起而開始流行，我們稍後再來處理這個問題。

　　在《自由中國》被禁、雷震被捕之後，台灣的民主發展陷入了一段相當沉寂的時期。其間除了《文星》雜誌偶有批評時政的表現外，文化界似乎沒有大膽探索正當政治秩序的風氣。直到1971年《大學雜誌》改組，重新鼓起文人論政的熱潮，民主政治的理念才獲得機會再度成長。其實就組成結構言，《大學雜誌》在1971至1973年的迅速膨脹，與國民黨權力接班的情勢發展息息相關。

蔣經國爲了塑造開明的形象，鼓勵《大學雜誌》的領導群大鳴大放，其結果是青年知識分子提出了包括「中央民意代表全面改選」、「保障基本人權」、「照顧工農福利」、「改革文官體系」等數項重大議題。在上述議題中，毫無疑問以「中央民意代表全面改選」最引人注目，因爲這項訴求不僅反映當時民眾對「法統」說法的不滿，也是《大學雜誌》超越《自由中國》民主論述的顯著差異所在。後來蔣經國順利接掌行政院，果然推動增額中央民意代表的選舉。雖然此項選舉無法與全面改選相提並論，但至少證明《大學雜誌》發揮了若干影響。抑有進者，《大學雜誌》論政集團分裂解組後，少數知識分子（如張俊宏、許信良）投身地方選舉，使知識菁英再度與基層民主運動發生串連，爲反對運動提供了相當重要的理論資源。王杏慶因此認爲《大學雜誌》縱然成就有限，卻也堪稱本土化運動「新啓蒙」的開始（王杏慶，1992：381-93；廖達琪、秦鳳英，1992：49-55）。

1977年以前的民主運動，就在這種文人雜誌與地方選舉的交互作用下緩緩地進行。雜誌使知識分子有機會引介西方的民主理念於本土社會，而間歇性的選舉則使政治人物有機會向民眾宣揚民主制度的優點。由於選舉漸漸成了發抒政治改革意見的觸媒，論者乃稱呼台灣的民主發展爲「選舉帶動的民主」（election driven democracy）（林佳龍，1998：244）。1975年，黨外前輩郭雨新以67歲高齡參選立委。在一份重要的文宣上，他提出了如下政見：一、國會全面改選；二、廢除戒嚴令；三、司法獨立；四、解除報禁；五、總統、省長、台北市長直接民選；六、釋放政治犯；七、清查國家行庫呆帳；八、清查漏稅；九、言論、出版、集會、結社的真正自由；十、生存、工作等基本人權的保障；十一、全面的社會福利。這些政見可以說累積了《自由中國》、《大學雜誌》以

來知識分子的主要訴求，等於替這個階段的民主理念做了最簡明
扼要的總結。其後郭雨新雖因國民黨賄選而高票落選，但民主運
動的理想已經透過選舉繼續傳遞了下去（李筱峰，1987：118-22）。

回顧此一階段，我們可以看出自由民主體制的基本觀念逐漸
由1950年代的素樸形態朝向1970年代的健全系統發展。在1977年
黨外政團成功集結之前，憲政民主的要義已經流通於反對派菁英
之間。然而我們也必須指出，當時一般民眾對民主的認知恐怕遠
遜於他們對民主政治的信仰。彭懷恩引述艾普敦（Sheldon
Appleton）在1970年代針對台灣大學生與高中生所做的研究，發現
受訪者對民主的信仰儘管堅定，卻與他們對民主實質的認知不能
配合。在學生的民主認知中，比較強調的是「萬能政府」、「廉潔
的政府」、「適當的生活水準」、「強而有力的領導」等等，至於「定
期選舉」、「法治」、「兩個以上政黨」、「多數決」等民主特徵，反
而為大多數學生所忽視。其他的調查研究也有類似的發現。這說
明當時的台灣人仍然習慣以傳統家父政治觀念來理解民主政治，
以致對於民主所指涉的「主權在民」、「政治平等」、「法律主治」、
「多數原則」等並不能有真正的體會（彭懷恩，1997：110-13；另
參黃秀端，1996：71；倪炎元，1988：14-15）。從本文關懷的問
題來看，這些實證研究證明了精英與群眾對民主政治具有不同的
認知與理解。換言之，自由民主的理念已經萌芽，但是普遍的民
主意識則尚待長期培養。這個工作注定充滿艱辛，但是從1977到
1986年之間，我們將看到它在困境中的成長。

三、憲政民主觀念體系的形成

從廣義的民主運動（1977年）到狹義的民主轉型開始（1986年）

之間，是台灣憲政思想史上一段重要的歲月。在這段歲月的前半段，由於《中國論壇》的創刊，學術文化界出現了一群具有自由主義傾向的知識分子，繼續以《大學雜誌》顛峰時期學人論政的方式向朝野人士提出諍言。由於他們的溫和改革立場不致引起執政黨的疑懼，因此創造輿論的效果反而綿延長久；又由於他們之中頗多專門研究憲政及法學之士，因此自由民主理念乃得以深化廣延。經過《中國論壇》（以及「中時」、「聯合」兩大報）不斷發表的專題論述，自由主義憲政民主的觀念乃日趨完備，而具體的制度改革或政策方向也日益受到注意。我們可以說，這是台灣民主思想變遷中極為重要而平實的奠基工作。到了1983年之後，由於「自力救濟」及遊行示威大量出現，台灣社會可以明顯感覺到民間動能即將爆發，而一個重大的轉變也必將隨著蔣經國的去世而降臨。因此這個時期的後半段是一個相當典型的、暴風雨前鬱悶難當的「轉型前時刻」（pre-transition moment）[1]。憲政民主觀念經過輿論的推波助瀾，終於到達必須宣洩的程度，這就是1970年代過渡到1980年代中期的寫照。

《中國論壇》創刊於1975年，發行之始，即標榜「發揮輿論報國的功能」。基於時代環境及社方立場的限制，發刊詞中充斥不少反共復國、建設三民主義新中國等陳腔濫調。但是它也提出了「為現代化鋪平意識形態的道路」這一個值得注意的抱負。「現代化」理論在1960年代末至1970年代初逐漸成為台灣的顯學，金耀基的《從傳統到現代》（出版於1966年）幾乎是1970年代研習社會科學者必讀之書。因此，《中國論壇》的「現代化」口號並非首開

1　龍應台用一個生動的比喻，形容1980年代的台灣是一個「漏氣而又悶著的瓦斯烤箱」，見龍應台（1998）。

風氣之先。不過,現代化理論涵蓋社會、經濟、法制、政治、民俗、教育等各種層面,其分別落實之策略確實以《中國論壇》的作者群用力最深。特別是政治現代化中憲政民主這個部分,幾乎都是由《中國論壇》的自由派學者(包括李鴻禧、胡佛、呂亞力等)協力撰稿宣揚。他們所受的西方學術訓練已遠在《自由中國》及《大學雜誌》大部分作者之上(當中有一些人係由《大學雜誌》轉戰過來),因此對於憲政民主的觀念瞭解較深刻,對於民主制度的合理安排也較能提出中肯的要求。我們且以李鴻禧在《中國論壇》第9卷11期的專文為例,指出自由派學者對民主憲政觀念體系的理解。他寫道:

> 現代的立憲主義思想、民主政治制度,雖因各國政治、社會與經濟構造之不同,歷史、民族與文化背景之互異,而呈各自不同的型態;但是這種民主憲政體制之價值體系,即在確認人類天賦平等之基礎下,世界各國大體上說來,莫不以「國民主權主義」、「人權保障思想」、「權力分立」、「議會民主政治」、「法治主義」、「依法行政」及「司法獨立」等系列價值觀念,為其立憲思想之骨架綱目。而實際上之民主憲政之實踐與運作,也端賴議會主義思想之貫徹,與議會政治之健全,使「民主」與「法治」精神,即「國民主權主義」與「法治主義」等價值能貫徹實施,期許在「權力分立」結構下,踐行「依法行政」、「依法審判」,使「人權保障」命題,能有優良的成效。(李鴻禧,1980:5-6)

從這段精要的文字,我們可以看出自由派學者對於早期知識分子容易誤解的觀念已經能夠澄清。譬如國民主權乃民主首要之

義，而憲政體制之意義乃在藉由限制政府權力以保障基本人權；法治主義(即法律主治)與依法行政乃是兩回事；議會政治係實踐人民參與之必然形式等等。值得注意的是，自由派法政學者不僅宣揚民主理念，同時也致力呼籲政府改善不合民主理念的各種制度或政策。這些努力包括：修訂選舉罷免法、廢除違警罰法、改進公務員懲戒制度、推動審檢分立、進行獄政改革，推廣法治人權教育等等。經過他們不憚其煩的訴求與建議，有的制度確實在行政院或立法院獲得改造的機會，而未能實現的部分則繼續在學院內或選舉活動中凝聚改革的動力。

　　當然，1970年代到1980年代初的自由民主思潮並非自由派學者所獨力推動，民間社會中另有許多個別或集體的力量也對民主意識的成長發揮過影響力，例如《台灣政論》以降的各種黨外雜誌、風行全台的《野火集》、無所不批的李敖、以及專門關心弱勢者權益的《人間》雜誌等。本章基於篇幅限制，無法一一敘述他們的貢獻。但筆者願意指出，1980年代初期多次回國講學的林毓生對於自由、民主、法治之複雜關係，做過一些重要的爬梳工作。由於他的思想史訓練不同於自由派法政學者的背景，因此頗能提出一些新穎的問題或觀點，對民主體制所追求的自由理想，以及其中蘊含的衝突磨擦，都有發人深省的討論。比較有意思的是，林毓生與《中國論壇》作者群一樣，都相信民主政治完全是從西方傳入的觀念，中國過去的民本主義與西方民主政治不能相提並論，因為其中涉及兩種完全不同的政治秩序以及統治正當性的建構，若強以民本為民主之根源，只是自卑／自大心理的無益掙扎(林毓生，1983：279-83，423-35；1989：39-47)。林毓生特別注意法治觀念的詮釋，他說：「法治並不是指法律愈多愈好，也不是指那些根據政治命令而制定的法律的執行。法治最根本的要義

是：以憲法做主導的法律高於政治的肯定與執行。法治下的法律
必須是公平的、普遍的（能夠應用到每個人身上的）、與抽象的（沒
有具體目的的、不爲任何政治利益團體服務的）。法治下的司法機
構不但有權審理與裁定人民行爲是否違法，而且有權審理與裁定
行政與立法部門的政策及其執行的情況是否違法。簡單地說，法
治就是合法的法律至上的意思。」（林毓生，1989：104）林毓生認
爲這種法治觀念萌芽於歐洲中古封建社會，歷經13世紀英國大憲
章之肯認，而在18世紀蘇格蘭啓蒙思想家（亞當・斯密、佛格森、
休謨）身上發展成一套與自由主義傳統契合的社會理論。林毓生進
一步認爲其師海耶克（F. A. Hayek）乃當代闡釋此一理論最透澈之
人，故而不遺餘力轉述海耶克「自動自發的秩序」之觀念，使之
成爲1980年代台灣自由民主思想中一個極具特色的現象[2]。

　　1980年代的學者們不僅大力宣揚憲政民主理念，也試圖根據
這些理念進行實證調查研究，以瞭解民眾所抱持的民主價值究竟
與理想中的民主文化有多少差距。此中成果最豐富者當推胡佛及
其「政治體系與變遷研究工作室」的同仁所做的一系列研究。胡
佛早自1970年代中期起即陸續進行權力價值與政治參與的實證研
究，至1980年代以後更發展成一個體系龐大的政治文化研究架
構。基本上他認爲政治文化應該是一種權力取向的正當性信念，
在內涵上可以分成認同、結構、功能等三個層次。其中結構性的
政治文化指涉體系成員在角色權力的規範上所持有的價值取向，
可以依(1)成員與成員之間的權力關係，(2)成員與權威機構之間
的權力關係，以及(3)權力機構相互之間的權力關係，進一步分成

2　關於「海耶克現象」在台灣自由主義運動中的特殊角色及其批判，參
　　見吳泉源（1997：181-86）。

五種權力關係的選擇。具體言之，即平等權、參與權、個人自由權、多元權、制衡權等五個項目。如果政治體系的成員對此五種權力皆反映出積極的取向，則可稱之為現代的民主政治或自由民主政治的價值取向或文化。反之，若皆不作積極的反映，則為傳統的極權政治文化。如果徘徊於二者間，有的權力取向為正、有的為負，則為轉型中的威權政治文化（胡佛，1990：61-66；1998：4-21）。我們可以發現胡佛理論中的五種民主文化測量項目，基本上與前述自由派學者或林毓生等人的觀念闡釋息息相關，因此可以說是憲政民主理念往經驗研究上的一種推演操練。

胡佛根據上述權力取向發展出一套「民主價值量表」，在台灣地區進行大規模的抽樣訪談。以1983年及1986年的研究為例，他們發現台灣民眾在平等權及參與權方面有較積極性的共識，而在個人自由權、多元權、制衡權等方面則未達眾數的共識取向，這說明了台灣的政治文化仍然屬於威權政治類型，尚未達到自由民主政治的標準（胡佛，1990：73；1998：25-26）。[3] 不過，胡佛弟子徐火炎在最近的一項研究中發現，依照同樣的題目施測，從1987年以後台灣民眾的民主價值變化頗為顯著。或許是出於解嚴效應的影響，過去民眾比較沒有意識到的自由權、多元權、制衡權，都在1984至1996年的12年間顯著成長。雖然部分量表的結果仍未達75%以上共識，但民主文化已經逐漸在台灣社會生根，傳統威權統治的格局恐怕很難再被接受（徐火炎，1998：144-46）。這些發展都是在1986年之後，算是替我們下一節的討論預先提供了一

3　關於此一研究在理論架構上之問題與量表的技術性疑慮，參見黃光國對胡佛文章的評論，附於胡佛（1990：102-106）。另外，袁頌西、趙永茂等則發展出另一套測量系統，與胡佛工作室之理論架構可以互相參照，見趙永茂（1995：74-88）。

個實證研究的基礎。

綜觀1977至1986年此一時期，筆者認為自由主義憲政民主的理念在台灣知識菁英之中有了長足的進展。大量學有所成的歸國學人以及本土熱心民主運動的人士共同將西方民主理念推廣於民間社會，根據這些典範，他們又進一步批判現行體制不合法理之處，其結果是威權政治日益喪失其正當性，所有長期累積下來的問題都必須尋求徹底的解決。當蔣經國在1986年4月指示國民黨中常會著手研議六大政治革新議題（包括廢除戒嚴、開放黨禁等）時，時代劇變的訊息已經可以嗅得出來。而當黨外人士不顧當局警告，在同年9月28日宣布成立民主進步黨之後，蔣經國的答覆是「時代在變、環境在變、潮流也在變」。時代的確在變，在這一年結束之後，台灣進入劇烈的政治轉型與權力重分配。過去10年來累積的自由民主動能把憲政主義的理想推上高峰，但越過高峰後，一連串始未料及的社會事件與新興現象也將給予自由派人士巨大的震撼。人民民主的社會運動開始登場，統獨爭議的權力鬥爭也將撕裂自由派學者固有的共識。民主轉型並沒有帶領台灣民眾到達一個理想中的終點，反而將大家推向一個不確定的時代。

四、後現代思潮、新社會運動與人民民主

1986年誠然是饒富歷史意義的一年。在這一年中，黨外人士「冒險搶灘」成立一個具有實質意義的反對黨，台大學運「自由之愛」點燃全國各校學生團體的激烈抗爭，文化界出現了一本「是當代，也是反當代」的《當代》雜誌，而鹿港反杜邦示威、林園居民抗議中油污染事件、新竹水源里民對抗李長榮化工廠事件等群眾運動則密集登場……。這是一個「衝破禁忌」時代的開端。

從「後見之明」的角度反省這個動盪的年代，許多雜沓不一的發展似乎蘊含著殊途同歸的理趣。黨禁解除、報禁解除、戒嚴令解除、民意代表全面改選等是數十年來民主反對運動目標的實現，可是憲政體制、代議民主一旦從雲端上走下來成為現實生活的一部分，人們很快就會發現民主的果實不見得甜美——老賊下台了，上台的人卻更加厚顏無恥；社會自由開放了，但資本主義市場經濟所創造的卻是一個金權泛濫的上層階級以及庸俗乏味的下層社會。更重要的，這可能不是台灣這個所謂「轉型期」的社會所特有，而是全世界自由民主體制共有的現象。換言之，如果代議政治與市場經濟是全球現代化國家所一致追求(或被迫採納)的政經架構，那麼「現代性」(modernity)的實踐顯然令人失望。西方國家知識分子對此早有反思批判，這些批判在1980年代末期傳入台灣，我們稱之為「後現代思潮」，而扮演這個重要橋樑工作的則是《當代》雜誌。

《當代》在創刊時發表了一篇趣味盎然的自我聲明。它說：

> 這份刊物的英文名稱 "con-temporary"，充分體現出我們的立意。"con" 相對於 "pro"，有 "against" 的意涵，藉此強調同一時代不是單一時間單元，而充滿內在的緊張性與複雜性；"temporary" 有 "of time" 的意涵，由 "con" 與 "temporary" 結合而成的《當代》，既是「同時代」，也兼指「暫時」，所以《當代》不提倡也不相信超時代的永恆不變的真理，而講求時空性，同時又扣緊時代的生命韻律。

《當代》的特殊處在於它「不相信超時代的永恆不變的真理」，不相信所謂一個社會的理性共識，因為「『共識』也者，一

定是一群人籠罩另一群人或數群人，對被籠罩的一群人或數群人而言，『共識』終究是充滿了指揮性的外來強制力量」。我們從這種立場看到台灣後現代思潮的正式浮現。現代社會相信理性的啓蒙作用與改革力量，相信自由民主體制將是人類共同的歸宿。後現代思潮質疑普遍理性、永恆真理，不相信任何單一體制或標準型模能夠真正免除人際之間的宰制。這種對比固然簡化，但顯然是《當代》第一期引介傅柯（Michel Foucault）時抱持的理念。在傅柯之後，《當代》繼續不斷介紹西方後現代主義的著名人物。海德格、布希亞、布迪厄、詹明信、李歐塔、班雅明、羅逖、羅蘭巴特等等，都一再地透過《當代》與台灣知識分子打照面。我們不知道《當代》對1991年《島嶼邊緣》的崛起有無影響，但是後現代思想確實開始流行了。不僅各種基進左翼的論述迅速成為社會運動的代言者(如唐山出版的「戰爭機器叢刊」)，連傳統的文人刊物也無法置身事外，而必須調整論政方向(如1990年改組的《中國論壇》)。

　　後現代思潮對臺灣民主意識發展的影響是很複雜的。一方面，後現代學派批判啓蒙理性及近代西方文明的政經成就，因此對自由主義憲政民主多半出以不屑之揶揄；可是另方面，臺灣的後現代思潮又因緣際會地與1980年代中期以來新興的社會運動發生串連，從而標榜某種比憲政民主更「民主」的人民民主主義。這使得後現代思潮不能只被視為一股顛覆反叛的力量，而必須就其解放作用檢討新社會運動與人民民主的可能積極意義。我們先從新興社會運動談起，因為這是解嚴前後臺灣民間力量最引人注目的具體表現。

　　1980年代末期，隨著威權體制漸趨鬆動，民間社會許多不同性質的組織開始針對切身的議題走上街頭抗爭。這些新興社會運

動包括消費者運動、勞工運動、農民運動、環保運動、原住民人權運動、婦女運動、學生運動、以及教師權益運動等。事實上，我們如果把先前即不斷上演的各種「自力救濟」算進去，1980年代簡直就是臺灣社會運動的黃金時代(張茂桂，1994：11-18)。關於這段期間社運特別澎湃的原因，學者們的看法不一。張茂桂以「資源動員理論」加以解釋，認爲社運風潮主要係由於國民黨政權先發生統治的危機，無法像以前一樣鎮壓反對運動，同時又無力阻止既有資源投入民間社會組織，因此社運資源乃得以串聯擴大，蔚爲風潮。在這個解釋裏，威權體制由於轉化而產生的內鬥及向外動員，顯然佔據一個關鍵的地位。不過，他也提醒我們不要忽略個別社運組織的特殊性與自主性(張茂桂，1994：42，108)。後者(社運的自主性)正好是其他學者強調的重點。趙剛就曾經表示：「不管是什麼樣的社會運動，它最根本的問題恆是：如何使不同的個人能暫時擺脫熟悉的家庭、經濟、與休閒生活，而與陌生的人建立起新的社會關係，繼而以此社會關係爲基礎，共同解決某一公共的問題」(趙剛，1994：193)。這種描述社運本質的方式顯然比較理想，如果在政黨的內鬥與動員之外真有社會本身的團結意識，那麼1989年之後社運的消沉大概也就不能不歸咎於此種公共精神的喪失了。

　　「新社會運動」雖然是學界慣常稱呼上述活動的專有名詞，但是「戰爭機器叢刊」的作者群並不同意這種命名。他們認爲「新社會運動(婦運、環保、消費)／舊社會運動(工運)」之區分並不能反映台灣本土的運動型態，因爲從時間向度看，台灣的「舊」社會運動應該是消費者運動，而工運反而比較「新」。不過兩者歷史都很短，實在談不上新舊之分。他們主張比較有意義的區分法是「新反對運動(社運)／舊反對運動(政運)」，因爲舊反對運動堅

持「公民權鬥爭優先於社運鬥爭」，而真正的社運則不接受這種「政治優先論」。相反地，新反對運動主張所有類型的抗爭都是「新民主或人民民主抗爭」。憲政公民權之爭取與其他各種日常生活權利之爭取居於同等地位，沒有理由相信一切反抗都必須無限上綱到政治鬥爭(機器戰警，1991：18-19)。

　　事實上，不管新社會運動本身如何自我定位，在意識形態上由於獲得了後現代主義的支援，其發言者(或代其發言者)往往採取比較基進的、反啓蒙理性的論述策略。譬如過去民主運動爭取的乃是憲政制度之成立，而新反對運動則呼籲其支持者「不能迷信『制度之設立』」。他們說：「在權力競逐時，究竟是設立公平競爭規則重要，還是獲取一些實質利益重要？我們的看法是：兩者都是權力競逐的手段，每個集團依各自的位置、利益去考慮，而不必服從一些抽象的『制度性妥協或協商』的教條」(機器戰警，1991：23)。前一個世代的自由派學者念茲在茲的是如何「回歸憲法、建立制度」，此一世代的知識精英卻高唱「憲法無所謂」。考其原由，不能不說是後現代思潮取代自由主義所致。

　　正是自由主義已成老生常談，所以自由主義的兩大綱領——代議民主與市場經濟——才會成為新社會運動或人民民主嘲弄的對象。舉例來說，1990年的3月學運固然將憲政民主的追求推至高峰，但是學運甫息即有學生團體主張超越代議民主而邁向人民直接參與。東海《人間札記》的一篇短文寫道：

　　　許多人以今日實行代議民主之歐美，其人民民主抗爭力量之強大來證實代議民主與人民反宰制力量之因果關係，但是，我們要指出的是：歐美人民反宰制力量之所以強大，恰恰好不是因為代議民主，而是自19世紀以來的工人階級運動

血流成河及1960年代襲捲歐美的各類新興社會運動所開創
出來的，其與代議民主是根本毫無關連，相反地，這些代議
民主國家之國家機器對於工人運動及其他場域之反宰制運
動之壓迫都是赤裸裸的、殘暴且血腥地。證諸歷史，代議民
主的發展，早自17世紀英國之光榮革命，而歷經了近三百
年，經過19世紀以來波瀾壯闊的工人運動，才在第一次世界
大戰後之德國威瑪憲法取得部分之政治成果，因此代議民主
不必然給予人民民主更大的自由空間，除非被宰制者能不斷
地抗爭。（沈發惠，1993：367-68）

　　一方面，社運團體不滿意議會路線的體制運作；另方面，以
新社會運動爲中心的新反對運動也注意到自由主義經濟學對社運
本身的可能桎梏。吳泉源在一篇頗有見地的文章中指出：當國民
黨威權政體逐步崩解之時，政治上的自由主義因種種限制也逐漸
喪失其影響力。此時經濟上的（放任）自由主義成爲批判國民黨黨
國資本壟斷的強力訴求，取代前者的地位而發揮主導台灣經濟走
向的作用。這種放任自由主義由於擁有殷海光以來、中國知識分
子對海耶克思想的高度敬仰所形成之背書，因此具備了無比的道
德正當性與親和性。不幸的是，放任自由主義並非解讀台灣政經
現實的適當理論。從國營事業民營化、金融體制改革、全民健保
的推展、房地產市場的失衡等等現實問題來看，「自由化」產生的
剝削不公似乎遠甚於其所帶來的好處。尤其對處境不利的新社運
成員而言，經濟自由主義更是大部分罪惡的來源。因此吳泉源建
議社運人士必須斷然棄絕自由經濟學，重新找尋適當有利的發言
位置與新的政治文化認同（吳泉源，1997：171-87）。
　　反對代議民主、棄絕自由經濟──這兩大訴求使得新社會運

動自然走向一條迥異於《自由中國》或《中國論壇》作者群畢生追求的新道路。許多人稱此一方向爲「人民民主」,而「人民民主」究竟爲何乃成爲一個值得詳細探究的問題。

人民民主與前述後現代思潮及新社會運動是否有系譜上的關聯性?論者意見頗不一致。大部分談論人民民主者似乎比較相信廣義的後現代思潮可以支持基進民主的實踐,譬如拉克勞(Laclau)、莫菲(Mouffe)、傅柯等名字就經常出現在討論人民民主的文章上(陳俊榮,1997:86-92)。可是也有人認爲台灣社會未必已進入後現代情境,隨意引用後現代主義描繪民間社會運動之抗爭恐怕有疑問(趙剛,1994:58-66;沈發惠,1993:360-64)。這個問題如何看待,主要與每個人對後現代思潮的瞭解有關。而另方面,當然又與個人如何理解人民民主有關。

據趙剛的說法,真正的民主政治「是一種屬於大眾的生活,而不是凌駕於大眾生活之上的異形。這是一種不停地追求對具體的公共事務的更理想的解決的過程」。民主必須植根於大眾、埋基於社區,鼓勵人們集思廣益,以解決現實的公共問題。它是一種生活方式,不是僵硬的官僚體制;是每個人自我實現的必經過程,而不是政治精英的禁臠(趙剛,1994:160-61)。如此理解下的人民民主大致等同於參與民主或所有具備公共精神的集體活動。然而,人民民主也可以用更分殊而具體的方式來界定,譬如「機器戰警」作者群所說的「新民主」:

> 什麼是「新民主」?
>
> 在今天台灣,新民主就是社會運動所追求的民主。相對於現有政治運動所追求的舊民主而言,新民主基進化了舊民主的目標、想像與範圍,新民主改變了舊民主的意義,以及舊

的世界。

新民主也就是人民的民主，它追求一切領域的平等，它包含了政治民主、經濟民主、性別民主、族群民主、親子民主、社會民主、性偏好民主、校園民主……等。（機器戰警，1991：13）

新民主（或人民民主）以「人民」為主體，此一「人民」極為獨特，它一方面可指涉各種特定的社運團體或社會弱勢者，如學生、婦女、工人、無住屋者、殘障者、消費者、農民、老兵、原住民、文藝工作者、同性戀者等等；另方面卻又流動不居，是一個「策略性相對的位置」。也就是說，沒有什麼人是固定不變的人民。任何團體均須透過「反支配」的論述及非論述實踐，才能成為人民主體。因此，同一個人有可能在某種支配關係中為人民主體（如農民），卻同時身為另一支配關係中的宰制者（如男性）。「人民」沒有固定的邊界與內涵，它隨著每一次戰鬥情境而重新集結、重新定位。與「人民」相對立的單元是「權力集團」，它同樣沒有固定不變的本質，僅僅由於擁有支配宰制弱者之權力而成為人民抗爭的對象。人民民主論者希望以「人民vs.權力集團」之新區分取代過去「民間社會vs.國家」之舊區分，使新民主論呈現出一種完全不同於自由派知識分子所構想的政治社會圖像（機器戰警，1991：46-47，58-63，103）。

在這個人民民主的新圖像裡，最突出的理論基設就是反本質主義、反根基論的後現代心態。人民民主論者主張「人民的實踐無須任何超越的、或先驗的基礎」，所有實踐的道德正當性皆來自於「實踐」本身。如果說它有什麼倫理道德可言，最多只能說它主張「平等」，也就是各種人民團體之間的平等對待與結盟，如「平

等對待大麻合法化運動者與同性戀者」。但是傳統的道德或價值信念在人民民主論述中是沒有作用的,「善惡二元論」的區分必須被超越,代之而起的是「多元價值論」的全面戰鬥(機器戰警,1991:58,108)。我們無法確定新民主論者是否意識到「虛無主義」會是後現代人民民主可能蘊含的結果,但是這個新興論述似乎有意無意朝這個方向挺進。

　　就本章的關懷來講,我們注意到新民主論確實明白否定前一世代自由主義憲政民主論者所追求的目標。吳泉源已經指出新社會運動必須棄絕自由主義經濟,而新民主論者更擴大其打擊層面,主張一舉推翻「教條自由主義」的三大支柱──經濟主義,制度決定論,以及階段論。經濟主義是崇拜市場制度,以為自由化就能導致政治民主的化約論;制度決定論是相信只要有一套健全的憲政制度,社會就能進入民主情境;階段論是主張我們應該先爭取公民的政治權利,其他權利或價值慢慢再追求。新民主論對此等說法一概斥為無稽,因為在他們看來,民主不必預設經濟發展,不能局限於憲政制度,更不能分主要階段、次要階段,而是要一次、全面、同時地開放參與。此外,新民主論者甚至認為「法律主治」沒有意義,他們嘲笑自由派學者區分「法律主治」與「依法而治」只是膚淺的文字遊戲。他們不相信強權者在法治國家就會受到什麼規範限制,用傅柯的話講,「權力無所不在」,人民需要不斷抗爭,而不是妥協折衝(機器戰警,1991:123-28)。

　　在後現代主義、新社會運動、人民民主等新思潮或現象激盪之下,台灣從1980年代末期開始經歷一連串狂風暴雨式的考驗。原來自由主義憲政民主的理想並沒有完全消失,但越來越多的新世代不再關切憲政改革或政黨政治的進展,而寧可在消費社會的後現代思潮中自我解放,或潛入民間進行人民民主式的社會運

動。我們常常說這是一個「只要我喜歡，有什麼不可以」的時代，
同時也是一個「愛拼才會贏」的時代，這種簡化的描述多少掌握
到一個新時代的精神與風氣。白色恐怖已是白頭宮女的話題，黨
外抗爭也不再代表什麼崇高偉大的努力，解嚴後一切該得到的似
乎都陸續得到了，但是政治鬥爭面目之可憎—用龍應台的話講—
「超過了1980年代的想像力」。在一個平凡而令人失望的時代裡，
民主意識如果沒有發生上面所講的質變，恐怕才會教人驚訝。

五、台灣民主政治的隱憂

從國民政府遷台算起，台灣民主政治的發展已經歷經五十個
年頭。半世紀的光陰不能不說漫長，但是就民主政治成長所需要
的時間講，五十年卻又嫌太短。想想英國花了兩百多年，才從光
榮革命走到一次世界大戰之後普遍民權的確立。美國號稱全世界
第一個民主國家，她的黑人民權運動卻也不過是卅年前的事。以
五十年相較於西方先進民主國家所走過的兩、三千年歷史，台灣
今天的民主成就可說是差強人意了。但是，也許正因為發展的時
間太緊迫，各個階段所產生的問題並沒有隨著台灣民主意識之提
升而自動消失，反而以累積的方式留傳下來，這使得目前台灣不
僅見證了各種民主觀念並存的局面，也體會到各種民主問題交相
浮現的困境。其中有些挑戰是遠自威權統治時期就如影隨形而
來，另外有些挑戰則是晚近民主意念變遷所刺激出來的。以下我
們簡述其中最嚴重的四個問題，以供關心民主發展的人士參考。

首先，台灣民主政治始終與所謂「黑金問題」糾纏在一起。「黑」
指地方派系與黑道，「金」指財團或富商金牛。任何民主國家或多
或少都有派系暴力及金錢賄選的問題，台灣自實施地方自治以

來，也不能倖免此類弊病。通常派系與賄選乃威權統治政黨爲了
鞏固一黨獨大而採用之手段，但是台灣浸染黑金之時日已久，故
而即便執政黨在1990年代以後即越來越不能明目張膽與黑金結
盟，但黑金現象卻已滲透至各大黨派，成爲無所不在的政黨運作
基礎。於是目前賄選傳聞不限於執政黨，連民進黨及新黨亦大有
此弊存在。而地方角頭在解嚴開放之後，更儼然成爲各候選人爭
相拉攏的樁腳。黑金之所以如此猖獗，固然與政府從未下決心革
除有關，然而民眾之政治素養太低，習於接受餽贈招待，漠視公
民權利義務，實係更根本之原因。這種問題似乎沒有特效藥，只
能寄望公民教育逐漸普及、司法制裁日漸嚴厲，或許才能慢慢改
變風氣，降低黑金因素對民主政治的影響。

其次，台灣的民主政治近來還深受民粹主義（populism）的負
面影響。所謂「民粹主義」，基本上泛指所有「訴諸人民、回到人
民身上」的政治活動。因此，就字義本身言，民粹主義未必就是
不好的、不可取的政治表現方式。譬如19世紀末發生在美國西南
部的農民運動即曾以民粹主義爲名，當時鄉間的小農階級有感於
生計全然操縱在東部工業資本家、銀行家、鐵路業者與大盤商等
的手裡，而兩大政黨又對他們的訴求充耳不聞，於是喊出「讓共
和政府重回人民手中」之口號，組成「人民黨」以爭取自己的福
祉。人民黨聲勢於1896年達到巔峰。但是，他們所推出的總統候
選人仍然敵不過共和黨人而功敗垂成。自此民粹主義運動日走下
坡，在20世紀已成後人憑弔的往事而已。但是，相對於這種以農
民運動爲主體的民粹主義，還有一種政治意義上的民粹主義，那
就是20世紀中以民意支持之名，行獨裁統治之實的政治風格。論
者咸以爲阿根廷裴隆政權是此種政治民粹主義的典型，因爲裴隆
總統及其夫人艾薇塔確實獲得阿根廷民眾的熱烈支持，而其威權

統治也踐踏了西方議會民主的理想。依據裴隆政權這個標準，有些人甚至把希特勒、戴高樂、乃至柴契爾和雷根都歸類爲民粹型的政治領袖。

台灣所出現的民粹主義與前述農民運動沒有關聯，主要是指政治上以民意爲名，行獨裁之實的統治風格。在李登輝崛起的過程中，不滿其統治風格的學者，常常以之爲台灣民粹主義或威權民粹主義的代表（黃光國，1995；王振寰、錢永祥，1995）。其實，民粹主義之所以值得民主人士憂心，並不在於某一特定人物多麼令人不滿，而是當它形成一種風氣，變成朝野政治互動現象的一部分，這時它才會侵蝕民主政治的薄弱基礎。從這個角度看，台灣民粹主義的主要（負面）表現是政府的行政首長慣以「人民的聲音」、「受全國人民付託」來合理化其一切作爲，而各級民意代表也經常將選票支持解釋成「民意基礎雄厚」，從而頤指氣使，作威作福。

「訴諸人民」原本是民主政治內在的運作原則，所以民粹主義與民主政治永遠會有千絲萬縷的牽連。只是自由主義憲政民主觀並不認爲「人民的意志」是一個具體有形的概念，更不認爲那一個統治者可以自詡代表全體人民。因此，當政治人物越喜歡訴諸人民時，自由主義者越有理由相信這是獨裁者利用民意以逐一己之私的表演。自由主義者尤其不認爲選票之高低足以代表候選人之權柄大小。因爲選舉畢竟只是人民定期監督政府的程序設計，選票只是選民同不同意某人繼續執政的表示，並非人民所有價值的凝聚。選民必須認清楚民主不是選舉一個獨裁者，更不是核可政治人物爲所欲爲的形式程序。這些信念都是憲政民主觀的基本原則，我們沒有理由輕易放棄。

第三，隨著1980年代末期民進黨日益明白宣示其台獨立場，

以及國民黨主流派非主流派鬥爭趨於白熱化，統獨問題乃成為台灣社會最嚴肅的問題之一。關於統獨爭議對民主政治的影響，大多數研究民主轉型的學者都持悲觀的看法。田弘茂曾經說：「（台灣民主鞏固）尚待解決的問題，同時也是最重要和最棘手的問題是國家認同問題。……即使台灣成功地民主轉型，同時也為民主鞏固作好了準備，倘若無法順利解決國家認同的問題，前述的民主轉型即無法算是完成」（田弘茂，1997：286；另參高隸民，1997：315；胡佛等，1997：489-90）。雖然也有少數學者根據經驗研究結果，判斷國家認同問題不致影響台灣的民主制度（吳乃德，1996：21；張佑宗，1996：177-93），但是大家對民主制度究竟有無能力化解或長期容納統獨對立之格局，仍然缺乏信心。從理論上講，這種憂慮不是沒有理由。誠如王甫昌指出，「族群政治」與「民主政治」的基本假設原本彼此衝突：

　　在民主政治的假設中，由於個人可以根據不同的利益需要自由的流動與結社，因此沒有任何一個身分可以成為主導性但又不可改變的人群組織原則。在這樣的狀況下，我們不需要擔心多數或少數的問題，因為他們都是暫時的結盟，「多數」不會在所有的重要議題上都是多數。相反的，在一個族群分歧嚴重的社會中，族群本身的主導性及不可變性、如果再加上族群人口比例有一定的差距，人口比例較大的族群將很容易在一般民主決策的程序下，形成一個永遠的多數。更重要的是，由於族群認同或尊嚴這一類情感性的利益具有完整不可分割、無可妥協、甚至是相互排斥的特性，它們也不適合透過一般民主的多數決程序來決定，因為它違反了「多數尊重少數」的民主精神。不但少數的族群不願意妥協，多

數的族群在民主程序的保護下更不願意、似乎也沒有必要妥
協。（王甫昌，1997：141）

　　王甫昌所呈現的對比令大部分政治學者感到不安，不過情勢
似乎還不到絕望的地位。主要的原因是最近兩三年來，台灣民眾
對於統獨的意見其實已不再趨向對立，而是朝向中間「不統不獨、
維持現狀」的選擇發展。這個趨勢緩和了「族群政治」運作邏輯
上揚的可能，也暗示台灣的憲政民主基礎有可能促使民眾採取比
較務實、而非民族主義的思考方式來處理未來的統獨問題（江宜
樺，1998c：213-22）。當然中共因素仍然使台灣的國家認同問題
充滿不確定性，不過這已不是民主政治本身所能回答的問題。在
可見的未來，民主政治的邏輯還是可能超過族群政治的力量——
雖然我們對族群政治動員永遠也不能掉以輕心。

　　最後，民主政治所面臨的一個考驗是後現代社會價值相對論
或虛無主義的衝擊。我們在上節曾討論後現代思潮與人民民主論
的選擇性關聯，而當此種新民主論述建立在價值多元繁衍，否定
道德本質主義之信條上時，顛覆一切既定規範、重估一切價值的
衝力將有可能造成虛無主義的危險。筆者試以一個生活中的實例
說明此種後現代民主論的可能衝擊。1998年6月下旬，台大政治系
因某科目期末考傳出作弊疑雲，在系板BBS上爆發了一場「作弊
究竟有沒有錯」的筆戰。交戰者從考試規則公不公平，談到學校
教育是不是應該「為人民服務」，最後演變成正義存不存在、作弊
是不是弱勢者顛覆支配者權力關係的邊緣戰鬥。其中一位上網者
睥睨群雄般地宣告：

　　那妳告訴我什麼叫「對」、什麼叫「錯」，妳會發現妳根本

就找不出標準來。為什麼？因為只要是涉及到價值判斷的概
念，就沒有什麼所謂「千古不變」的道理。價值是被襯托出
來的、是被人決定的。妳覺得他好他就好，妳覺得他壞他就
壞，剩下的問題只是共同主觀客觀化而已，也就是，大家覺
得「好」的事物某程度上會被眾人誤解為那東西「客觀上」
就是好，那麼藉由這個被「客觀化」的價值判斷差異他人的
機制於焉形成。也就是我所說的「多數暴力」。問題在於，
妳(或你們)憑什麼貼他人標籤？憑什麼藉由貼他人標籤進
一步地把該他人從我們社會中除名？

　　這位仁兄所謂被社會貼上標籤加以除名的實例，包括那個倒
楣被檢舉有作弊行為的同學，以及人人皆曰可殺的陳進興。但是
他認為，陳進興只是我們「報復心理」發洩下的代罪羔羊，而作
弊的人其實是試圖以不法行為「抗議老師不用心教學」的烈士。
他們都是社會庸俗正義觀下的犧牲品。因此，簡單地講：

　　價值判斷的基準根本不存在，那是被權力主體製造出來
的。透過專業集團的宣導(如犯罪學、倫理學)與媒體，這個
基準就被大眾所廣泛接受，並視為理所當然。最後的結果就
是將其主觀標準「客觀化」，更以為那是不變的道理，再用
這被「客觀化」的「價值觀」套在他人身上，差異他人的機
制於焉形成。法律的本質、你們所謂的「價值判斷」的本質，
就是這麼一回事。最後的結果就會有像你這樣的一群人跑出
來，說：「不要再講了，作弊就是不對」等等之類的。

　　筆者不憚其煩引述這些文字，主要因為整個論戰乃是從「校

園民主」談起，而校園民主，在這群年輕人的理解裡，並不是什麼社團言論自由或學代會主席普選等等，而是教學者不該利用其權力對學生進行考核，以及學生作弊有理。在1990年代裡，類似這樣的想法似乎為數不少。部分原因可能跟我們上一節討論的民主意識變遷有關——如果後現代心情就是反本質主義與反基礎主義，我們很難想像它為什麼不發展成價值虛無論。如果發展中的新民主主義已經替我們指出一條超越程序正義、基本人權保障的道路，對其心儀的新生代又何能不以顛覆為名衝決一切網羅？虛無主義並非這個時代所獨有，只是我們得想像民主與虛無的結合將是何等情景，這是關心民主未來的人必須深思的倫理課題。

六、臺灣民主政治變遷的意義

　　本章以思想史的研究方式，回顧20世紀下半台灣社會民主意識的變遷。筆者基本上將這段歷史分成三個階段：在戰後至1977年這個階段，知識精英所抱持的民主理念十分簡單素樸，而一般民眾則在民主信念與民主認知之間出現鴻溝，誤以為廉能政府即是民主政治。在時序遞嬗中，民主政治的理念隨著定期選舉而逐步擴展，以致國會全面改選與廢除戒嚴的呼籲成為反對運動的共識。從1977到1986年，由於黨外政團的崛起，再加上自由派知識分子的熱心宣揚，民主理念有了突破性的進展。西方憲政民主的原則大體上已為國人所瞭解，而台灣政治體制之不合理處也一一成為批判的對象。1986年後，市民社會的萌現以及解嚴前後的自由化效應，帶動了草根性自主參與的熱潮。超越政黨控制的公民活動以遊行、抗爭、社區自治等型態，擴大了民眾關於民主政治生活的想像。論者以之為後現代思潮下的人民民主運動，並進一

步鼓吹邊緣團體起而顛覆所有既成之權力關係。然而後現代思惟的擴散，不僅支撐了自主參與的理念，也同時否定了自由憲政民主的實踐，其結果是程序正義、法治原則、人權訴求同遭顛覆嘲弄之厄運。

　　筆者認為台灣民主意識的生成變化，始終與西方民主理念演變與擴散有關。戰後初期的台灣民主觀念與冷戰局勢下的反共民主若合符節；威權轉型時期的民主理念反映的是近代西方自由主義傳遞至海耶克為止的發展；至於社運興起後的民主想像，則明顯受到西方各種基進主義(如後現代、後殖民、後結構、女性主義等)的理論影響。從這個角度看，台灣是不是杭廷頓所謂「第三波民主浪潮」的最後一部分並不重要，重要的是台灣的民主發展，根本嵌入於全球近代政經大轉型之中，是典型受到英美為首的西方國家所影響的一種民主文化。除非世界局勢發生重大改變，否則台灣繼續民主化、繼續重複西方民主困境的歷程，恐怕也無法逆轉。

　　就台灣民主發展與中國大陸的關係言，許多人對臺灣的民主效應期待頗高，總希望中國大陸有朝一日也能像台灣一樣實現憲政民主。通常這種期待是建立在「中華文化是否能接納西方民主」此一假設性問題上，他們認為台灣文化畢竟是中華文化的一部分，如果在台灣的中國人可以摸索出一條符合西方民主精神的道路，那麼同處中華文化圈的中國大陸自然有厚望焉。特別是兩岸開始交流以後，台灣的政經運作方式有機會傳入中國大陸，也許某種量變到質變的過程終將使大陸也成為自由民主國家。針對這類思考，筆者基本上持比較保留的態度。誠如翁松燃所言：「如何看待台灣民主化經驗，見仁見智。但是，意氣用事、盲倡『此一經驗值得他人效法』恐怕不是智舉；一廂情願，以為中國大陸定

會採擷，也不夠現實。應該說，台灣的民主政治還處在襁褓階段，
最好更多地向他國借鑑學習，自求改進。此時向人推售台灣民主
化經驗實在嫌早，勉強為之是不知藏拙。把台灣民主化經驗作為
反攻大陸，征服共產政權的策略，亦不免自不量力」（翁松燃，
1991：368-69）。中國大陸的政經結構、社會條件、國際處境等與
台灣大不相同，此乃眾人所知。即使中國有一天走上民主化，其
動力也未必來自台灣，更不可能處處想向台灣學習（林佳龍，
1998：245-46；鄭永年，1998：453-54）。華人社會的共同習性可
能會使大陸民主化過程出現台灣曾經有過的經驗，譬如宗族動員
或買票做票，但是與其說大陸會透過台灣學習西方民主，不如預
期大陸會摸索出一條迥異於台灣與西方的方向。

　　台灣的民主政治發展以及民主文化培養，終究是未來全國民
眾最需共同努力的地方。本章指出黑金、民粹、統獨及虛無主義
乃台灣民主政治之隱憂，但是未注意到的問題恐怕更多。我們必
須認真面對這些有形無形的挑戰，設法使民主制度在觀念上得到
各種民主意識之幫助，而避免其內在矛盾或負面效應之影響。這
個工作需要知識分子就其所長協力進行，筆者只能從政治思想的
角度提出一些觀察與建議，其不足處有待各方有識之士加以匡正
補遺。

第十三章

自由民主社會中的個人權利

一、我們有多少權利？

我們身處於一個權利訴求氾濫的時代。對比於一個世紀以前的人類，我們擁有更多不可侵犯的基本人權，以及更多聞所未聞的權利伸張。如果像政治學耆宿張佛泉先生所言：「諸自由即諸權利」，則今天的社會應該可以說是一個自由呼聲最高、權利意識最強的社會。當然，權利意識及權利訴求並不等於實際存在的權利保障，所以權利訴求高漲並不表示一個社會已經成為人權完備的社會。但是隨處可聞的權利訴求仍然讓我們相信自己擁有許多權利，而且我們不應該「讓自己的權利睡著了」。

我們到底有多少「權利」已經醒來？又有多少「權利」依然沉睡呢？憲法規定的基本人權大概是每個人最清楚的基本權利，這包括：人身自由、居住遷徙自由、言論出版自由、秘密通訊自由、宗教信仰自由、集會結社自由，以及直接以權利為名之生存權、工作權、財產權、請願訴願權、參政權、國民教育權等。憲法未曾以自由或權利形容，而解釋上經常被納入權利保障範圍者還包括社會福利保險、健康醫療、文化藝術發展、以及弱勢團體（如

婦女、原住民、殘障者)之特別待遇。這些權利規定得並不明確，但是已提供了一個足以發揮充分想像的空間，使學理上的辨析與司法上的解釋產生不少有意思的爭論。

　　爭論往往不在於「我們有哪些權利」，而出現在「權利碰上了權利」。我們可舉幾個較顯著的例子來說明這種權利訴求的困境。

　　首先，我們都熟悉一個新聞媒體上常用的口號：「人民有知的權利」。所謂「知的權利」並不是憲法所明文保障的國民教育權，而是指「人民有被告知種種關於公共事務如何發展」的權利。憲法上沒有這種權利的規定，理論上這可能屬於言論出版自由及人民參政權的某種結合與擴大解釋。但是不管它的法源何在，新聞工作人員以此為尚方寶劍，扛起攝影機及麥克風深入各種人們想要瞭解的事件領域中——不管是立法院的議事堂還是兇殺案被害人家中的浴室，他們「負責地」做起「第一手的報導」，務使您「知的權利」沒有受損。可是另一方面，不滿自己整天被追蹤報導的「公共人物」也有話說，他(她)們認為自己的「隱私權」受到侵害。政治人物及影視明星固然抱怨自己私生活無端曝光，車禍或命案的死者家屬也常怒斥媒體對被害人禿鷹式獵攝所造成的二度傷害。然則我們「知的權利」與「隱私權」的分際何在呢？

　　其次，「發展權」和「環境權」的爭議也是一個眾人耳熟能詳的衝突。主張開發土地、增進地方繁榮、創造就業機會的人認為經濟發展是人民應有的權利，而主張保護自然環境、防止公害擴散、實踐世代正義的人則認為人們擁有享受青山綠水、乾淨空氣的起碼權利。他們並不僅僅視自己的主張為一種「意見」，而是宣稱這些主張屬於「權利」——屬於一種法律未曾明文規定，但是其基礎無可置疑的自然權利或基本權利。

　　以前些年台北市喧騰一時的「廢娼事件」為例。主張廢除公

娼的市府官員及民間人士，認爲每一個人都有不容侵犯的身體尊嚴。因此，娼妓制度的存在是現代國家的恥辱，政府應該以公權力劃除此一違反基本人權的剝削體制。相反地，反對廢娼人士在他(她)們所列舉的種種對抗理由中，也包含了權利的訴求——女性應有自由從事性交易工作以謀生計的權利、獨居男性應有合法滿足性需求之權利、以及女性應有透過性交易開發自身情慾空間、顛覆家庭制度束縛的權利。這個爭議體現的不只是傳統社會主義反異化論對抗自由主義色情寬容論或後現代主義情慾自主論的矛盾，一旦加上了「權利」兩個字，它們也是權利訴求衝突的典型事件。

　　依著同樣的角度觀察，我們還可以看到許多充滿矛盾衝突的社會爭議。譬如政府爲了減少社會成本所強力實施的戴安全帽政策，面臨的是機車族抗議政府過度介入人身幸福安危自主的原則；少數族群爲了保護文化資產所要求的使用母語之權利，面臨的是多數族群爲了溝通便利而強制實施的國語政策；學生要求圖書館全年開放的權利對上職員要求週休二日的權利；醫師號稱保障病人權益而不釋出處方箋對上藥師基於同一理由所主張的調劑權⋯⋯。這些權利訴求已經遠超過17、18世紀西方思想家所建立的天賦人權範疇，也與憲法所規定的基本人權沒有直接必然的關係，但是並不妨礙人們振振有辭地稱之爲權利。

　　權利訴求似乎依著一個邏輯在不斷地複製：只要在我想要做的事情上面冠以權利之名，它就立刻成爲一種我本來應該享有的東西。阻止我完成這種心願的障礙，同時也侵犯了我固有的權利。如果這個推測沒錯，那麼我們可能還得面對更多(或甚至無止境)的權利要求。學童接受國民教育的權利可能會擴充爲人人都有接受完整大學教育的權利；婦女擺脫家奴地位的權利可能會發展成

要求國家負擔育幼、養老等照顧工作的權利；而一個人因各種不利條件無法找到適當婚姻對象的主觀挫折，則可能轉化爲要求政府扮演超級媒人，以滿足感情安頓的制度性權利實踐體系。這並不是危言聳聽，事實上傳統權利觀念由消極不受侵犯蛻變爲積極要求他方協助實現，以及現代政府日益擴大職能的客觀發展，已經爲這種權利訴求氾濫的政治社會奠立了相當基礎。如果人們在口蹄疫的衝擊中可以喊出「我們有吃豬肉的權利」，並且要求政府官員爲了老百姓吃不到衛生的豬肉下台，那麼要求人人擁有自己的住屋或享有「轟轟烈烈談一次戀愛」的權利，大概也不是完全不可想像的事。

二、什麼是個人權利？

權利訴求的快速繁衍自然使稍具反省能力的人感到困惑與不安。如果權利伸張只是每個人主觀慾望的另一種表達方式，權利論述將會迅速失去其正當性與吸引力。在輕易賦予一項主張「權利」之名以前，我們必須思考「憑著什麼理由，或是在什麼條件下，一件事情才成爲我的權利？」這種思考與反省指向政治社會哲學的關懷，而權利的觀念史研究則有助於我們釐清一些問題。

在目前國內僅有的一本關於自由與權利的精心著作中，張佛泉曾經指出："right" 之原始意義爲「直」（straight）。「直」原本爲物理現象中的一個描述，如「直線」、「直角」。但是用在道德或政治領域中，right同樣有「直」或「尺度」之義。他說：

吾人以「權利」譯right一字，早已成為法律名詞，欲想改正，已極困難。但吾人必須切記，「賴它」之原義為「直」、

為「是」、為「尺度」、為「理應」，"human rights" 為「人直」、為「人之理應有者」。（張佛泉，1993：74-76）

張佛泉注意到「權利」與「正直」、「尺度」之原始淵源，但是他並沒有解釋一個關鍵性問題：為什麼客觀性的「尺度」概念會演變成我們今天所看到的主觀性的「擁有」主張？換言之，right如果原本指涉「直、正確、應當」，那麼human right就是「人之應當（成為之樣態）」或「人之應當從事者」，為什麼它會轉變成「人之理應『有』者」呢？從客觀性的尺度衡量（人應當行其所當行）到主觀性的欲求主張（我擁有……之權利），這個轉變其實正是整個問題關鍵所在。

我們試著從西方學者對「權利」觀念的研究來挖掘更多資訊，也許可以補足張佛泉的不足。理查·達格（Richard Dagger）在一篇探溯「權利」概念起源的文章中告訴我們，「權利」確實與「正直」息息相關。英文的 "right"、德文的 "recht""、法文的 "droit"、義大利文的 "diritto" 等，都源自古拉丁文的 "rectus"及"directum"。rectus是「正直、筆直」（straight），directum有「精確」之意，兩者都與「正確、正直的標準」有關。rectus可以進一步上溯至古希臘文的相關字眼 "orektos"，或梵文 "riju"，同樣也都有「直」或「正直」之意涵。因此毫無疑問地，今人所使用的「權利」一詞，在字源上原本為「正直、應當」之意。將person與right聯結在一起，表達的是「我應當做件事，因為這是正確的」，它不是現代人所說的「我可以做這件事，因為我有權利這麼做」（Dagger, 1989：294-94）。

然而這種古典意義的「人直」，又是如何轉變成現代意義的「人權」呢？達格認為這裏涉及社會秩序的重大轉變。在古代社會（一

直到中世紀末期爲止），辨識一個人的方法是認淸他在社會中所居處的地位或扮演的角色，而那個人應該做什麼行爲也與其身分地位相關。「人直」表達的不過是說：「我應當這麼做，因爲我的地位或角色要求我這麼做」。無怪乎right與尺寸或標準的意義不可分開，因爲每個人正確的爲人之道就在社會階層所規定的行爲模式之中。君王有君王的right，封建騎士有封建騎士的right，它們的表現方式不同，但都依附於一個客觀存在的社會階層體系。

近代社會秩序的劇烈轉變預示了right觀念的流變。當封建階層與地位關係逐漸崩解消逝，一個人應當做什麼事就不再依附其社會地位，而是奠基於他「身爲一個人」的單純角色上。人與人不再嚴格區分階級、文化、種族、性別，而日漸形成無分軒輊的人類。單純的人類是平等的，因此人們享有的自然權利也是平等的。過去一個人依其身分地位而有種種社會實踐上的「權利義務」，今天則每個人都在普遍人性尊嚴的原則下享有一體適用的基本權利。「權利」的詞眼留存了下來，其內涵卻與古典意義南轅北轍（Dagger, 1989：299-301）。

從政治思想史的角度觀察這種社會秩序的轉變，同樣可以找出許多印證達格理論的記述。柏拉圖的《理想國》描繪了一個體現正義原則的城邦，其中每個人依其所屬階層「各盡其職、各安其位」。這裏他關切的是人人是否實現其真正的利益，而不是什麼自由選擇的權利。正義（justice）與各人實踐其內在的「善」（good）有關，與近代人所強調的「尊重我的權利」沒有關聯。誠如艾文（Terence Irwin）所言：

　　　柏拉圖的道德學說與亞里斯多德的一樣，都不曾賦予個人
　　所謂權利。……他的「愛」的理論容不下康德式的「視人爲

人的尊重」；基於同一理由，他的「正義」理論也輕忽了權
利的論述。……由於柏拉圖看不出一個自主而能選擇的人有
什麼特別價值，因此當個人自由與一個人的(真正)利益相衝
突時，他沒有理由去尊重個體的自由。(Irwin, 1977：274)

西方人真正開始產生權利意識是在中世紀末期到近代初期，
約略從15世紀到16世紀。文獻上比較顯著的記載是17世紀霍布斯
的《利維坦》一書，因為這本書不僅開啓了近代政治哲學原子論、
契約論、主權論的討論，同時對「權利」語言也有一個革命性的
定義。霍布斯說：

著作家一般稱之為自然權利的，就是每一個人按照自己所
願意的方式運用自己的力量保全自己的天性——也就是保
全自己的生命——的自由。因此，這種自由就是用他自己的
判斷和理性認為最適合的手段去做任何事情的自由。……談
論這一問題的人雖然往往把權(ius)與律(lex)混為一談，但卻
應當加以區別。因為權(RIGHT)在於做或者不做的自由，而
律(LAW)則決定並約束人們採取其中之一。所以律與權的區
別就像義務與自由的區別一樣，兩者在同一事物中是不相一
致的。(Hobbes, 1991：ch14)

當霍布斯把「權利」與「法則」分開，他的思想反映的正是
right由「客觀行為標準」轉變為「個人擁有的自由」之劇變。此
一發展並不局限於霍布斯一個人，從稍早的格老秀士、到之後的
史賓諾莎、洛克等等，西方政治思想越來越擺脫以良善生活或德
性為中心的論述，而朝向權利理論發展。權利不再是封建秩序中

每個人行爲的正當尺度，而是個人自由的法律保障。個人權利的範圍也從早期的「生命、自由、財產」逐步擴增爲包括工作、福利、婚姻、教育，乃至於同性戀、環保、以及多元文化的承認與尊重。從一個角度看，這種「只因我們是人，所以理應享有種種權利」的信念確實是近代人類文明得以突飛猛進的因素之一。但是從另一個角度看，也是今天權利訴求不斷繁衍以致氾濫的可能根源。那麼，我們該如何面對權利的擴充與衝突呢？

三、如何正當化權利的訴求？

當代西方哲學家看待權利意識的繁衍往往有不同的感受。比較自由開放的人認爲權利是我們最重要的觀念，現代政治社會的成立就是爲了實現最大程度的個人權利，因此權利越多越好。比較保守嚴肅的人則認爲現代權利觀念根本是無中生有的產物，由於它欠缺社會基礎，實際上只是空泛的口號；而由於空泛的口號被當成真理來實踐，因此現代社會秩序崩解、道德淪喪。我們姑且以自由派的德沃金與保守派的麥金泰爾爲例，說明哲學家如何愛憎分明地看待個人權利。

德沃金是當代著名的自由主義健將，也是權利哲學的倡導者之一。他認爲權利是個個體化的概念，恰好與集體性的目標有所區隔。一個人擁有權利，表示他能享有某種機會或資源以促進其利益。這種政治權利絕對不能爲了增進集體的福祉而被打折扣，所以衡量權利多寡的方式，往往就是看它能對抗多少集體性目標的壓力。權利是人類生活中的「王牌」（trumps），人們之所以擁有權利，並不是因爲出身高低或是才能多寡，而僅僅因爲他們是「人」──是一種具有安排生命計劃的能力以及實現公道的人類

（simply as human beings with the capacity to make plans and give justice）（Dworkin：1977：91, 183）。從這種定義方式看，我們可以確定德沃金的權利觀念是典型的現代權利觀念：權利是個體選擇生活方式的保障，而人之擁有權利是由於其爲普遍平等的人類。

抑有進者，德沃金主張權利具有某種「自然」屬性。所謂「自然」，並不是指涉近代初期契約論者所假設的自然狀態，而是肯定其保障個人選擇的根本意義。權利的自然性說明了它們不是人爲立法規定或假設性契約的產物。權利雖然經由人們立法建構而成形，但是立法建構皆有所本，不是任意創制發明所可比擬。在這個地方，德沃金提出了著名的「建構模式」。他說：人類的道德直覺與道德理論之間必須有一種均衡的連結方式。「自然模式」假定正義原則乃是客觀存在的道德事實，人們只需要去發現這些原則就可完成道德理論。「建構模式」則主張正義的直覺並不是什麼獨立存在的道德原則的線索，而是一個有待建構的理論之規約性特質。我們發展一個道德理論，就宛如雕刻家先找到一些事先發掘到的骨骸，將之拼湊成有限的參考架構後，再著手雕出符合骨架的動物模型。由於骨骸的規定性有限，因此模型無所謂必然的對錯，甚至這個模型所表現的動物也可能根本不存在。在這種道德理論中，重要的是建構工作上的一貫性，凡是不能自圓其說的假定，就不能當做合理的權利學說之基礎。準此說法，權利的本質是自然的（因爲「權利保障個體選擇的重要性」不容懷疑），但是其證成方式則是建構的（我們不能坐待「發現」權利，而是主動去論證一個權利哲學的體系）（Dworkin, 1977, 160-72）。

很顯然地，德沃金不只相信個人權利存在，並且有把握證明其存在。相反地，麥金泰爾認爲個人權利根本不存在，而所有試圖證明權利的嘗試也都必歸於失敗。麥金泰爾以研究古典哲學見

長，他提醒我們「權利」概念一直到中世紀末期才開始出現。權
利既然如此晚出，則任何號稱權利爲普遍人性訴求之說法都不啻
濫開空頭支票。現代人相信擁有天賦、自然的權利，其實質效果
就像古代人相信女巫及獨角獸的存在一樣。20世紀的思想家有時
會訴諸「道德直覺」以作爲「自然權利」存在的依稀證據，但是
麥金泰爾說：當一個道德哲學家必須引進「直覺」概念時，多半
表示其論證已山窮水盡了。他以嘲諷的語氣評論德沃金的理論：

> 德沃金承認這些所謂自然權利的存在無法證明，但又辯稱
> 即使一個敘述無法被證明，也不表示那個敘述就不真實。這
> 種說法當然沒錯，但是別忘了我們也可以用同樣策略去辯護
> 獨角獸與女巫的真實性。（MacIntyre, 1984：67-70）

麥金泰爾之所以根本對權利理論嗤之以鼻，乃是因爲他相信
古典哲學的目的論學說。目的論（teleology）主張萬物皆有其內在
預定的自然本性，凡是順應其本性充分發展以臻完善者，即屬該
事物的最佳狀態。就人類而言，目的論主張人以追求靈魂之美善
爲幸福生活的標的，而靈魂美善與否又表現於一個人是否具備種
種德性並實踐之，譬如勇敢、節制、慷慨、和善等等。因此，一
個人應該成爲怎樣的人是有一定尺度可以衡量的，幸福的人生不
是個體任意選擇變換的人生，而是努力學習成爲一個有德者的歷
鍊。在麥金泰爾看來，近代權利哲學高漲，肇因於啓蒙運動放棄
了目的論的假定，誤信人人可以設定自己想要呈現的人生。其結
果是倫理價值相對化、虛無化，而社會上則充斥著無法共量的權
利囈語。如果人類還存著救贖的期望，就必須斷然悔悟，重建古
典哲學及中世紀宗教信仰所開啓的另一種道德體系。

　　我們生存在德沃金和麥金泰爾所共同生活的時代，或多或少也參雜著德沃金與麥金泰爾截然不同的判斷與建議。從一個方面來講，我們都珍惜近代文明所預設的個人自由，以及政治社會所保障的基本權利。但是另一方面，我們也時而感到現代社會價值過於相對化，五花八門的權利宣稱可能會使一個社會找不到判斷是非對錯的基本準繩。如果為了使生活秩序過得比較單純質樸，而考慮恢復古代的倫理教育，我們會擔心自己目前享有的自主性與生活方式的選擇將歸於消滅。而且社會經濟的發展似乎也不容許我們倒轉時空，重新建立所謂目的論式的德性秩序。反過來講，權利意識由近代自然權利觀念演進成今天的普遍基本人權，再由基本人權朝向無所不包的人權挺進，越來越暴露出其論證基礎的任意性與貧困性。我們似乎到了必須小心反省權利意義與權利範圍的時候。

　　「個人權利」確實屬於近代以降的產物，所謂「普遍而平等的基本人權」在本質上也確實近似一種信仰，而不是禁得起歷史或社會哲學檢驗的真理。但是權利觀念助長了近代文明的發展，奠立了自由民主社會的意識形態基礎。從其結果上看，依然是利大於弊。當權利意識增長到各種權利訴求衝突難解之時，訴諸近代初期的自然權利論或本世紀初的普遍人權論都無濟於事。比較可行的仲裁方式或許是運用具備溝通討論性質的民主機制，也就是所謂的「審議式民主」（deliberative democracy），審議式民主強調一個議題所關涉的人群必須有充分表達意見、進行理性溝通的機會，它不預設議題必須遵循的方向，只在意該議題應該得到公開且自由的討論。因此審議式民主並不必然有利於任何一種爭執的立場——不管是廢娼或反廢娼、戴安全帽或不戴安全帽、有權墮胎或無權墮胎……，但是經過各方人馬淋漓盡致的表達與溝通

之後，它至少比較可能使其決策在爭議者心中享有正當性。它所
預設的重要前提是爭取權利訴求的人不能把自己的訴求當成永不
退讓的天賦權利，從而在民主程序之後仍然不承認民主決策的效
力。當然這整個假定是極難落實的，因為不僅民主社會中的成員
多半自私自利，而且傳統自由主義的信念也仍然堅持某些基本人
權或自由必須超越於民主程序之上——不管是什麼樣的民主程
序。可是堅持特定價值不也正是我們意識到權利衝突的起點嗎？
在民主程序之前，一個堅持色情書刊必須得到合法販售權利的自
由主義者，與一個堅持政府必須查緝以保障公民身心健康的保守
主義者，究竟有什麼道德分量上的先天差別？除了民主程序之
外，我們難道有什麼更好的仲裁方式？在一個重要意義上，民主
程序可能正是自由主義堅持自由價值的必然結果。當越來越多的
自由權利被開發出來並形成對立衝突之局，民主審議就成了不得
不然的調節機制，因為我們面對的再也不是簡單的自由派或保守
派之別，而是不同自命為自由派的自由主義價值之別。這種困境
的內在意義，恐怕才是現代社會中所有提倡個人權利的行動者，
所必須深思的課題。

參考書目

Allen, R. T.
　1998　*Beyond Liberalism：The Political Thought of F. A. Hayek and Michael Polanyi.* New Brunswick, N.J.：Transaction Publishers.

Alulis, Joseph
　1992　"The People and the Great：Tocqueville and Machiavelli on the Art of Being Free," in Eduardo Nolla ed., *Liberty, Equality, Democracy.* New York：New York University Press.
　1993　"The Promise of Democracy and the Problem of Liberty," in Peter Augustine Lawler and Joseph Alulis eds., *Tocqueville's Defense of Human Liberty：Current Essays.* New York：Garland Pub.

Arblaster, Anthony
　1984　*The Rise and Decline of Western Liberalism.* Oxford：Basil Blackwell.
　1987　*Democracy.* Milton Keynes：Open University Press.

Arendt, Hannah
　1944　"Franz Kafka：A Revaluation," *Partisan Review* 11：412-22.
　1956　*The Origins of Totalitarianism.* 2nd Edition. New York：Meridian Books.
　1958　*Human Condition.* Chicago：University of Chicago Press.
　1966　*The Origins of Totalitarianism.* 3rd Edition. New York：Harcourt, Brace & World.
　1968　*Between Past and Future：Eight Exercises in Political Thought.* New York：Viking.
　1971　"Thinking and Moral Considerations：A Lecture," *Social Research* 38.

1972   *Crises of the Republic*. New York：Harcourt Brace Jovanovich.

1977a   *On Revolution*. Revised Edition. New York：Pelican Books.

1977b   *Eichmann in Jerusalem：A Report on the Banality of Evil*. Revised edition. New York：Penguin.

1978a   *The Life of the Mind*. Vol. 1, *Thinking*. New York：Harcourt Brace Jovanovich.

1978b   *The Life of the Mind*. Vol. 2, *Willing*. New York：Harcourt Brace Jovanovich.

1982   *Lectures on Kant's Political Philosophy*. Edited by Ronald Beiner. Chicago：University of Chicago Press.

1979   "On Hannah Arendt," in Melvyn A. Hill (ed.), Hannah Arendt：The Recovery of the Public World. New York：St. Martin's Press.

1997   "Public Rights and Private Interests：In Response to Charles Frankel," in Michael Mooney and Florian Stuber (eds.), Small Comforts for Hard Times. New York：Columbia University Press.

Aristotle

1975   *Nicomachean Ethics*. Translated by Hippocrates G. Apostle. Crinnell, Iowa：Peripatetic Press.

1984   *Politics*. Translated by Carnes Lord. Chicago：University of Chicago Press.

Arneson, Richard J.

1982   "Democracy and Liberty in Mill's Theory of Government," *Journal of the History of Philosophy* 20：43-64.

Barber, Benjamin R.

1984   *Strong Democracy：Participatory Politics for a New Age*. Berkeley：University of California Press.

Barry, Norman P.

1986   *On Classical Liberalism and Libertarianism*. London：Macmillan.

Bellah, Robert N. *et al*

1985   *Habits of the Heart：Individualism and Commitment in American Life*. Berkeley：University of California Press.

Berger, Fred R.

1984   *Happiness, Justice & Freedom：The Moral and Political*

Philosophy of John Stuart Mill. Berkeley：University of California Press.

Berlin, Isaiah
1969　*Four Essays on Liberty*. Oxford：Oxford University Press.
1986　《自由四論》，陳曉林(譯)。台北：聯經。

Boaz, David
1997　*Libertarianism：A Primer*. New York：Free Press.

Boesche, Roger
1987　*The Strange Liberalism of Alexis de Tocqueville*. Ithaca：Cornell University Press.

Canovan, Margaret
1978　"The Contradictions of Hannah Arendt's Political Thought," *Political Theory* 6：2-26.

Chopra, Y. N.
1994　"Mill's Principle of Liberty," *Philosophy* 69：417-441.

Cohen, Joshua
1989　"Deliberation and Democratic Legitimacy," in Alan Hamlin and Philip Pettit eds., *The Good Polity：Normative Analysis of the State*. Oxford：Basil Blackwell.

Constant, Benjamin
1988　*Political Writings*. Ed. by Biancamaria Fontana. Cambridge：Cambridge University Press.

Cooper, Leroy A.
1976　"Hannah Arendt's Political Philosophy：An Interpretation," *Review of Politics* 38：145-76.

Cowling, Maurice
1990　*Mill and Liberalism*. Cambridge：Cambridge University Press.

Crosson, Frederick J.
1988　"Mill's Dilemmas," *Interpretation* 16：229-245.

Dagger, Richard
1989　"Right," in Terence Ball *et al* eds., *Political Innovation and Conceptual Change*. Cambridge：Cambridge University Press.

Dahl, Robert A.
1971　*Polyarchy：Participation and Opposition*. New Haven：Yale

University Press.

1989 *Democracy and Its Critics*. New Haven：Yale University Press.

1999 《論民主》，李柏光、林猛(譯)。台北：聯經。

Dannhauser, Werner J.

1984 "Some Thoughts on Liberty, Equality, and Tocqueville's *Democracy in America*," *Social Philosophy & Policy* 2(1)：141-160.

Dodge, Guy Howard

1980 *Benjamin Constant's Philosophy of Liberalism：A Study in Politics and　Religion*. Chapel Hill：University of North Carolina Press.

Donner, Wendy

1991 *The Liberal Self：John Stuart Mill's Moral and Political Philosophy*. Ithaca：Cornell University Press.

Dunn, John ed.

1992 *Democracy：The Unfinished Journey 508 BC to AD 1993*. Oxford：Oxford University Press.

Dworkin, Ronald

1977 *Taking Rights Seriously*. Cambridge, Mass.：Harvard University Press.

1985 *A Matter of Principle*. Cambridge, Mass.：Harvard University Press.

1992 "Liberal Community," in Shlomo Avineri and Avner De-Shalit eds., *Communitarianism and Individualism*. Oxford：Oxford University Press.

1995 "Foundations of Liberal Equality," in Stephen Darwall ed., *Equal Freedom：Selected Tanner Lectures on Human Values*. Ann Arbor：University of Michigan Press.

2000 *Sovereign Virtue：The Theory and Practice of Equality*. Cambridge, Mass.：Harvard University Press.

Etzioni, Amitai

1995 *New Communitarian Thinking：Person, Virtues, Institutions, and Communities*. Charlottesville and London：University Press of Virginia.

Fearon, James D.

  1998   "Deliberation as Discussion," in Jon Elster ed., *Deliberative Democracy*. New York：Cambridge University Press.

Fink, Beatrice C.

  1972   "Benjamin Constant on Equality," *Journal of the History of Ideas* 33：307- 14.

Fontana, Biancamaria

  1988   "Introduction," to *Constant：Political Writings*. Cambridge University Press.

  1991   *Benjamin Constant and the Post-Revolutionary Mind*. New Haven：Yale University Press.

Friedman, Jeffrey

  1994   "The Politics of Communitarianism, " *Critical Review* 8：297- 340.

Fukuyama, Francis

  1993   《歷史之終結與最後一人》，李永熾(譯)。台北：時報文化。

Galston, William A.

  1989   "Community, Democracy, Philosophy：the Political Thought of Michael Walzer," *Political Theory* 17：119-30.

Gray, John

  1986   *Liberalism*. Milton Keynes：Open Press.

  1991   "Introduction" to On Liberty and Other Essays, edited by J. Gray. Oxford：Oxford University.

  1993   *Post-Liberalism：Studies in Political Thoughts*. New York：Routledge.

  1996   *Mill on Liberty：A Defense*. 2nd ed. London：Routledge.

Gray, John and G. W. Smith eds.

  1991   *J. S. Mill On Liberty in Focus*. London：Routledge.

Gutmann, Amy

  1980   *Liberal Equality*. Cambridge：Cambridge University Press.

Gutmann, Amy and Dennis Thompson

  1996   *Democracy and Disagreement*. Cambridge, Mass.：Belknap Press.

Hampson, Norman

  1984   《啓蒙運動》，李豐斌(譯)。台北：聯經。

Havelock, Eric A.
    1957   *The Liberal Temper in Greek Politics.* New Haven：Yale University Press.

Hayek, Friedrich A.
    1944   *The Road to Serfdom.* Chicago：University of Chicago Press.
    1960   *The Constitution of Liberty.* Chicago：University of Chicago Press.
    1973   *Law, Legislation and Liberty. Vol. 1, Rules and Order.* Chicago：University of Chicago Press.
    1976   *Law, Legislation and Liberty. Vol. 2, The Mirage of Social Justice.* Chicago：University of Chicago Press.
    1979   *Law, Legislation and Liberty. Vol. 3, The Political Order of a Free People.* Chicago：University of Chicago Press.
    1990   《到奴役之路》，殷海光（譯）。台北：桂冠。
    1997   《自由秩序原理》，鄧正來（譯）。北京：三聯。
    2000   《法律、立法與自由》，鄧正來、張守車、李靜冰（譯）。北京：中國大百科全書出版社。

Held, David.
    1996   *Models of Democracy.* 2nd ed. Stanford：Stanford University Press.

Hennis, Wilhelm
    1998   "Tocqueville's Perspective," *Interpretation* 16：61-86.

Himmelfarb, Gertrude
    1990   *On Liberty and Liberalism：The Case of John Stuart Mill.* San Francisco：ICS Press.

Hobbes, Thomas
    1991   *Leviathan.* Cambridge：Cambridge University Press.

Holmes, Stephen
    1984   *Benjamin Constant and the Making of Modern Liberalism.* New Haven： Yale University Press.
    1993   "Tocqueville and Democracy," in David Copp, Jean Hampton, and John E. Roemer eds., *The Idea of Democracy.* Cambridge：Cambridge University.

Huang, Mab

1999 "Liberal Intellectuals and Party Politics in Taiwan, III：The National Affairs Conference of June, 1999" 發表於二十一世紀中國基金會主辦 "The Prospect of Multiparties in China" 學術研討會，Berkeley，7 月 17-18 日。

Irwin, Terence
1977 *Plato's Moral Theory.* Oxford：Clarendon Press.

Jiang, Yi-Huah
1993 "Politics Aestheticized：An Interpretation of Hannah Arendt's Theory of Political Action," 《人文及社會科學集刊》，6 卷 1 期。

Kant, Immanuel
1964 *Groundwork of the Metaphysic of Morals.* Translated by H. J. Paton. New York：Harper & Row.

1970 *Kant's Political Writings.* Edited by Hans Reiss, translated by H. B. Nisbet. Cambridge：Cambridge University Press.

Kateb, George
1983 *Hannah Arendt：Politics, Conscience, Evil.* Totowa, NJ：Rowman and Allanheld.

Kelly, George Armstrong
1992 *The Human Comedy：Constant, Tocqueville, and French Liberalism.* Cambridge：Cambridge University Press.

Kramnick, Isaac & Frederick M. Watkins
1983 《意識型態的時代：從1750年到現在的政治思想》，張明貴（譯）。台北：聯經。

Kymlicka, Will
1988 "Liberalism and Communitarianism," *Canadian Journal of Philosophy* 18：181-204.

Lachs, John
1992 "Mill and Constant：A Neglected Connection in the History of the Idea of Liberty," *History of Philosophy Quarterly* 9：87-96.

Lakoff, Sanford
1987 "Liberty, Equality, and Democracy：Tocqueville's Response to Rousseau," in George Feaver and Fredrick Rosen eds. *Lives, Liberties and the Public Good：New Essays in Political Theory*

for Maurice Cranston. New York：St. Martin's Press.

Lively, Jack.

1975　*Democracy*. Oxford：Basil Blackwell.

Locke, John

1984　*Two Treatises of Government*. Edited by Peter Laslett. Cambridge：Cambridge University Press.

Lukacs, John ed.

1959　*"The European Revolution" & Correspondence with Gobineau*. Garden City, NY：Anchor.

Lyotard, Jean-Francois

1984　*The Postmodern Condition：A Report on Knowledge*. Translated by Geoff Bennington & Brian Massumi. Minneapolis：University of Minnesota Press.

MacIntyre, Alasdair

1984　*After Virtue：A Study in Moral Theory*. 2nd ed. Notre Dame：University of Notre Dame Press.

1988　*Whose Justice? Which Rationality?* Notre Dame：University of Notre Dame Press.

Macpherson, C. B.

1973　*Democratic Theory：Essays in Retrieval*. Oxford：Clarendon Press, 1973.

Manin, Bernard

1987　"On Legitimacy and Political Deliberation." Translated by Elly Stein and Jane Mansbridge. *Political Theory* 15(3).

Mill, John Stuart,

1961　《論自由及論代議政治》，郭志嵩(譯)。台北：協志工業。

1969　《功用主義》，唐鉞(譯)。台北：商務。

1977　*On Liberty*. In J. M. Robson ed., *Collected Works of John Stuart Mill*, Vol. 18. Toronto：University of Toronto Press. Mill, John Stuart

1978　*On Liberty*. Indianapolis：Hackett.

1991　*On Liberty and Other Essays*. Edited by John Gray. Oxford：Oxford University Press.

Miller, David and Michael Walzer eds.

1995   *Pluralism, Justice and Equality.* Oxford：Oxford University Press.
Montesquieu, Charles de Secondat Baron de
    1961   《論法的精神》，張雁深（譯）。北京：商務。
Mulhall, Stephen and Adam Swift
    1992   *Liberals and Communitarians.* Oxford：Blackwell.
Nietzsche, Wilhelm Friedrich
    1968   *The Will to Power.* Translated by Walter Kaufmann and R. J. Hollingdale, edited by Walter Kaufmann. New York：Vintage Books.
    1969   *Basic Writings of Nietzsche.* Translated and edited by Walter Kaufmann. New York：Modern Library.
Nozick, Robert
    1974   *Anarchy, State, and Utopia.* New York：Basic Books.
    1996   《無政府、國家與烏托邦》，王建凱（譯）。台北：時報文化。
O'Sullivan, N.K.
    1973   "Politics, Totalitarianism and Freedom：The Political Thought of Hannah Arendt," *Political Studies* 21：183-98.
Parekh, Bhikhu
    1981   *Hannah Arendt and the Search for a New Political Philosophy.* Atlantic Highlands, N.J.：Humanities Press.
Pateman, Carole
    1970   *Participation and Democratic Theory.* Cambridge：Cambridge University Press.
Plato
    1970   *Republic.* Translated by Allen Bloom. New York：Basic Books.
    1980   *Laws.* Translated by Thomas L. Pangle. New York：Basic Books.
Pocock, J.G.A.
    1975   *The Machiavellian Moment：Florentine Political Thought and the Atlantic Republican Tradition.* Princeton：Princeton University Press.
    1989   *Politics, Language, and Time：Essays on Political Thought and History.* Chicago：University of Chicago Press.
Popper, Karl
    1989   《開放社會及其敵人》，莊文瑞、李英明（譯）。台北：桂冠。

Rawls, John
    1971   *A Theory of Justice*. Cambridge, Mass.：Harvard University Press.
    1993   *Political Liberalism*. New York：Columbia University Press.

Rousseau, Jean-Jacques
    1983   *On the Social Contract, Discourse on the Origin of Inequality, Discourse on Political Economy*. Indianapolis：Hackett.

Ruggiero, Guido de
    1927   *The History of European Liberalism*. Translated by R. G. Collingwood. London：Oxford University Press.

Ryan, Alan
    1987   *The Philosophy of John Stuart Mill*. 2nd ed. London：Macmillan Press.
    1993   "Liberalism," in Robert E. Goodin and Philip Pettit eds., *A Companion to Contemporary Political Philosophy*. Oxford：Blackwell.

Sandel, Michael J.
    1982   *Liberalism and the Limits of Justice*. Cambridge：Cambridge University Press.
    1984   *Liberalism and Its Critics*. New York：New York University Press.

Sartori, Giovanni.
    1987   *The Theory of Democracy Revisited*. Chatham, N.J.：Chatham House Publishers.

Satz, Debra
    1993   "Tocqueville, Commerce, and Democracy," in David Copp, Jean Hampton, and John E. Roemer eds., *The Idea of Democracy*. Cambridge：Cambridge University Press.

Schapiro, J. Salwyn
    1958   *Liberalism：Its Meaning and History*. New York：D. Van Nostrand Co.

Schleifer, James T.
    1992   "How Many Democracies?" in Eduardo Nolla ed., *Liberty, Equality, Democracy*. New York：New York University Press.

Schumpeter, Joseph A.

1942   *Capitalism, Socialism and Democracy*. New York：Harper.

Semmel, Bernard
1984   *John Stuart Mill and the Pursuit of Virtue*. New Haven：Yale University Press.

Siedentop, Larry
1979   "Two Liberal Traditions," in Alan Ryan ed., *The Idea of Freedom：Essays in Honour of Isaiah Berlin*. Oxford：Oxford University Press.

1993   *Tocqueville*. New York：Oxford University Press.

Skinner, Quentin
1984   "The Idea of Negative Liberty：Philosophical and Historical Perspectives," in Richard Rorty et al. eds. *Philosophy in History：Essays on the Historiography of Philosophy*. Cambridge：Cambridge University Press.

1990   "The Republican Ideal of Political Liberty," in G. Bock, Q. Skinner, and M. Viroli eds., *Machiavelli and Republicanism*. Cambridge：Cambridge University Press.

Skorupski, John
1989   *John Stuart Mill*. London：Routledge.

Skorupski, John ed.
1998   *The Cambridge Companion to Mill*. Cambridge：Cambridge University Press.

Spitz, David
1959   "Politics and the Realms of Being," *Dissent* 6：56-65.

1982   *The Real World of Liberalism*. Chicago：University of Chicago Press.

Springborg, Patricia
1989   "Arendt, Republicanism and Patriarchalism," *History of Political Thought* 10：499-523.

Strauss, Leo
1953   *Natural Right and History*. Chicago：University of Chicago Press
1968   *Liberalism, Ancient and Modern*. New York：Basic Books.
1988   *What is Political Philosophy? And Other Studies*. Chicago：University of Chicago Press.

Sullivan, Eileen P.
　1983　"Liberalism and Imperialism：J. S. Mill's Defense of the British
　　　　Empire," *Journal of the History of Ideas* 44：599-618.

Taylor, Charles
　1985　*Philosophy and the Human Sciences：Philosophical Papers 2.*
　　　　Cambridge：Cambridge University Press.

　1995　*Philosophical Arguments.* Cambridge：Harvard University Press.

Thompson, Dennis F.
　1976　*John Stuart Mill and Representative Government.* Princeton：
　　　　Princeton University Press.

Tocqueville, Alexis de
　1955　*The Old Regime and the French Revolution.* Translated by Stuart
　　　　Gilbert. Garden City, N. Y.：Anchor.

　1969　*Democracy in American.* Translated by George Lawrence, edited
　　　　by J. P. Mayer. Garden City：Doubleday.

　1984　*Selected Letters on Politics and Society.* Edited by Roger
　　　　Boesche, translated by James Toupin and Roger Boesche.
　　　　Berkeley：University of California Press.

　1991　《論美國的民主》，董果良（譯）。北京：商務。

　1994　《舊制度與大革命》，馮棠（譯）。香港：牛津大學出版社。

Tong, Rosemarie
　1996　《女性主義思潮》，刁曉華（譯）。台北：時報文化。

Villa, Dana R.
　1999　*Politics, Philosophy, Terror：Essays on the Thought of Hannah
　　　　Arendt.* Princeton, NJ：Princeton University Press.

Walzer, Michael
　1970　*Obligation：Essays on Disobedience, War, and Citizenship.*
　　　　Cambridge, Mass.：Harvard University Press.

　1983　*Spheres of Justice：A Defense of Pluralism and Equality.* New
　　　　York：Basic Books.

　1984　"Liberalism and the Art of Separation," *Political Theory* 12：
　　　　315-30.

　1990a　"The Communitarian Critique of Liberalism," *Political Theory*
　　　　18：6-23.

1990b "Nation and Universe," in Grethe B. Peterson ed. *The Tanner Lectures on Human Values*, vol.XI. Salt Lake City：University of Utah Press.

1992 *What It Means To Be an American.* New York：Marsilio.

1994 *Thick and Thin：Moral Argument at Home and Abroad.* Notre Dame：University of Notre Dame Press.

1995 "Education, Democratic Citizenship and Multiculturalism," *Journal of Philosophy of Education* 29：181-89.

Watkins, Frederick

1967 *The Political Tradition of the West：A Study in the Development of Modern Liberalism.* Cambridge：Harvard University Press.

Weber, Max

1985 《學術與政治》，錢永祥(譯)。台北：允晨。

White, Stephen K.

1990 "Heidegger and the Difficulties of a Postmodern Ethics and Politics," *Political Theory* 18：80-103.

Yeatman, Anna

1994 *Postmodern Revisionings of the Political.* New York：Routledge.

Young, James P.

1996 *Reconsidering American Liberalism：The Troubled Odyssey of the Liberal Idea.* Boulder, Colorado：Westview Press.

Young-Bruehl, Elisabeth

1982 *Hannah Arendt：For Love of the World.* New Haven：Yale University Press.

Zetterbaum, Marvin

1967 *Tocqueville and the Problem of Democracy.* Stanford：Stanford University Press.

Zuckert, Catherine H.

1992 "The Role of Religion in Preserving American Liberty -- Tocqueville's Analysis 150 Years Later," in Eduardo Nolla ed., *Liberty, Equality, Democracy.* New York：New York University Press.

王杏慶(南方朔)

1992　　〈《大學雜誌》與現代台灣——一九七一至七三年的知識分子
　　　　改革運動〉，收入澄社主編，《臺灣自由民主的曲折歷程——
　　　　紀念雷震案三十週年學術研討會論文集》，台北：自立晚報。

王甫昌
1997　　〈台灣民主政治與族群政治的衝突〉，收入游盈隆主編，《民
　　　　主鞏固或崩潰——台灣二十一世紀的挑戰》，台北：月旦。

王振寰、錢永祥
1995　　〈邁向新國家——民粹威權主義的形成與民主問題〉，《台灣
　　　　社會研究季刊》，20期。

田弘茂
1997　　〈台灣民主鞏固的展望〉，收入田弘茂等主編，《新興民主的
　　　　機遇與挑戰》，台北：業強。

石元康
1995a　　〈社群與個體：社群主義與自由主義的論辯〉，《當代》，114
　　　　期。
1995b　　《當代自由主義理論》，台北：聯經。
1999　　〈海耶克論自由與法治〉，發表於殷海光基金會主辦「自由、
　　　　平等與社會正義研討會」。

江宜樺
1993　　〈約翰・羅爾斯《政治自由主義》評介〉，《國家政策雙週刊》，
　　　　68期。
1995　　〈漢娜・鄂蘭論政治參與與民主〉，收入張福建、蘇文流主編，
　　　　《民主理論：古典與現代》，台北：中研院社科所。
1998a　　〈自由主義哲學傳統之回顧〉，《當代》，127期。
1998b　　〈麥可・瓦瑟論多元族群社會的國家認同〉，收入蕭高彥、蘇
　　　　文流主編，《多元主義》，台北：中研院社科所。
1998c　　《自由主義、民族主義與國家認同》，台北：揚智文化。
1998d　　〈現代社會中的個人權利〉，《當代》，129期。
1998e　　〈康士坦論自由、平等與民主政治〉，《東吳政治學報》，9期。
1999a　　〈托克維爾論自由、平等與民主政治〉，《台灣哲學研究》，2
　　　　期。
1999b　　〈台灣自由主義思想的發展與困境〉，發表於International
　　　　Conference on "Chinese Legal and Political Theory in the 21st
　　　　Century"，香港中文大學，8月24日。

1999c 〈洛克導讀〉，收入江宜樺編，《西方自由主義之父——洛克作品選讀》，台北：誠品。

1999d 〈臺灣民主意識的變遷與挑戰〉，收入黃俊傑、何寄澎主編，《臺灣的文化發展：世紀之交的省思》，台北：國立台灣大學。

2000 〈政治判斷如何可能？簡述漢娜‧鄂蘭晚年作品的關懷〉，《當代》，150期。

2001 〈約翰‧密爾論自由、功效與民主政治〉，收入蔡英文、張福建主編，《自由主義》，台北：中研院社科所。

朱堅章

1969a 〈霍布斯的自由觀念〉，《思與言》，6卷5期。

1969b 〈洛克的自由觀念之分析〉，《國立政治大學學報》，20期。

1972 〈盧梭政治思想中自由觀念的分析〉，《國立政治大學學報》，26期。

1975 〈黑格爾政治思想中自由觀念的分析〉，《政治學報》，4期。

何信全

1988 《海耶克自由理論研究》，台北：聯經。

1991a 〈從古典到現代自由主義的過渡：穆勒〉，收入葉啓政主編，《當代西方思想先河：十九世紀的思想家》，台北：正中。

1991b 〈海耶克對社會正義概念的批判〉，收入戴華、鄭曉時主編，《正義及其相關問題》，台北：中研院社科所。

1992 〈海耶克與現代自由主義〉，收入石元康等著，《當代政治思潮》，台北：民主基金會。

吳乃德

1996 〈民族認同衝突和民主政體鞏固〉，發表於台灣政治學會第三屆年會學術研討會。

吳泉源

1997 〈反對運動與新政治文化的形塑：一個社會民主的觀點〉，收入游盈隆主編，《民主鞏固或崩潰台灣二十一世紀的挑戰》，台北：月旦。

吳惠林

1992 〈《自由中國》的經濟思想〉，收入澄社論集，《台灣民主自由的曲折歷程》，台北：自立晚報。

1996 〈悼民主政治、自由經濟的導師——夏道平先生〉，《經濟前

瞻》，11卷2期。

李筱峰
1987　《台灣民主運動四十年》，台北：自立晚報。

李鴻禧
1980　〈談民主憲政之東方移植——代序〉，收入胡佛、李鴻禧主
　　　編，《成長的民主》，台北：中國論壇社。

沈發惠
1993　〈創造一個團結形式——邁向人民民主實踐之路〉，收入范雲
　　　主編，《新生代的自我追尋——台灣學生運動文獻彙編》，台
　　　北：前衛。

狄百瑞著，李弘祺譯
1983　《中國的自由傳統》，台北：聯經。

林火旺
1992　〈自由主義與政治中立〉，《美國月刊》，7卷9期。
1993　《自由主義與社會正義》，台北：書林。
1995a　〈政治自由主義與道德生活〉，收入錢永祥、戴華主編，《哲
　　　學與公共規範》，台北：中研院社科所。
1995b　〈自由主義可否建立一個政治社群？〉，收入陳秀容、江宜樺
　　　主編，《政治社群》，台北：中研院社科所。
1997　〈塑造未來公民政府責無旁貸〉，《中國時報》。5月24日。

林安梧
1997　〈心靈改革：從「革君之非」到「革政府之過」〉，《中國時報》。
　　　5月18日。

林佳龍
1998　〈臺灣地方選舉與國民黨政權的市場化：從威權鞏固到民主
　　　轉型(1946-94)〉，收入陳明通、鄭永年主編，《兩岸基層選舉
　　　與政治社會變遷：哈佛大學東西學者的對話》，台北：月旦。

林芳玫
1996　〈自由主義女性主義〉，收入顧燕翎主編，《女性主義理論與
　　　流派》，台北：女書文化。

林毓生
1983　《思想與人物》，台北：聯經。
1989　《政治秩序與多元社會》，台北：聯經。
1990　〈殷海光先生闡釋民主的歷史意義與中國民主理論發展的前

景〉，收入韋政通等著，《自由民主的思想與文化》，台北：自立晚報。

林端
　1990　〈自由翱翔的知識分子與邊際人：爲《中國論壇》十五週年而作〉，《中國論壇》，31卷1期。

金耀基
　1993　〈台灣的個案研究——後儒學文化中的民主探索〉，《二十一世紀》，17期。

南方朔
　1994　《自由主義的反思批判》，台北：風雲時代。

胡佛
　1990　〈民主政治的價值取向：一項實証性的研究〉，收入韋政通等著，《自由民主的思想與文化》，台北：自立晚報。
　1998　《政治文化與政治生活》，台北：三民。

胡佛、朱雲漢、文正仁
　1997　〈台灣與南韓民主化過程中的國際面向分析〉，收入田弘茂等主編，《新興民主的機遇與挑戰》，台北：業強。

韋政通
　1990　〈「自由」和「存在」的對決——略論殷海光先生悲劇的形成〉，收入韋政通等著，《自由民主的思想與文化》，台北：自立晚報。

倪炎元
　1988　〈民主信仰與民主認知的差距：七〇年代台灣政治文化研究的檢視〉，《中國論壇》，310期。

夏道平
　1989　《經濟自由的思路》，台北：遠流。

徐火炎
　1998　〈臺灣的選舉與社會分歧結構：政黨競爭與民主化〉，收入陳明通、鄭永年主編，《兩岸基層選舉與政治社會變遷：哈佛大學東西學者的對話》，台北：月旦。

殷海光
　1988　《中國文化的展望》，台北：桂冠。

殷海光基金會（主編）
　1998　《市民社會與民主的反思》，台北：桂冠。

秦鳳英
　1992　《知識菁英對威權體制民主化之影響研究——台灣「大學雜誌」個案分析》，台灣師範大學公民訓育研究所碩士論文。

翁松燃
　1990　〈殷海光先生的民主觀〉，收入韋政通等著，《自由民主的思想與文化》，台北：自立晚報。
　1991　〈台灣民主化經驗和中國前途〉，收入民主基金會主編，《中國的民主前途：台灣地區政治民主化的回顧與展望學術研討會論文集》，台北：民主基金會。

高隸民
　1997　〈台灣民主化的鞏固〉，收入田弘茂等主編，《新興民主的機遇與挑戰》，台北：業強。

許國賢
　1995　〈民主與個人自主性〉，收入張福建、蘇文流主編，《民主理論：古典與現代》，台北：中研院社科所。
　1997　《倫理政治論——一個民主時代的反思》，台北：揚智。

張佛泉
　1993　《自由與人權》，台北：商務。

張佑宗
　1996　〈族群衝突與民主鞏固——台灣民族國家政策與民主政策的政治邏輯〉，《選舉研究》，3卷1期。

張忠棟
　1998　《自由主義人物》，台北：允晨文化。

張明貴
　1990　〈自由主義在台灣的發展前途〉，《中國論壇》，31卷1期。

張茂桂
　1994　《社會運動與政治轉化》，台北：業強。

張福建
　1995a　〈寬容的意義及其限度〉，收入張福建、蘇文流主編，《民主理論：古典與現代》，台北：中研院社科所。
　1995b　社群、功效與民主：約翰彌勒政治思想的另一個側面〉，收入江宜樺、陳秀容主編，《政治社群》，台北：中研院社科所。
　1997　〈多元主義與合理的政治秩序：羅爾斯「政治自由主義」初探〉，《政治科學論叢》，8期。

張福建、蘇文流（主編）

　　1995　　《民主理論：古典與現代》，台北：中研院社科所。

張震東

　　1991　　〈托克維爾論民主社會之自由問題〉，收於戴華、鄭曉時主編，
　　　　　　《正義及其相關問題》，台北：中研院社科所。

張灝

　　1989　　《幽暗意識與民主傳統》，台北：聯經。

陳正然

　　1985　　《台灣五〇年代知識分子的文化運動——以「文星」為例》，
　　　　　　台灣大學社會學研究所碩士論文。

陳宜中

　　1999　　〈再詮釋達爾的民主思想：一個另類觀點〉，《政治科學論叢》，
　　　　　　11期。

陳思賢

　　1995　　〈激進輝格與保守輝格的民主理念：潘恩與柏克的對比〉，收
　　　　　　入張福建、蘇文流主編，《民主理論：古典與現代》，台北：
　　　　　　中研院社科所。

陳俊宏

　　1995　　〈當代自由主義與社群主義論爭的若干啟示〉，《東吳政治學
　　　　　　報》，4期。

　　1998　　〈永續發展與民主：審議式民主理論初探〉，《東吳政治學報》，
　　　　　　9期。

陳俊榮

　　1997　　〈後現代的激進民主〉，《思與言》，35卷4期。

陳師孟、林忠正、朱敬一等

　　1991　　《解構黨國資本主義：論台灣官營事業之民營化》，台北：自
　　　　　　立晚報。

傅正

　　1992　　〈《自由中國》的時代意義〉，收入澄社論集，《台灣民主自由
　　　　　　的曲折歷程》，台北：自立晚報。

彭明敏文教基金會編

　　1995　　《台灣自由主義的傳承與傳統》，台北：彭明敏文教基金會。

彭廣澤

　　1990　　〈時代的呼聲：台灣知識分子論述的回顧〉，《中國論壇》，31

卷1期。

彭懷恩
  1997   《台灣政治文化的剖析》，台北：風雲論壇。
黃光國
  1995   《民粹亡台論》，台北：商周文化。
黃秀端
  1996   〈台灣政治文化變遷與政治民主化〉，收入陳文俊主編，《台灣的民主化：回顧、檢討及展望》，高雄：中山大學政治所。
楊國樞
  1989   〈我們爲什麼要組織澄社〉，《澄社簡介》，台北：澄社。
楊國樞等
  1991   《民主的重創與重創》，台北：允晨文化。
楊照、顏厥安
  1999   〈楊照、顏厥安對談——左右失衡、前後失據的台灣自由主義〉，《中國時報》，2月28至3月1日。
楊選堂
  1992   〈由創刊到停刊：《中國論壇》十七年的歷史過程〉，《中國論壇》，33卷1期。
廖達琪、秦鳳英
  1992   〈知識菁英團體對威權體制民主化的影響——台灣「大學雜誌社」個案分析〉，《中山社會科學季刊》，7卷4期。
趙永茂
  1995   〈台灣地方菁英的民主價值取向〉，《政治科學論叢》，6期。
趙剛
  1994   《小心國家族：批判的社運，社運的批判》，台北：唐山。
劉若緹、趙書琴
  1997   〈試論《文星》雜誌〉，《聯合文學》，15期。
蔡英文(譯)
  1986   〈政治與革命的反省——漢娜・鄂蘭訪問錄〉，收入陳榮灼等編譯，《當代社會政治理論對話錄》，台北：巨流圖書公司。
蔡英文
  1997   〈多元與統一：多元主義與自由主義的一項政治議題〉，《人文及社會科學集刊》，9卷3期。
  2001   《政治實踐與公共空間——漢娜・鄂蘭的政治思想》，台北：

聯經。

蔡英文、張福建(主編)

2001　《自由主義》，台北：中研院社科所。

蔡智賢

1998　〈台灣社會與知識分子──知識分子特質的初探〉，發表於台大三研所主辦「文化、國家與現代性論文研討會」，12月12-13日。

鄭永年

1998　〈中國會變得更民主嗎？〉，收入陳明通、鄭永年主編，《兩岸基層選舉與政治社會變遷：哈佛大學東西學者的對話》，台北：月旦。

鄭瑞城、王振寰、瞿海源等著

1993　《解構廣電媒體：建立廣電新秩序》，台北：自立晚報。

黎漢基

1999　〈難爲知己難爲敵──略論徐復觀與殷海光的關係〉，《當代》，141期。

機器戰警　主編

1991　《台灣的新反對運動》，台北：唐山。

錢永祥

1988　〈自由主義與政治秩序──對《自由中國》經驗的反省〉，《台灣社會研究季刊》，1卷4期。

1990　〈殷海光先生的民主觀與民主的兩個概念〉，收入韋政通等著，《自由民主的思想與文化》，台北：自立晚報。

1999　〈自由主義爲什麼關切平等：當代的一個看法〉，發表於殷海光基金會主辦「自由、平等與社會正義研討會」。

龍應台

1998　〈八〇年代這樣走過〉，《中國時報》，8月11日。

薛化元

1996　《自由中國》與民主憲政──1950年代台灣思想史的一個考察》，台北：稻鄉出版社。

1999　〈戰後台灣自由主義與民族主義互動的一個考察──以雷震及《自由中國》的國家定位爲中心〉，《當代》，141期。

謝宗林、吳惠林

1997　〈社會公平與經濟秩序〉，《自由中國之工業》，87卷3期。

蕭高彥
  1997 〈國家認同、民族主義與憲政民主：當代政治哲學的發展與反思〉,《台灣社會研究季刊》,26期。
  1998 〈多元文化與承認政治論〉,收入蕭高彥、蘇文流主編,《多元主義》,台北：中研院社科所。

瞿海源
  1999 〈澄社十年〉,《當代》,141期。

瞿海源、平路、南方朔
  1993 〈瞿海源、平路、南方朔對談——自由主義往那裡去？〉,《中國時報》,11月10-12日。

瞿海源、錢永祥、顧忠華
  1997 〈反對心靈改革運動——哲學、歷史與社會的批判〉,《中國時報》,5月10日。

文化叢刊
自由民主的理路

2001年9月初版　　　　　　　　　　　　　定價：新臺幣350元
2006年4月初版第三刷
有著作權・翻印必究
Printed in Taiwan.

著　　者　江　宜　樺
發　行　人　林　載　爵

出　版　者　聯經出版事業股份有限公司
台北市忠孝東路四段555號
台北發行所地址：台北縣汐止市大同路一段367號
　　　　電話：（02）26418661
台北忠孝門市地址：台北市忠孝東路四段561號1-2F
　　　　電話：（02）27683708
台北新生門市地址：台北市新生南路三段94號
　　　　電話：（02）23620308
台中門市地址：台中市健行路321號
台中分公司電話：（04）22312023
高雄門市地址：高雄市成功一路363號
　　　　電話：（07）2412802
郵政劃撥帳戶第0100559-3號
郵　撥　電　話：26418662
印　刷　者　雷射彩色印刷公司

責任編輯　張　怡　菁
校　　對　董　思　齊
封面設計　王　振　宇

行政院新聞局出版事業登記證局版臺業字第0130號

國家圖書館出版品預行編目資料

自由民主的理路 / 江宜樺著 . --初版 .
--臺北市：聯經，2001年
400面；14.8×21公分 . -- (文化叢刊)
ISBN 957-08-2285-6(平裝)
〔2006年4月初版第三刷〕

1.自由民主 2.政治-臺灣-現代(1900-)

570.112   90014039